HanSumbook

한자능력
검정용
3500자

정한연 엮음

정진출판사

머리말

이 책은 한자능력검정시험이나 입사·승진 및 각종 한자 관련 시험을 준비하는 사람들을 위해 간편하게 들고 다니면서 언제 어디서나 편리하게 학습할 수 있도록 만든 포켓용 한자책입니다. 바쁜 일상생활 때문에 한자 학습에 시간을 자주 못내는 사람들에게 틈틈이 자투리 시간을 활용하여 익힐 수 있도록 최대한 핵심만 모아 정리하였습니다.

이 책의 특징을 살펴보면 다음과 같습니다.

- **급수순 배열** : 8급부터 1급까지 총 3500자를 각 급수별로 나누어 가나다순으로 정리하였다.
- **한자풀이** : 각 한자의 대표 훈음 외에 부수·총획수·동의자[동]·반대자[반]·약자[약]·장단음[; →장음/(;)→장음과 단음 두 가지로 발음] 등을 한눈에 익힐 수 있도록 정리하였다.
- **한자용례** : 그동안 한자능력검정시험에 출제되었던 단어들을 컴퓨터로 철저히 분석하여 각 급수에 맞는 가장 빈도수가 높은 단어와 출제 가능성이 높은 단어를 중복없이 수록하였다.

한자를 익히는 데 왕도는 없습니다. 구슬이 서 말이라도 꿰어야 보배라는 속담이 있듯이 아무리 쉽고 효과적인 학습법이 있어도 스스로 노력하지 않으면 무용지물입니다. 꾸준히 노력하며 부단히 자신을 이기는 자만이 한자를 정복할 수 있습니다. 목표를 정하고 끊임없는 노력으로 정진하여 좋은 결실을 이루기 바랍니다.

목차

한자능력검정시험 안내 ---------- 5

한자능력검정시험 ---------- 13

- 한자능력검정시험 8급 / 13
- 한자능력검정시험 7급 / 19
- 한자능력검정시험 6급 / 31
- 한자능력검정시험 5급 / 47
- 한자능력검정시험 4급Ⅱ / 69
- 한자능력검정시험 4급 / 95
- 한자능력검정시험 3급Ⅱ / 121
- 한자능력검정시험 3급 / 173
- 한자능력검정시험 2급 / 205
- 한자능력검정시험 1급 / 261

찾아보기(가나다순) ---------- 377

한자능력검정시험 안내

한자능력검정시험이란?

한자능력검정시험이란 사단법인 한국어문회가 주관하고 한국한자능력검정회에서 시행하는 제도로서, 학생과 일반인들의 진학과 취업에 대비하여 평생학습의 하나로 익힌 한자능력을 객관적으로 평가, 인정받을 수 있는 길을 마련하여, 공공기관이나 기업체의 채용시험, 인사고과, 대입 수시모집 또는 각종 자격시험 등에 활용할 수 있게 하는 시험입니다.

한자능력검정시험 안내

■ **주관** : 사단법인 韓國語文會(한국어문회)
　　　　　서울특별시 서초구 서초1동 1627-1 교대벤처타워 501호
　　　　　☎ 02-6003-1400, 팩스 02-6003-1441

■ **시행** : 韓國漢字能力檢定會(한국한자능력검정회)

■ **시험 일정** : 연 3회
　　○교육급수는 4급~8급, 공인급수는 1급~3급Ⅱ.

■응시 자격

○1급~8급 → 전 급수 응시 제한 없음. 각자 능력에 맞게 급수를 선택하여 응시.

■접수 방법

○**인터넷 접수(www.hangum.re.kr)** → 사전에 인터넷 접수 회원으로 신규지원 등록한 후, 인터넷 접수 기간 중 지원 급수와 고사장을 선택하고, 신용카드 및 계좌이체 방식으로 결제하고 수험표를 출력함.

○**접수처 방문 접수** → 준비물 : 반명함판 사진 3매(3×4cm), 한자 성명, 주민등록번호, 전화번호, 우편번호, 정확한 급수증 수령 주소(잘못 기재 시 급수증이 반송됨), 응시료(현금).

○**우편 접수**(1급 지원자만 가능) → 접수처 방문 접수 준비물, 검정료 우편환 영수증을 동봉하고, 희망 1급 고사장을 명기하여 등기우편으로 발송.[주소 : (137-879)서울특별시 서초구 서초1동 1627-1 교대벤처타워 401호 한국한자능력검정회 1급 접수담당자]

■시험 준비물

신분증(중·고생은 학생증 지참, 초등학생·미취학아동은 건강보험증 또는 주민등록등본 지참), 수험표, 검정색 필기구(볼펜 또는 플러스펜) ※연필과 빨간색 펜은 절대 사용 못함.

■ 시험 응시료

구 분	응시료	인터넷 접수 응시료
1급	35,000	36,800
2급/3급/3급Ⅱ	18,000	19,300
4급/4급Ⅱ/5급/6급	13,000	14,100
6급Ⅱ/7급/8급	12,000	13,000

➡ 창구 접수 응시료는 원서 접수일부터 마감시까지 해당 접수처 창구에서 받음. 인터넷 접수 응시료는 기본 응시료에 1급은 1,800원, 2급~3급Ⅱ은 1,300원, 4급~6급은 1,100원, 6급~8급은 1,000원의 접수 수수료가 추가됨.

■ 급수 배정

급수	읽기	쓰기	수준 및 특성
8급	50자	없음	한자 학습 동기 부여를 위한 급수
7급	150자	없음	기초 상용한자 활용의 초급 단계
6급Ⅱ	300자	50자	기초 상용한자 활용의 중급 단계
6급	300자	150자	기초 상용한자 활용의 고급 단계
5급	500자	300자	중급 상용한자 활용의 초급 단계
4급Ⅱ	750자	400자	중급 상용한자 활용의 중급 단계
4급	1,000자	500자	중급 상용한자 활용의 고급 단계
3급Ⅱ	1,500자	750자	고급 상용한자 활용의 초급 단계
3급	1,817자	1,000자	고급 상용한자 활용의 중급 단계

급수	읽기	쓰기	수준 및 특성
2급	2,355자	1,817자	상용한자를 활용하는 것은 물론 인명·지명용 기초한자 활용 단계
1급	3,500자	2,005자	국한 혼용 고전을 불편없이 읽고, 연구할 수 있는 수준

○ 상위급수 한자는 하위급수 한자를 모두 포함.

■합격 기준

구 분	출제 문항수	합격 문항수
1급	200	160
2급/3급/3급Ⅱ	150	105
4급/4급Ⅱ/5급	100	70
6급	90	63
6급Ⅱ	80	56
7급	70	49
8급	50	35

○ 1급은 출제 문항수의 80% 이상, 2급~8급은 70% 이상 득점하면 합격.

■시험 시간

구 분	시험 시간
1급	90분
2급/3급/3급Ⅱ	60분
4급/4급Ⅱ/5급/6급/6급Ⅱ/7급/8급	50분

■출제 기준

쓰기 배정한자는 한두 급수 아래의 읽기 배정한자이거나 그 범위 내에 있습니다. 아래의 출제 유형표는 기본 지침자료로서, 출제자의 의도에 따라 차이가 있을 수 있습니다.

구 분	1급	2급	3급	3급Ⅱ	4급	4급Ⅱ	5급	6급	6급Ⅱ	7급	8급
독 음	50	45	45	45	32	35	35	33	32	32	24
훈 음	32	27	27	27	22	22	23	22	29	30	24
장단음	10	5	5	5	3	0	0	0	0	0	0
반의어	10	10	10	10	3	3	3	3	2	2	0
완성형	15	10	10	10	5	5	4	3	2	2	0
부 수	10	5	5	5	3	3	0	0	0	0	0
동의어	10	5	5	5	3	3	3	2	0	0	0
동음이의어	10	5	5	5	3	3	3	2	0	0	0
뜻풀이	10	5	5	5	3	3	3	2	2	2	0
필 순	0	0	0	0	0	0	3	3	3	2	2
약 자	3	3	3	3	3	3	3	0	0	0	0
한자쓰기	40	30	30	30	20	20	20	20	10	0	0
출제문항(계)	200	150	150	150	100	100	100	90	80	70	50

■문제 유형

독 음 ▶다음 漢字語의 讀音을 쓰시오.

[한자의 소리를 묻는 문제. 독음은 두음법칙, 속음 현상, 장단음과도 관련이 있음.]

훈 음 ▶다음 漢字의 訓과 音을 쓰시오.
[한자의 뜻과 소리를 동시에 묻는 문제. 특히 대표 훈음을 익히도록 함.]

장단음 ▶다음 漢字語 중 첫소리가 長音인 것을 골라 그 기호를 쓰시오.
▶위 글의 밑줄 친 漢字語 중에서 첫소리가 長音인 것을 골라 그 번호를 쓰시오.
[한자 단어의 첫소리 발음이 길고 짧음을 구분하고 있는가를 묻는 문제.]

반의어 ▶다음 漢字와 뜻이 反對 또는 相對되는 漢字를 써넣어 漢字語를 만드시오.
▶다음 漢字語의 反義語 또는 相對語를 漢字로 쓰시오.
[어떤 글자(단어)와 반대 또는 상대되는 글자(단어)를 알고 있는가를 묻는 문제.]

완성형 ▶다음 빈칸에 漢字를 써넣어 成語를 完成하시오.
[고사성어나 단어의 빈칸을 채우도록 하여 단어와 성어의 이해력 및 조어력을 묻는 문제.]

부 수 ▶다음 漢字의 部首를 쓰시오.
[한자의 부수를 묻는 문제. 부수는 한자의 뜻을 짐작할 수 있는 중요한 부분임.]

동의어 ▶다음 漢字와 뜻이 비슷한 글자를 漢字로 적어 單語를 完成하시오.
▶다음 漢字語의 類義語를 漢字로 쓰시오.

[어떤 글자(단어)와 뜻이 같거나 유사한 글자(단어)를 알고 있는가를 묻는 문제.]

동음이의어 ▶다음 漢字語의 同音異義語를 하나씩만 漢字로 쓰시오.
[소리는 같고, 뜻은 다른 단어를 알고 있는가를 묻는 문제.]

뜻풀이 ▶다음 漢字語의 뜻을 쓰시오.
[고사성어나 단어의 뜻을 제대로 알고 있는가를 묻는 문제.]

필 순 ▶父자의 삐침(/)은 몇 번째에 쓰는지 번호로 답하시오.
▶右자의 쓰는 순서가 올바른 것을 고르시오.
▶右자에서 ㉠획의 쓰는 순서를 아래에서 골라 번호를 쓰세요.
[글자를 바르게 쓰도록 하기 위해 쓰는 순서를 알고 있는가를 묻는 문제.]

약 자 ▶다음 漢字의 略字를 쓰시오.
[한자의 획을 줄여서 만든 약자를 알고 있는가를 묻는 문제.]

한자쓰기 ▶다음 訓과 音을 지닌 漢字를 쓰시오.
▶다음 뜻에 알맞은 漢字語를 漢字로 쓰시오.
▶밑줄 친 漢字語를 漢字로 쓰시오.
[제시된 뜻, 소리, 단어 등에 해당하는 한자를 쓸 수 있는가를 확인하는 문제.]

❂ 위 출제 예시는 상황에 따라 약간 변동될 수도 있음.

■우대 사항

- 자격기본법 제27조에 의거 **국가자격 취득자와 동등한 대우 및 혜택**
- 교육인적자원부 훈령 제616호 『학생생활기록부 전산처리 및 관리지침』에 의거 **학교생활기록부에 등재, 입시에 활용**
- 우리은행 채용 시 **가산점 반영**
- 육군간부 **승진 고과에 반영**(3급 이상 : 대위~대령/군무원 2급~5급, 4급 이상 : 준·부사관/군무원 6급~8급)
- 경제5단체, **신입사원 채용 때 전국한자능력검정시험 응시 권고(3급 응시 요건, 3급 이상 가산점)**
- 2005학년도 대학수학능력시험부터 **'漢文'이 선택과목**으로 채택
- 전국한자능력검정시험의 한자능력급수 취득 시 대학에 따라 **대입 면접 가산점, 학점, 졸업인증에 반영**

■합격자 발표

ARS 060-800-1100 / www.hangum.re.kr

■기타 문의

한국한자능력검정회

☎ 02)1566-1400(代), 팩스 02)6003-1414

인터넷 http://www.hanja.re.kr

주소 : (137-879) 서울특별시 서초구 서초1동 1627-1 교대벤처타워 401호

8급 한자능력검정시험

• 배정한자 : 50자(8급 고유한자)

敎
가르칠 교: 攴   11획   반 學(배울 학)
敎室 교실   敎學 교학   敎生 교생   敎人 교인

校
학교 교: 木   10획
校長 교장   校門 교문   母校 모교   校外 교외

九
아홉 구   乙   2획
九月 구월   九日 구일   九十 구십   九門 구문

國
나라 국   囗   11획   약 国
國軍 국군   國民 국민   國土 국토   國外 국외

軍
군사 군   車   9획
女軍 여군   水軍 수군   軍人 군인   大軍 대군

金
쇠 금/성 김   金   8획
萬金 만금   白金 백금   一金 일금   靑金 청금

南
남녘 남   十   9획   반 北(북녘 북)
南山 남산   南韓 남한   南國 남국   南大門 남대문

女
계집 녀   女   3획
女王 여왕   女人 여인   女學生 여학생

年
해 년   干   6획
年金 연금   年中 연중   一年 일년   學年 학년

大	큰 **대**(:)　　大　3획　**반** 小(작을 소)
	大小 대소　　大韓 대한　　大國 대국　　大人 대인

東	동녘 **동**　　木　8획　**반** 西(서녘 서)
	東西 동서　　南東 남동　　東大門 동대문

六	여섯 **륙**　　八　4획
	六月 유월(육월×)　　五六月 오뉴월(오륙월×)

萬	일만 **만**:　　艹　13획　**약** 万
	萬山 만산　　萬年 만년　　萬國 만국　　萬民 만민

母	어미 **모**:　　母　5획　**반** 父(아버지 부)
	父母 부모　　母國 모국　　母女 모녀　　生母 생모

木	나무 **목**　　木　4획
	土木 토목　　木人 목인　　大木 대목　　小木 소목

門	문 **문**　　門　8획
	大門 대문　　東門 동문　　門中 문중　　門人 문인

民	백성 **민**　　氏　5획
	民生 민생　　人民 인민　　民國 민국　　民軍 민군

白	흰 **백**　　白　5획
	白人 백인　　白日 백일　　白軍 백군　　白月 백월

父	아버지 **부**　　父　4획
	生父 생부　　父女 부녀　　國父 국부　　學父母 학부모

— 14 —

大(대) ㅡ 室(실)

8급

| 北 | 북녘 **북**/달아날 **배** 　 匕 5획 |
| | 北西 북서　北韓 북한　東北 동북　北門 북문 |

| 四 | 넉 **사**: 　 口 5획 |
| | 四寸 사촌　四月 사월　四十 사십　四門 사문 |

| 山 | 메 **산** 　 山 3획 |
| | 火山 화산　西山 서산　先山 선산　山水 산수 |

| 三 | 석 **삼** 　 一 3획 |
| | 三寸 삼촌　三韓 삼한　三軍 삼군　三國 삼국 |

| 生 | 날 **생** 　 生 5획 |
| | 生水 생수　生日 생일　生年月日 생년월일 |

| 西 | 서녘 **서** 　 襾 6획 |
| | 西南 서남　西北 서북　東西南北 동서남북 |

| 先 | 먼저 **선** 　 儿 6획 |
| | 先生 선생　先人 선인　先金 선금　先王 선왕 |

| 小 | 작을 **소**: 　 小 3획 |
| | 小人 소인　小國 소국　小生 소생　小學 소학 |

| 水 | 물 **수** 　 水 4획　 반 火(불 화) |
| | 水火 수화　水中 수중　水門 수문　水月 수월 |

| 室 | 집/방 **실** 　 宀 9획 |
| | 室長 실장　王室 왕실　小室 소실　室外 실외 |

— 15 —

十	열 십	十 2획
	十日 십일　三十 삼십　十月 시월(십월×)	
五	다섯 오:	二 4획
	五月 오월　五寸 오촌　五十 오십　五日 오일	
王	임금 왕	玉 4획
	大王 대왕　王國 왕국　王中王 왕중왕	
外	바깥 외:	夕 5획
	外人 외인　外國 외국　外三寸 외삼촌	
月	달 월	月 4획
	八月 팔월　一月 일월　年月日 연월일	
二	두 이:	二 2획
	二月 이월　二十 이십　二人 이인　二日 이일	
人	사람 인	人 2획
	人生 인생　人中 인중　萬人 만인　中人 중인	
一	한 일	一 1획
	一日 일일　一生 일생　一人 일인　萬一 만일	
日	날/해 일	日 4획　반 月(달 월)
	日日 일일　日月 일월　日人 일인　先日 선일	
長	긴/어른 장(:)	長 8획
	長女 장녀　年長 연장　學長 학장　生長 생장	

十(십) — 兄(형)

8급

弟	아우 제: 　　弓 7획
	弟兄 제형　　長弟 장제　　外兄弟 외형제

中	가운데 중　　｜ 4획　　반 外(바깥 외)
	中國 중국　　軍中 군중　　中年 중년　　中外 중외

靑	푸를 청　　靑 8획
	靑年 청년　　靑山 청산　　靑軍 청군　　靑靑 청청

寸	마디 촌: 　　寸 3획
	八寸 팔촌　　寸外 촌외　　寸土 촌토　　寸寸 촌촌

七	일곱 칠　　一 2획
	七月 칠월　　七日 칠일　　七七 칠칠　　七十 칠십

土	흙 토　　土 3획
	土人 토인　　土民 토민　　水土 수토　　土金 토금

八	여덟 팔　　八 2획
	八十 팔십　　八月 팔월　　八九月 팔구월

學	배울 학　　子 16획　　반 敎(가르칠 교)　　약 学
	學校 학교　　大學 대학　　中學生 중학생

韓	한국/나라 한(:)　　韋 17획
	韓國 한국　　韓日 한일　　南北韓 남북한

兄	형/맏 형　　儿 5획　　반 弟(아우 제)
	兄弟 형제　　外兄 외형　　父兄 부형　　長兄 장형

火 | 불 화(:)　　火 4획
大火 대화　火中 화중　火門 화문　火木 화목

7급 한자능력검정시험

• 배정한자 : 100자(7급 고유한자)+50자(8급)

歌	노래 **가**	欠 14획		
	歌手 가수	國歌 국가	軍歌 군가	校歌 교가

家	집 **가**	宀 10획		
	家門 가문	家長 가장	國家 국가	王家 왕가

間	사이 **간(:)**	門 12획		
	空間 공간	人間 인간	中間 중간	民間 민간

江	강 **강**	水 6획 　반 山(메 산)		
	江村 강촌	江山 강산	江南 강남	江北 강북

車	수레 **거/차**	車 7획		
	車道 차도	電車 전차	下車 하차	火車 화차

工	장인 **공**	工 3획		
	工場 공장	工事 공사	手工 수공	人工 인공

空	빌 **공**	穴 8획		
	空中 공중	空軍 공군	空氣 공기	時空 시공

口	입 **구(:)**	口 3획		
	食口 식구	人口 인구	出口 출구	入口 입구

記	기록할 **기**	言 10획		
	日記 일기	前記 전기	記事 기사	手記 수기

旗	깃발 기 　　方　14획
	校旗 교기　國旗 국기　軍旗 군기　白旗 백기

氣	기운 기 　　气　10획　약 気
	電氣 전기　同氣 동기　人氣 인기　生氣 생기

男	사내 남 　　田　7획　반 女(계집 녀)
	男女 남녀　男子 남자　男便 남편　長男 장남

內	안 내: 　　入　4획　반 外(바깥 외)
	內外 내외　內面 내면　內室 내실　室內 실내

農	농사 농 　　辰　13획
	農事 농사　農村 농촌　農土 농토　農家 농가

答	대답 답 　　竹　12획　반 問(물을 문)
	正答 정답　答紙 답지　名答 명답　自答 자답

道	길/말할 도: 　　辶　13획
	人道 인도　道民 도민　水道 수도　力道 역도

冬	겨울 동(:) 　　冫　5획　반 夏(여름 하)
	立冬 입동　秋冬 추동　冬夏 동하　三冬 삼동

同	한가지 동 　　口　6획
	同門 동문　同時 동시　同生 동생　同數 동수

洞	마을 동:/통할 통 　　水　9획
	洞口 동구　洞里 동리　洞長 동장　洞門 동문

旗(기) — 面(면)

動	움직일 동: 力 11획
	動物 동물 動力 동력 手動 수동 生動 생동

登	오를 등 癶 12획
	登山 등산 登校 등교 登場 등장 登記 등기

7급

來	올 래(:) 人 8획 약 来
	來年 내년 來日 내일 來世 내세 來韓 내한

力	힘 력 力 2획
	活力 활력 全力 전력 國力 국력 水力 수력

老	늙을 로: 老 6획 반 少(적을 소)
	老少 노소 老人 노인 老母 노모 老年 노년

里	마을 리: 里 7획
	里長 이장 萬里 만리 十里 십리 海里 해리

林	수풀 림 木 8획
	農林 농림 山林 산림 國有林 국유림

立	설 립 立 5획
	自立 자립 正立 정립 國立 국립 中立 중립

每	매양 매(:) 母 7획
	每日 매일 每年 매년 每月 매월 每事 매사

面	낯 면: 面 9획
	邑面 읍면 面民 면민 面長 면장 正面 정면

— 21 —

| 名 | 이름 명 口 6획 |
| | 名門 명문 名山 명산 名色 명색 地名 지명 |

| 命 | 목숨 명: 口 8획 |
| | 生命 생명 天命 천명 王命 왕명 人命 인명 |

| 文 | 글월 문 文 4획 |
| | 文物 문물 文學 문학 文敎 문교 文字 문자 |

| 問 | 물을 문: 口 11획 반 答(대답 답) |
| | 問答 문답 學問 학문 自問 자문 下問 하문 |

| 物 | 물건 물 牛 8획 반 心(마음 심) |
| | 植物 식물 萬物 만물 人物 인물 事物 사물 |

| 方 | 모 방 方 4획 |
| | 四方 사방 地方 지방 東方 동방 百方 백방 |

| 百 | 일백 백 白 6획 |
| | 百年 백년 百萬 백만 萬百姓 만백성 |

| 夫 | 지아비 부 大 4획 |
| | 兄夫 형부 工夫 공부 夫人 부인 農夫 농부 |

| 不 | 아닐 불/부 一 4획 |
| | 不便 불편 不正 부정 不安 불안 不平 불평 |

| 事 | 일 사: 亅 8획 |
| | 萬事 만사 事前 사전 食事 식사 軍事 군사 |

名(명) — 數(수)

算	셈할 산: 　　竹　14획　동 數(셈 수)
	算數 산수　算出 산출　電算 전산　算入 산입

上	위 상:　　　一　3획　반 下(아래 하)
	祖上 조상　上下 상하　水上 수상　海上 해상

色	빛 색　　　　色　6획
	靑色 청색　同色 동색　月色 월색　氣色 기색

夕	저녁 석　　　夕　3획
	七夕 칠석　秋夕 추석　日夕 일석　夕月 석월

姓	성씨 성:　　　女　8획
	姓名 성명　百姓 백성　同姓 동성　大姓 대성

世	인간 세:　　　一　5획　약 卋
	世上 세상　中世 중세　出世 출세　後世 후세

少	적을 소:　　　小　4획
	少年 소년　少女 소녀　少數 소수　年少 연소

所	바 소:　　　戶　8획
	場所 장소　住所 주소　所有 소유　名所 명소

手	손 수(:)　　　手　4획　반 足(발 족)
	手足 수족　旗手 기수　手中 수중　木手 목수

數	셈 수:/자주 삭　支　15획　약 数
	數學 수학　數日 수일　數字 숫자　正數 정수

7급

市	저자 시: 巾 5획
	市場 시장　市長 시장　市民 시민　市內 시내

時	때 시 日 10획
	時間 시간　每時 매시　時事 시사　午時 오시

食	밥/먹을 식 食 9획
	食水 식수　外食 외식　食前 식전　間食 간식

植	심을 식 木 12획
	植木 식목　植民 식민　植木日 식목일

心	마음 심 心 4획
	安心 안심　民心 민심　孝心 효심　中心 중심

安	편안 안 宀 6획　동 便(편할 편)
	安全 안전　平安 평안　安住 안주　問安 문안

語	말씀 어: 言 14획
	國語 국어　語學 어학　外來語 외래어

然	그러할 연 火 12획
	自然 자연　天然 천연　然後 연후　不然 불연

午	낮 오: 十 4획
	正午 정오　午前 오전　午後 오후　下午 하오

右	오른 우: 口 5획　반 左(왼 좌)
	右軍 우군　右手 우수　右便 우편　右方 우방

市(시) — 前(전)

한자	뜻·음	부수·획수	예시
有	있을 유:	月 6획	有名 유명　有力 유력　國有 국유　有色 유색
育	기를 육	肉 8획	敎育 교육　生育 생육　事育 사육　字育 자육
邑	고을 읍	邑 7획	邑民 읍민　邑村 읍촌　小邑 소읍　邑長 읍장
入	들 입	入 2획　(반) 出(날 출)	出入 출입　入學 입학　入金 입금　入門 입문
子	아들 자	子 3획　(반) 父(아버지 부)	父子 부자　子母 자모　王子 왕자　長子 장자
字	글자 자	子 6획	漢字 한자　植字 식자　字母 자모　八字 팔자
自	스스로 자	自 6획	自動 자동　自足 자족　自主 자주　自活 자활
場	마당 장	土 12획	場內 장내　場外 장외　場面 장면　入場 입장
全	온전 전	入 6획	全國 전국　全面 전면　全軍 전군　全南 전남
前	앞 전	刀 9획　(반) 後(뒤 후)	前後 전후　直前 직전　生前 생전　前面 전면

7급

電	번개/전기 **전:**　　　雨　13획
	電話 전화　電子 전자　電動 전동　電力 전력

正	바를 **정(:)**　　　止　5획　**동** 直(곧을 직)
	正直 정직　子正 자정　正門 정문　正月 정월

祖	할아버지 **조**　　　示　10획
	祖母 조모　祖父 조부　先祖 선조　祖國 조국

足	발 **족**　　　足　7획
	不足 부족　四足 사족　長足 장족　足心 족심

左	왼 **좌:**　　　工　5획　**반** 右(오른 우)
	左右 좌우　左手 좌수　左便 좌편　左方 좌방

主	임금/주인 **주**　　　、　5획
	主人 주인　主食 주식　主動 주동　車主 차주

住	살 **주:**　　　人　7획
	住民 주민　入住 입주　衣食住 의식주

重	무거울 **중:**　　　里　9획
	重大 중대　重力 중력　二重 이중　自重 자중

地	땅 **지**　　　土　6획　**반** 天(하늘 천)　**동** 土(흙 토)
	天地 천지　土地 토지　平地 평지　農地 농지

紙	종이 **지**　　　糸　10획
	便紙 편지　白紙 백지　休紙 휴지　紙面 지면

電(전) — 便(편)

直	**곧을 직** 目 8획
	直立 직립 直面 직면 直入 직입 日直 일직

千	**일천 천** 十 3획
	千年 천년 千萬 천만 三千 삼천 千金 천금

川	**내 천** 巛 3획
	山川 산천 大川 대천 山川草木 산천초목

天	**하늘 천** 大 4획 (반) 地(땅 지)
	靑天 청천 先天 선천 天年 천년 後天 후천

草	**풀 초** 艸 10획
	花草 화초 草木 초목 水草 수초 草地 초지

村	**마을 촌:** 木 7획 (동) 里(마을 리)
	村里 촌리 村家 촌가 村民 촌민 山村 산촌

秋	**가을 추** 禾 9획 (반) 春(봄 춘)
	春秋 춘추 秋色 추색 立秋 입추 千秋 천추

春	**봄 춘** 日 9획
	立春 입춘 春川 춘천 春夏 춘하 靑春 청춘

出	**날 출** 凵 5획
	出家 출가 出土 출토 外出 외출 出力 출력

便	**편할 편(:)/똥, 오줌 변** 人 9획
	便安 편안 人便 인편 便所 변소 小便 소변

7급

平	평평할 평 干 5획 平生 평생 平年 평년 平民 평민 平日 평일
下	아래 하: 一 3획 下校 하교 下山 하산 地下 지하 天下 천하
夏	여름 하: 夊 10획 (반) 冬(겨울 동) 夏冬 하동 立夏 입하 夏間 하간 中夏 중하
漢	한수/한나라/놈 한: 水 14획 漢江 한강 漢文 한문 漢學 한학 門外漢 문외한
海	바다 해: 水 10획 海外 해외 海軍 해군 西海 서해 東海 동해
花	꽃 화 艸 8획 生花 생화 木花 목화 百花 백화 白花 백화
話	말씀 화 言 13획 民話 민화 口話 구화 手話 수화 白話 백화
活	살 활 水 9획 (동) 生(날 생) 活動 활동 生活 생활 活字 활자 活氣 활기
孝	효도 효: 子 7획 孝子 효자 孝女 효녀 孝道 효도 不孝 불효
後	뒤 후: 彳 9획 (반) 先(먼저 선) 先後 선후 事後 사후 後方 후방 後食 후식

— 28 —

平(평) — 休(휴)

休

쉴 휴　　　人　6획

休校 휴교　　休學 휴학　　休日 휴일　　休電 휴전

7급

고사유래

一擧兩得
한일 | 들거 | 두량 | 얻을득

한 가지 일로 두 가지 이익을 얻는다는 말이다.

진(秦)나라 혜문왕(惠文王) 때의 일이다. 재상 장의(張儀)가 중원으로 진출해야 패업(霸業)을 이룰 수 있다고 주장하자, 중신 사마조(史馬錯)는 이렇게 진언했다.

"신이 듣건대 나라가 부(富)하기를 원하는 군주는 먼저 국토를 넓히는 데 힘써야 하고, 군사력이 강하기를 원하는 군주는 먼저 백성의 부(富)에 힘써야 하며, 패자(霸者)가 되기를 원하는 군주는 먼저 덕을 쌓는 데 힘써야 한다고 합니다. 이 세 가지가 갖춰지면 패업은 자연히 이루어지는 법입니다. 그러나 지금 우리 진나라는 국토도 좁고 백성들은 가난합니다. 이 두 가지 문제를 한꺼번에 해결하려면, 먼저 막강한 우리 군사로 촉(蜀) 땅의 오랑캐를 정벌하는 길밖에 없습니다. 그러면 국토는 넓어지고 백성들의 재물은 쌓일 것입니다. 이야말로 '한 가지 일로 두 가지 이익을 얻는 것(一擧兩得)'이 아니고 무엇이겠습니까?"

혜문왕은 사마조의 진언에 따라 촉 땅의 오랑캐를 정벌하여 먼저 국토를 넓혔다.

6급 한자능력검정시험

• 배정한자 : 150자(6급 고유한자)+150자(7급)

한자	훈음	부수/획수	예시
各	각각 **각**	口 6획	各界 각계 各自 각자 各別 각별 各國 각국
角	뿔 **각**	角 7획	角度 각도 直角 직각 四角 사각 角木 각목
感	느낄 **감:**	心 13획	感動 감동 感氣 감기 交感 교감 反感 반감
強	강할 **강(:)**	弓 11획 (반)弱(약할 약)	強弱 강약 強力 강력 強直 강직 強國 강국
開	열 **개**	門 12획	開放 개방 開會 개회 開發 개발 開校 개교
京	서울 **경**	亠 8획	上京 상경 開京 개경 東京 동경 入京 입경
界	지경 **계:**	田 9획	世界 세계 業界 업계 外界 외계 學界 학계
計	셀 **계:**	言 9획 (동)算(셈 산)	計算 계산 時計 시계 會計 회계 家計 가계
古	예 **고:**	口 5획 (반)今(이제 금)	古今 고금 古代 고대 古文 고문 上古 상고

苦	쓸 고　　　艹 9획　(반) 樂(즐길 락)
	苦樂 고락　苦待 고대　苦生 고생　苦心 고심

高	높을 고　　　高 10획　(반) 下(아래 하)
	高級 고급　高度 고도　高速 고속　高山 고산

公	공평할 공　　　八 4획
	公開 공개　公式 공식　公用 공용　公園 공원

功	공 공　　　力 5획
	成功 성공　戰功 전공　有功 유공　功名 공명

共	한가지 공:　　　八 6획　(동) 同(한가지 동)
	共用 공용　公共 공공　共有 공유　共同 공동

科	과목 과　　　禾 9획
	科目 과목　科學 과학　內科 내과　敎科 교과

果	실과 과:　　　木 8획
	果樹 과수　果然 과연　成果 성과　藥果 약과

光	빛 광　　　儿 6획　(동) 明(밝을 명)
	光明 광명　光線 광선　夜光 야광　發光 발광

交	사귈 교　　　亠 6획
	交通 교통　交代 교대　交信 교신　近交 근교

球	공 구　　　玉 11획
	野球 야구　地球 지구　氣球 기구　球場 구장

苦(고) — 堂(당)

區   구역 **구**   ㄷ 11획   동 別(나눌 별)   약 区
區別 구별   區間 구간   區分 구분   區畫 구획

郡   고을 **군:**   邑 10획
市郡 시군   郡民 군민   郡內 군내   郡界 군계

近   가까울 **근:**   辵 8획
親近 친근   近代 근대   近者 근자   近年 근년

根   뿌리 **근**   木 10획   동 本(근본 본)
根本 근본   球根 구근   草根 초근   語根 어근

今   이제 **금**   人 4획
今年 금년   今世 금세   今後 금후   今日 금일

急   급할 **급**   心 9획   동 速(빠를 속)
急速 급속   急行 급행   急死 급사   火急 화급

級   등급 **급**   糸 10획
等級 등급   學級 학급   級數 급수   級訓 급훈

多   많을 **다**   夕 6획   반 少(적을 소)
多少 다소   多讀 다독   多才 다재   多數 다수

短   짧을 **단(:)**   矢 12획   반 長(긴 장)
長短 장단   短命 단명   短文 단문   短音 단음

堂   집 **당**   土 11획
明堂 명당   書堂 서당   食堂 식당   學堂 학당

6급

代	대신 대: 人 5획
	現代 현대　代身 대신　代表 대표　時代 시대

待	기다릴 대: 彳 9획
	下待 하대　待命 대명　待合室 대합실

對	대할 대: 寸 14획　약 对
	對話 대화　反對 반대　對答 대답　對面 대면

度	법도 도(:)/헤아릴 탁　广 9획
	速度 속도　溫度 온도　年度 연도　強度 강도

圖	그림 도　囗 14획　동 畫(그림 화)　약 図
	地圖 지도　圖書 도서　圖畫 도화　圖面 도면

讀	읽을 독/구절 두　言 22획　약 読
	讀書 독서　讀者 독자　速讀 속독　讀後感 독후감

童	아이 동: 立 12획
	童話 동화　童心 동심　學童 학동　童子 동자

頭	머리 두　頁 16획
	頭角 두각　頭目 두목　出頭 출두　白頭山 백두산

等	무리 등: 竹 12획
	平等 평등　高等 고등　等數 등수　對等 대등

樂	즐길 락/풍류 악/좋아할 요　木 15획　약 楽
	樂園 낙원　歌樂 가악　安樂 안락　樂勝 낙승

| 例 | 법식 례: 人 8획 (동) 式(법 식) |
| | 事例 사례 例外 예외 例題 예제 先例 선례 |

| 禮 | 예도 례: 示 18획 (약) 礼 |
| | 禮式 예식 答禮 답례 禮物 예물 禮樂 예악 |

| 路 | 길 로: 足 13획 (동) 道(길 도) |
| | 道路 도로 通路 통로 路線 노선 活路 활로 |

| 綠 | 푸를 록 糸 14획 |
| | 草綠 초록 新綠 신록 靑綠 청록 綠地 녹지 |

| 理 | 다스릴 리: 玉 11획 |
| | 道理 도리 地理 지리 生理 생리 合理 합리 |

| 利 | 이로울 리: 刀 7획 |
| | 勝利 승리 利用 이용 便利 편리 利子 이자 |

| 李 | 오얏 리: 木 7획 |
| | 李朝 이조 行李 행리 李白 이백 李花 이화 |

| 明 | 밝을 명 日 8획 |
| | 明月 명월 明日 명일 發明 발명 分明 분명 |

| 目 | 눈 목 目 5획 |
| | 題目 제목 面目 면목 名目 명목 目前 목전 |

| 聞 | 들을 문: 耳 14획 |
| | 新聞 신문 所聞 소문 風聞 풍문 後聞 후문 |

米	쌀 미　　　　　　米 6획
	白米 백미　　米飮 미음　　六米 육미　　米食 미식

美	아름다울 미(:)　　　　羊 9획
	美術 미술　　美國 미국　　美男 미남　　美人 미인

朴	성/소박할 박　　　　木 6획
	朴直 박직　　朴木月 박목월

反	돌이킬 반:　　　　又 4획
	反省 반성　　反旗 반기　　反共 반공　　反戰 반전

半	반 반:　　　　十 5획
	前半 전반　　半音 반음　　半球 반구　　半身 반신

班	나눌 반　　　　玉 10획
	班長 반장　　文班 문반　　九班 구반　　分班 분반

發	필 발　　　　癶 12획　약 発
	出發 출발　　發表 발표　　發病 발병　　發信 발신

放	놓을 방(:)　　　　攴 8획
	放心 방심　　放火 방화　　放出 방출　　訓放 훈방

番	차례 번　　　　田 12획
	番號 번호　　番地 번지　　萬番 만번　　軍番 군번

別	다를/나눌 별　　　　刀 7획　동 分(나눌 분)
	分別 분별　　別名 별명　　別世 별세　　作別 작별

米(미) — 石(석)

病	병 **병:** 　 疒 10획
	病弱 병약　萬病 만병　病名 병명　病者 병자

服	옷 **복** 　 月 8획　 동衣(옷 의)
	衣服 의복　夏服 하복　洋服 양복　服用 복용

本	근본 **본** 　 木 5획
	本部 본부　本社 본사　本業 본업　本然 본연

部	떼 **부** 　 邑 11획
	部分 부분　部族 부족　內部 내부　中部 중부

分	나눌 **분(:)** 　 刀 4획
	分母 분모　分數 분수　分野 분야　分身 분신

使	하여금/부릴 **사:** 　 人 8획
	使用 사용　使命 사명　天使 천사　大使 대사

死	죽을 **사:** 　 歹 6획　 반活(살 활)/生(살 생)
	死後 사후　生死 생사　死線 사선　死活 사활

社	모일 **사** 　 示 8획　 동會(모일 회)
	社會 사회　社訓 사훈　社長 사장　社主 사주

書	글/책 **서** 　 日 10획
	文書 문서　書記 서기　書式 서식　親書 친서

石	돌 **석** 　 石 5획
	石油 석유　木石 목석　石手 석수　自然石 자연석

6급

席
자리 석　巾　10획
出席 출석　空席 공석　立席 입석　病席 병석

線
줄 선　糸　15획
直線 직선　戰線 전선　有線 유선　電線 전선

雪
눈 설　雨　11획
白雪 백설　春雪 춘설　大雪 대설　小雪 소설

成
이룰 성　戈　7획
成人 성인　成長 성장　大成 대성　作成 작성

省
살필 성/덜 생　目　9획
自省 자성　內省 내성　三省 삼성　省文 생문

消
사라질 소　水　10획
消火 소화　消日 소일　消失 소실　消化 소화

速
빠를 속　辵　11획
速力 속력　時速 시속　速記 속기　球速 구속

孫
손자 손(:)　子　10획　**반** 祖(할아버지 조)
祖孫 조손　孫子 손자　子孫 자손　後孫 후손

樹
나무 수　木　16획　**동** 木(나무 목)
樹木 수목　植樹 식수　樹林 수림　樹立 수립

術
재주/꾀 술　行　11획　**동** 才(재주 재)
道術 도술　學術 학술　手術 수술　話術 화술

習

익힐 습   羽   11획

自習 자습   學習 학습   敎習 교습   世習 세습

勝

이길 승   力   12획

勝者 승자   全勝 전승   五勝 오승   勝戰 승전

始

비로소 시: 女   8획

始作 시작   始祖 시조   始動 시동   開始 개시

式

법 식   弋   6획

形式 형식   定式 정식   方式 방식   圖式 도식

神

귀신 신   示   10획

失神 실신   神通 신통   神話 신화   神父 신부

身

몸 신   身   7획   반心(마음 심)   동體(몸 체)

身體 신체   自身 자신   心身 심신   身長 신장

信

믿을 신: 人   9획

信用 신용   通信 통신   信者 신자   自信 자신

新

새 신   斤   13획   반古(예 고)

新人 신인   新生 신생   新年 신년   新式 신식

失

잃을 실   大   5획

失手 실수   失言 실언   失業 실업   失明 실명

愛

사랑 애: 心   13획

愛國 애국   愛讀 애독   愛社 애사   愛用 애용

| 夜 | 밤 **야** — 夕 8획 |
| | 夜間 야간　夜食 야식　夜行 야행　夜話 야화 |

| 野 | 들 **야** — 里 11획 |
| | 平野 평야　野生 야생　野外 야외　山野 산야 |

| 弱 | 약할 **약** — 弓 10획 |
| | 弱者 약자　心弱 심약　弱小 약소　弱體 약체 |

| 藥 | 약 **약** — 艸 19획　(약)藥 |
| | 洋藥 양약　藥草 약초　農藥 농약　藥物 약물 |

| 洋 | 큰바다 **양** — 水 9획　(동)海(바다 해) |
| | 海洋 해양　西洋 서양　大洋 대양　東洋 동양 |

| 陽 | 볕 **양** — 阜 12획 |
| | 太陽 태양　陽地 양지　夕陽 석양　陽氣 양기 |

| 言 | 말씀 **언** — 言 7획　(반)行(다닐 행)　(동)語(말씀 어) |
| | 言語 언어　言行 언행　金言 금언　方言 방언 |

| 業 | 업 **업** — 木 13획 |
| | 作業 작업　事業 사업　農業 농업　工業 공업 |

| 永 | 길 **영**: — 水 5획　(동)遠(멀 원) |
| | 永遠 영원　永有 영유　永住 영주　永生 영생 |

| 英 | 꽃부리 **영** — 艸 9획 |
| | 英特 영특　英國 영국　英語 영어　英才 영재 |

漢字	訓音	部首/획수	예시
溫	따뜻할 온	水 13획	溫水 온수 溫室 온실 溫氣 온기 體溫 체온
用	쓸 용:	用 5획	用語 용어 登用 등용 有用 유용 全用 전용
勇	날랠 용:	力 9획	勇氣 용기 勇力 용력 勇名 용명 勇夫 용부
運	옮길 운:	辵 13획 동動(움직일 동)	運動 운동 運命 운명 氣運 기운 不運 불운
園	동산 원	口 13획	庭園 정원 農園 농원 花園 화원 學園 학원
遠	멀 원:	辵 14획 반近(가까울 근)	遠近 원근 遠大 원대 遠交 원교 遠洋 원양
由	말미암을 유	田 5획	理由 이유 自由 자유 由來 유래 事由 사유
油	기름 유	水 8획	注油 주유 重油 중유 油畫 유화 食油 식유
銀	은 은	金 14획	銀行 은행 金銀 금은 水銀 수은 白銀 백은
音	소리 음	音 9획	音樂 음악 和音 화음 音色 음색 表音 표음

飮	마실 음: 食 13획
	飮食 음식 食飮 식음 夜飮 야음 對飮 대음

衣	옷 의 衣 6획
	衣食 의식 白衣 백의 上衣 상의 下衣 하의

意	뜻 의: 心 13획
	同意 동의 自意 자의 意向 의향 合意 합의

醫	의원 의 酉 18획 (약) 医
	醫術 의술 名醫 명의 醫藥 의약 韓醫 한의

者	놈/사람 자 老 9획
	記者 기자 長者 장자 作者 작자 學者 학자

作	지을 작 人 7획
	作文 작문 作心 작심 作家 작가 工作 공작

昨	어제 작 日 9획 (반) 今(이제 금)
	昨年 작년 昨日 작일 昨今 작금 昨秋 작추

章	글월 장 立 11획 (동) 文(글월 문)
	文章 문장 圖章 도장 樂章 악장 旗章 기장

才	재주 재 手 3획 (동) 術(재주 술)
	天才 천재 文才 문재 人才 인재 才色 재색

在	있을 재: 土 6획
	現在 현재 所在 소재 在野 재야 在學 재학

飮(음) ― 集(집)

戰	싸움 전: 戈 16획 약 战		

戰後 전후   休戰 휴전   戰場 전장   戰術 전술

庭 뜰 정 广 10획

家庭 가정   親庭 친정   校庭 교정   庭球 정구

定 정할 정: 宀 8획 약 㝎

安定 안정   定數 정수   定立 정립   定食 정식

第 차례 제: 竹 11획

第一 제일   等第 등제   第三者 제삼자

題 제목 제 頁 18획

話題 화제   問題 문제   題號 제호   主題 주제

朝 아침 조 月 12획 반 夕(저녁 석)

朝夕 조석   朝會 조회   王朝 왕조   朝食 조식

族 겨레 족 方 11획

民族 민족   家族 가족   親族 친족   同族 동족

注 물댈 주: 水 8획

注入 주입   注目 주목   注文 주문   注意 주의

晝 낮 주 日 11획 반 夜(밤 야) 약 昼

晝夜 주야   晝間 주간   白晝 백주   晝食 주식

集 모을 집 隹 12획 동 會(모일 회)

集合 집합   集中 집중   集會 집회   集計 집계

6급

窓
창문 창 　　穴　11획
窓門 창문　　同窓 동창　　窓口 창구　　車窓 차창

清
맑을 청 　　水　11획
清算 청산　　清風 청풍　　清明 청명　　清音 청음

體
몸 체 　　骨　23획　　**약** 体
全體 전체　　體力 체력　　體面 체면　　形體 형체

親
친할 친 　　見　16획
先親 선친　　親家 친가　　母親 모친　　父親 부친

太
클/처음 태 　　大　4획
太風 태풍　　太白 태백　　太祖 태조　　太平 태평

通
통할 통 　　辶　11획
通話 통화　　共通 공통　　通風 통풍　　通學 통학

特
특별할 특 　　牛　10획
特別 특별　　特食 특식　　特級 특급　　特出 특출

表
겉 표 　　衣　8획
表現 표현　　表面 표면　　圖表 도표　　表意 표의

風
바람 풍 　　風　9획
東風 동풍　　海風 해풍　　風向 풍향　　春風 춘풍

合
합할 합 　　口　6획　　**반** 分(나눌 분)
合同 합동　　合心 합심　　合席 합석　　合成 합성

窓(창) — 會(회)

行
다닐 행(:)/항렬 항   行 6획
孝行 효행   行動 행동   所行 소행   現行 현행

幸
다행 행: 干 8획
幸運 행운   不幸 불행   多幸 다행   天幸 천행

向
향할 향: 口 6획
方向 방향   向上 향상   南向 남향   動向 동향

現
나타날 현: 玉 11획
現場 현장   現金 현금   現物 현물   出現 출현

形
모양 형   彡 7획   동 式(꼴 식)
形成 형성   形便 형편   成形 성형   外形 외형

號
이름/부를 호: 虍 13획   약 号
記號 기호   信號 신호   號外 호외   口號 구호

和
화할 화   口 8획   동 平(평평할 평)
平和 평화   和合 화합   和色 화색   溫和 온화

畫
그림 화:/그을 획   田 12획   약 画
名畫 명화   畫家 화가   畫室 화실   畫數 획수

黃
누를 황   黃 12획
黃土 황토   黃色 황색   黃海 황해   黃金 황금

會
모일 회: 日 13획   동 社(모일 사)   약 会
會社 회사   會話 회화   分會 분회   會食 회식

6급

訓 가르칠 훈: 言 10획 동 敎(가르칠 교)

敎訓 교훈   校訓 교훈   訓話 훈화   訓民 훈민

5급 한자능력검정시험

• 배정한자 : 200자(5급 고유한자)+300자(6급)

可 옳을 **가:** 口 5획
可決 가결 許可 허가 可能 가능 可望 가망

加 더할 **가** 力 5획
加熱 가열 加速 가속 加工 가공 加算 가산

價 값 **가** 人 15획 **약** 価
價格 가격 物價 물가 油價 유가 定價 정가

改 고칠 **개:** 攴 7획
改良 개량 改善 개선 改正 개정 改名 개명

客 손 **객** 宀 9획 **반** 主(주인 주)
客觀 객관 客席 객석 主客 주객 觀客 관객

去 갈 **거:** 厶 5획 **반** 來(올 래)
去來 거래 過去 과거 去冷 거냉 去年 거년

擧 들 **거:** 手 18획 **약** 挙
擧手 거수 選擧 선거 擧行 거행 擧動 거동

件 물건 **건** 人 6획 **동** 物(물건 물)
物件 물건 案件 안건 件數 건수 事件 사건

建 세울 **건:** 廴 9획 **동** 立(설 립)
建物 건물 再建 재건 建立 건립 建國 건국

— 47 —

健	굳셀 건: 　　　人　11획
	健實 건실　健兒 건아　健全 건전　強健 강건

格	격식 격 　　　木　10획　동 式(법 식)/規(법 규)
	規格 규격　合格 합격　格式 격식　格言 격언

見	볼 견:/뵈올 현: 　　見　7획
	見聞 견문　意見 의견　見學 견학　發見 발견

決	결단할 결 　　　水　7획
	決定 결정　對決 대결　決選 결선　表決 표결

結	맺을 결 　　　糸　12획　동 終(마칠 종)
	結果 결과　結局 결국　結末 결말　結實 결실

景	볕 경(:) 　　　日　12획
	景氣 경기　風景 풍경　雪景 설경　景觀 경관

輕	가벼울 경 　　　車　14획　반 重(무거울 중)　약 軽
	輕重 경중　輕量 경량　輕油 경유　輕車 경차

敬	공경할 경: 　　　攴　13획
	敬老 경로　敬禮 경례　敬語 경어　敬意 경의

競	다툴 경: 　　　立　20획　동 爭(다툴 쟁)
	競技 경기　競賣 경매　競選 경선　競合 경합

考	생각할 고(:) 　　　老　6획
	考案 고안　考古 고고　一考 일고　長考 장고

告	고할 고:　　　口 7획
	告白 고백　廣告 광고　社告 사고　告發 고발

固	굳을 고　　　口 8획
	固定 고정　固有 고유　固體 고체　固着 고착

曲	굽을 곡　　　日 6획　반 直(곧을 직)
	曲直 곡직　曲線 곡선　歌曲 가곡　作曲 작곡

過	지날/허물 과:　　辵 13획　반 功(공 공)
	過失 과실　過言 과언　通過 통과　過勞 과로

課	공부할/과정 과(:)　言 15획
	課題 과제　課外 과외　課長 과장　日課 일과

關	관계할 관　　　門 19획　약 関
	關心 관심　關門 관문　通關 통관　相關 상관

觀	볼 관　　　見 25획　약 观, 覌
	觀光 관광　主觀 주관　觀望 관망　參觀 참관

廣	넓을 광:　　　广 15획　약 広
	廣橋 광교　廣場 광장　廣野 광야　廣板 광판

橋	다리 교　　　木 16획
	陸橋 육교　鐵橋 철교　大橋 대교　石橋 석교

具	갖출 구(:)　　八 8획
	具體 구체　道具 도구　具色 구색　家具 가구

5급

救	구원할 구: 攵 11획
	救命 구명　救急 구급　救出 구출　自救 자구

舊	예 구: 臼 18획　반 新(새 신)　약 旧
	新舊 신구　舊式 구식　舊屋 구옥　舊面 구면

局	판 국 尸 7획
	藥局 약국　終局 종국　局面 국면　當局 당국

貴	귀할 귀: 貝 12획
	貴重 귀중　貴族 귀족　品貴 품귀　貴中 귀중

規	법 규 見 11획　동 法(법 법)/定(정할 정)
	規則 규칙　法規 법규　規定 규정　子規 자규

給	줄 급 糸 12획
	自給 자급　給食 급식　發給 발급　給料 급료

技	재주 기 手 7획　동 術(재주 술)
	技術 기술　技士 기사　特技 특기　技能 기능

己	몸 기 己 3획
	利己 이기　自己 자기　知己 지기　愛己 애기

基	터 기 土 11획
	基本 기본　基地 기지　基金 기금　基壇 기단

期	기약할 기 月 12획
	期待 기대　工期 공기　無期 무기　前期 전기

汽	물끓는김 **기** 水 7획	
	汽車 기차 汽船 기선	

吉	길할 **길** 口 6획 **반** 凶(흉할 흉)	
	吉凶 길흉 吉日 길일 吉運 길운 吉人 길인	

念	생각 **념:** 心 8획	
	思念 사념 理念 이념 信念 신념 觀念 관념	

能	능할 **능** 肉 10획	
	能力 능력 無能 무능 有能 유능 才能 재능	

團	둥글 **단** 口 14획 **약** 団	
	財團 재단 團結 단결 團長 단장 團體 단체	

壇	단 **단** 土 16획	
	壇上 단상 畫壇 화단 敎壇 교단 登壇 등단	

談	말씀 **담** 言 15획 **동** 話(말씀 화)	
	談話 담화 德談 덕담 筆談 필담 情談 정담	

當	마땅 **당** 田 13획 **반** 落(떨어질 락) **약** 当	
	正當 정당 當落 당락 當然 당연 當番 당번	

德	큰/덕 **덕** 彳 15획	
	道德 도덕 德望 덕망 功德 공덕 美德 미덕	

到	이를 **도:** 刀 8획 **동** 來(올 래)/着(붙을 착)	
	到着 도착 當到 당도 到來 도래 先到 선도	

5급

島	섬 도　　山　10획
	獨島 독도　半島 반도　落島 낙도　海島 해도

都	도읍 도　　邑　12획　동 京(서울 경)
	都市 도시　首都 수도　都心 도심　京都 경도

獨	홀로 독　　犬　16획　약 独
	獨立 독립　獨唱 독창　獨白 독백　獨善 독선

落	떨어질 락　　艹　13획　반 登(오를 등)
	落葉 낙엽　落花 낙화　落第 낙제　登落 등락

朗	밝을 랑:　　月　11획　동 明(밝을 명)
	明朗 명랑　朗讀 낭독　朗朗 낭랑　朗月 낭월

冷	찰 랭:　　冫　7획　반 溫(따뜻할 온)
	冷溫 냉온　冷水 냉수　冷情 냉정　冷戰 냉전

良	어질 량　　艮　7획
	良心 양심　良民 양민　良書 양서　良質 양질

量	수량 량　　里　12획
	質量 질량　分量 분량　量産 양산　數量 수량

旅	나그네 려　　方　10획
	旅行 여행　旅路 여로　旅費 여비　旅客 여객

歷	지날 력　　止　16획
	歷史 역사　學歷 학력　歷代 역대　歷任 역임

島(도) — 末(말)

練	익힐 련: 糸 15획	
	訓練 훈련　洗練 세련　練習 연습　調練 조련	
令	하여금 령(:) 人 5획	
	令弟 영제　打令 타령　發令 발령　號令 호령	
領	거느릴 령 頁 14획	
	領海 영해　領土 영토　要領 요령　領空 영공	
勞	일할 로 力 12획　반 使(부릴 사)　약 労	
	勞使 노사　勞動 노동　勞苦 노고　功勞 공로	
料	헤아릴 료(:) 斗 10획	
	原料 원료　料金 요금　料理 요리　材料 재료	
流	흐를 류 水 10획	
	交流 교류　流動 유동　流水 유수　海流 해류	
類	무리 류(:) 頁 19획	
	種類 종류　人類 인류　分類 분류　部類 부류	
陸	뭍 륙 阜 11획　반 海(바다 해)　동 地(땅 지)	
	着陸 착륙　陸地 육지　陸海 육해　內陸 내륙	
馬	말 마: 馬 10획	
	鐵馬 철마　競馬 경마　馬車 마차　牛馬 우마	
末	끝 말 木 5획　반 本(근본 본)/始(비로소 시)	
	終末 종말　週末 주말　本末 본말　始末 시말	

5급

亡	망할 망 ㅗ 3획
	敗亡 패망 亡命 망명 死亡 사망 亡德 망덕

望	바랄 망: 月 11획
	野望 야망 宿望 숙망 熱望 열망 所望 소망

買	살 매: 貝 12획 반 賣(팔 매)
	賣買 매매 買入 매입 買切 매절 買食 매식

賣	팔 매(:) 貝 15획 약 売
	賣場 매장 賣店 매점 賣出 매출 發賣 발매

無	없을 무 火 12획 반 有(있을 유)
	有無 유무 無病 무병 無心 무심 無用 무용

倍	갑절 배: 人 10획
	倍加 배가 倍數 배수 倍前 배전 百倍 백배

法	법 법 水 8획 동 式(법 식)
	法式 법식 方法 방법 合法 합법 公法 공법

變	변할 변: 言 23획 동 化(될 화) 약 変
	變化 변화 變質 변질 變色 변색 變數 변수

兵	병사 병 八 7획 동 卒(군사 졸)
	兵卒 병졸 兵力 병력 兵士 병사 新兵 신병

福	복 복 示 14획
	幸福 행복 祝福 축복 多福 다복 飮福 음복

亡(망) ― 思(사)

奉	받들 봉:　　大 8획　동仕(섬길 사)	
	奉事 봉사　　信奉 신봉　　奉養 봉양　　奉唱 봉창	
比	견줄 비:　　比 4획	
	對比 대비　　比例 비례　　比重 비중　　比等 비등	
費	쓸 비:　　貝 12획	
	消費 소비　　費用 비용　　工費 공비　　食費 식비	
鼻	코 비:　　鼻 14획	
	鼻祖 비조　　鼻音 비음	
氷	얼음 빙　　水 5획　반炭(숯 탄)	
	氷河 빙하　　氷山 빙산　　氷雪 빙설　　氷水 빙수	
士	선비 사:　　士 3획	
	士氣 사기　　力士 역사　　軍士 군사　　人士 인사	
仕	섬길/벼슬 사(:)　　人 5획	
	奉仕 봉사　　給仕 급사　　出仕 출사　　致仕 치사	
史	사기 사:　　口 5획	
	國史 국사　　史記 사기　　史料 사료　　史的 사적	
査	조사할 사　　木 9획	
	調査 조사　　實査 실사　　考査 고사　　査正 사정	
思	생각 사(:)　　心 9획　동考(생각할 고)	
	思考 사고　　意思 의사　　心思 심사　　思料 사료	

寫	베낄 **사** 宀 15획 **약** 写, 寫
	寫實 사실 筆寫 필사 寫本 사본 速寫 속사

産	낳을 **산:** 生 11획
	生産 생산 産業 산업 出産 출산 産苦 산고

相	서로/정승 **상** 目 9획
	相對 상대 相爭 상쟁 相通 상통 首相 수상

商	장사 **상** 口 11획
	商品 상품 商船 상선 商業 상업 商號 상호

賞	상줄 **상** 貝 15획
	賞品 상품 大賞 대상 賞金 상금 入賞 입상

序	차례 **서:** 广 7획
	順序 순서 有序 유서 序曲 서곡 序文 서문

仙	신선 **선** 人 5획
	仙女 선녀 神仙 신선 仙人 선인 仙家 선가

船	배 **선** 舟 11획
	漁船 어선 戰船 전선 同船 동선 船長 선장

善	착할 **선:** 口 12획 **동** 良(어질 량)
	善惡 선악 善意 선의 善行 선행 最善 최선

選	가릴 **선:** 辶 16획
	選定 선정 選出 선출 再選 재선 選別 선별

寫(사) — 示(시)

鮮 고울 선 　魚 17획
朝鮮 조선　鮮明 선명　新鮮 신선　鮮魚 선어

說 말씀 설/달랠 세: 　言 14획
說明 설명　說話 설화　小說 소설　說客 세객

性 성품 성: 　心 8획　동 質(바탕 질)
理性 이성　感性 감성　急性 급성　人性 인성

洗 씻을 세: 　水 9획
洗手 세수　領洗 영세　洗面 세면　洗車 세차

歲 해 세: 　止 13획　동 年(해 년)
年歲 연세　萬歲 만세　歲月 세월　歲入 세입

束 묶을 속 　木 7획
約束 약속　團束 단속　結束 결속　束手 속수

首 머리 수 　首 9획
首席 수석　部首 부수　船首 선수　元首 원수

宿 잘 숙/별자리 수: 　宀 11획
宿題 숙제　宿食 숙식　宿所 숙소　合宿 합숙

順 순할 순: 　頁 12획
順行 순행　順理 순리　順番 순번　順位 순위

示 보일 시: 　示 5획
展示 전시　表示 표시　訓示 훈시　告示 고시

5급

識	알 식/기록할 지	言 19획
	知識 지식　意識 의식　識別 식별　學識 학식	

臣	신하 신	臣 6획
	家臣 가신　臣下 신하　功臣 공신　使臣 사신	

實	열매 실	宀 14획　(동) 果(실과 과)　(약) 実
	果實 과실　現實 현실　事實 사실　實感 실감	

兒	아이 아	儿 8획　(동) 童(아이 동)　(약) 児
	兒童 아동　男兒 남아　育兒 육아　小兒 소아	

惡	악할 악/미워할 오	心 12획　(약) 悪
	惡材 악재　罪惡 죄악　惡用 악용　惡寒 오한	

案	책상/상고할 안:	木 10획
	方案 방안　案內 안내　圖案 도안　代案 대안	

約	맺을 약	糸 9획　(동) 束(묶을 속)
	節約 절약　要約 요약　規約 규약　公約 공약	

養	기를 양:	食 15획　(동) 育(기를 육)
	敎養 교양　養育 양육　養分 양분　休養 휴양	

魚	고기 어	魚 11획
	養魚 양어　魚族 어족　魚類 어류　活魚 활어	

漁	고기잡을 어	水 14획
	漁夫 어부　漁具 어구　漁民 어민　漁業 어업	

識(식) — 牛(우)

億
억 억   人 15획
億萬 억만   億萬長者 억만장자

熱
더울 열   火 15획
熱氣 열기   熱意 열의   熱情 열정   熱火 열화

葉
잎 엽   艸 13획
葉書 엽서   中葉 중엽   葉草 엽초   末葉 말엽

屋
집 옥   尸 9획   동 家(집 가)
家屋 가옥   屋上 옥상   屋外 옥외   社屋 사옥

完
완전할 완   宀 7획
完工 완공   完成 완성   完全 완전   完結 완결

要
구할/요긴할 요   襾 9획
重要 중요   要理 요리   要望 요망   要式 요식

曜
빛날 요   日 18획
曜日 요일   七曜 칠요   火曜日 화요일

浴
목욕할 욕   水 10획
浴室 욕실   入浴 입욕   海水浴 해수욕

友
벗 우: 又 4획
友軍 우군   友情 우정   友愛 우애   級友 급우

牛
소 우   牛 4획
黃牛 황우   韓牛 한우   牛角 우각   農牛 농우

雨	비 우: 雨 8획
	雨水 우수 雨衣 우의 風雨 풍우 雨期 우기

雲	구름 운 雨 12획
	雲集 운집 雲海 운해 白雲 백운 戰雲 전운

雄	수컷 웅 隹 12획
	英雄 영웅 雄大 웅대 雄圖 웅도 雄健 웅건

元	으뜸 원 儿 4획
	元老 원로 元祖 원조 身元 신원 元氣 원기

院	집/관청 원 阜 10획
	病院 병원 醫院 의원 登院 등원 法院 법원

原	언덕 원 厂 10획
	原因 원인 原始 원시 原理 원리 原油 원유

願	원할 원: 頁 19획
	所願 소원 願書 원서 願望 원망 念願 염원

位	자리 위 人 7획
	方位 방위 高位 고위 位相 위상 地位 지위

偉	거룩할 위 人 11획 동 大(큰 대)
	偉大 위대 偉人 위인 偉業 위업 偉力 위력

以	써 이: 人 5획
	所以 소이 以上 이상 以南 이남 以後 이후

雨(우) ― 赤(적)

耳	귀 **이:** 耳 6획	
	耳順 이순 耳科 이과 耳目 이목 充耳 충이	
因	인할 **인** 口 6획 (반) 果(결과 과)	
	因果 인과 敗因 패인 因習 인습 要因 요인	
任	맡길 **임(:)** 人 6획	
	新任 신임 信任 신임 重任 중임 任期 임기	
材	재목 **재** 木 7획	
	門材 문재 材木 재목 藥材 약재 題材 제재	
財	재물 **재** 貝 10획	
	財産 재산 財物 재물 財界 재계 財力 재력	
再	두/다시 **재:** 冂 6획	
	再考 재고 再生 재생 再活 재활 再現 재현	
災	재앙 **재** 火 7획	
	火災 화재 災害 재해 産災 산재 天災 천재	
爭	다툴 **쟁** 爪 8획 (동) 戰(싸움 전) (약) 争	
	戰爭 전쟁 競爭 경쟁 言爭 언쟁 分爭 분쟁	
貯	쌓을 **저:** 貝 12획	
	貯金 저금 貯炭 저탄 貯水 저수 貯養 저양	
赤	붉을 **적** 赤 7획	
	赤色 적색 赤字 적자 赤道 적도 赤化 적화	

5급

的	과녁 적 　　白 8획
	目的 목적　公的 공적　量的 양적　法的 법적

典	법/책 전:　　八 8획　동 法(법 법)
	法典 법전　古典 고전　事典 사전　原典 원전

展	펼 전:　　尸 10획　동 發(필 발)
	發展 발전　展開 전개　展望 전망　美展 미전

傳	전할 전　　人 13획　약 伝
	傳說 전설　傳記 전기　口傳 구전　傳言 전언

切	끊을 절/온통 체　　刀 4획
	一切 일체　切上 절상　親切 친절　切望 절망

節	마디 절　　竹 15획
	節電 절전　名節 명절　節氣 절기　禮節 예절

店	가게 점:　　广 8획
	商店 상점　書店 서점　本店 본점　店主 점주

停	머무를 정　　人 11획　동 止(그칠 지)
	停止 정지　停年 정년　停電 정전　調停 조정

情	뜻 정　　心 11획
	感情 감정　溫情 온정　事情 사정　愛情 애정

調	고를 조　　言 15획
	調和 조화　強調 강조　調理 조리　調節 조절

的(적) — 質(질)

| 操 | 잡을 조(:) 手 16획 |
| | 體操 체조 操業 조업 操作 조작 操心 조심 |

| 卒 | 마칠/군사 졸 十 8획 약 卆 |
| | 卒業 졸업 大卒 대졸 卒兵 졸병 卒然 졸연 |

| 終 | 마칠 종 糸 11획 반 始(비로소 시) |
| | 始終 시종 終身 종신 最終 최종 終結 종결 |

| 種 | 씨 종(:) 禾 14획 |
| | 種子 종자 品種 품종 種別 종별 種族 종족 |

5급

| 罪 | 허물 죄: 网 13획 |
| | 重罪 중죄 無罪 무죄 有罪 유죄 罪人 죄인 |

| 州 | 고을 주 巛 6획 |
| | 光州 광주 全州 전주 淸州 청주 公州 공주 |

| 週 | 주일/돌 주 辵 12획 |
| | 每週 매주 週間 주간 前週 전주 來週 내주 |

| 止 | 그칠 지 止 4획 |
| | 中止 중지 終止 종지 休止 휴지 擧止 거지 |

| 知 | 알 지 矢 8획 동 識(알 식) |
| | 無知 무지 知友 지우 知人 지인 告知 고지 |

| 質 | 바탕 질 貝 15획 약 貭 |
| | 性質 성질 質問 질문 質責 질책 物質 물질 |

| 着 | 붙을 착   羊 12획 반 發(필 발)
着發 착발   着手 착수   着地 착지   定着 정착 |
|---|---|
| 參 | 참여할 참/석 삼   ム 11획 약 参
參加 참가   不參 불참   參戰 참전   參見 참견 |
| 唱 | 부를 창: 口 11획
唱歌 창가   唱法 창법   愛唱 애창   再唱 재창 |
| 責 | 꾸짖을 책   貝 11획
責任 책임   問責 문책   責望 책망   罪責 죄책 |
| 鐵 | 쇠 철   金 21획 약 鉄
鐵路 철로   鐵板 철판   鐵窓 철창   古鐵 고철 |
| 初 | 처음 초   刀 7획 동 始(비로소 시)
最初 최초   始初 시초   初等 초등   正初 정초 |
| 最 | 가장 최: 日 12획
最古 최고   最小 최소   最高 최고   最近 최근 |
| 祝 | 빌 축   示 10획
祝歌 축가   祝電 축전   祝願 축원   奉祝 봉축 |
| 充 | 채울 충   儿 6획
充分 충분   充電 충전   充實 충실   充足 충족 |
| 致 | 이를 치: 至 10획
一致 일치   景致 경치   筆致 필치   致命 치명 |

着(착) — 必(필)

則 | 법칙 **칙**/곧 **즉**　刀　9획　**동** 法(법 법)
法則 법칙　鐵則 철칙　學則 학칙　原則 원칙

他 | 다를 **타**　人　5획　**반** 自(스스로 자)
自他 자타　他意 타의　他界 타계　他國 타국

打 | 칠 **타**:　手　5획
打球 타구　安打 안타　打席 타석　打者 타자

卓 | 높을 **탁**　十　8획
卓球 탁구　卓見 탁견　食卓 식탁　卓子 탁자

炭 | 숯 **탄**:　火　9획
石炭 석탄　氷炭 빙탄　炭水 탄수　木炭 목탄

宅 | 집 **택**/**댁**　宀　6획　**동** 家(집 가)
住宅 주택　自宅 자택　宅地 택지　社宅 사택

板 | 널 **판**　木　8획
板紙 판지　氷板 빙판　黑板 흑판　畫板 화판

敗 | 패할 **패**:　攴　11획　**반** 勝(이길 승)/成(이룰 성)
勝敗 승패　敗北 패배　失敗 실패　成敗 성패

品 | 물건 **품**:　口　9획　**동** 物(물건 물)
品性 품성　品質 품질　物品 물품　食品 식품

必 | 반드시 **필**　心　5획
必要 필요　必讀 필독　必勝 필승　必然 필연

— 65 —

筆	붓 **필**　　　　竹 12획
	筆記 필기　　筆法 필법　　筆者 필자　　自筆 자필

河	물 **하**　　　　水 8획　　**반** 山(메 산)　　**동** 川(내 천)
	河川 하천　　山河 산하　　運河 운하　　黃河 황하

寒	찰 **한**　　　　宀 12획　　**동** 冷(찰 랭)
	寒害 한해　　寒氣 한기　　寒冷 한랭　　大寒 대한

害	해할 **해:**　　宀 10획　　**반** 利(이로울 리)
	利害 이해　　水害 수해　　有害 유해　　害惡 해악

許	허락할 **허**　　言 11획
	許多 허다　　特許 특허　　許國 허국　　許身 허신

湖	호수 **호**　　　水 12획
	湖水 호수　　湖南 호남　　江湖 강호　　大湖 대호

化	될 **화(:)**　　　匕 4획
	文化 문화　　強化 강화　　化石 화석　　同化 동화

患	근심 **환:**　　心 11획
	患者 환자　　病患 병환　　老患 노환　　患部 환부

效	본받을 **효:**　　攴 10획
	效果 효과　　效用 효용　　特效 특효　　效能 효능

凶	흉할 **흉**　　　凵 4획
	凶年 흉년　　凶計 흉계　　凶家 흉가　　凶作 흉작

黑

검을 **흑** 　　黑 12획　**반** 白(흰 백)

黑白 흑백　黑炭 흑탄　黑色 흑색　黑字 흑자

고사유래

天衣無縫
하늘 천 | 옷 의 | 없을 무 | 꿰맬 봉

하늘의 옷은 꿰맨 자국이 없다는 뜻으로, 문학 작품이나 예술 작품이 손댈 곳 없을 만큼 잘 되었음을 가리키는 말이다.

어느 무더운 여름날의 일이다. 곽한(郭翰)이라는 사람이 뜰에서 시원한 바람을 쐬고 있는데, 하늘에서 무엇인가 훨훨 날아 내려왔다. 가까이 오는 것을 보니 눈부시게 아름다운 여자였다. 그 여자가 옆에 와서 서자, 곽한이 넋을 잃고 쳐다보다가 물었다.

"당신은 대체 누구십니까?"

"저는 하늘에 사는 선녀입니다. 천제의 허락을 받아 잠시 쉬러 내려왔습니다."

곽한이 가만히 살펴보니, 선녀의 옷은 치맛자락이나 저고리 등 어디 하나 실로 꿰맨 자국이 없었다. 옷에 바느질 자국이 없는 이유를 묻자, 선녀가 미소를 지으며 말했다.

"하늘의 옷은 원래 바늘이나 실을 쓰지 않습니다.(天衣本非針線爲也.)"

신선이나 도사의 이야기를 모아 엮은 《태평광기》라는 책에 나오는 이야기다.

4급II 한자능력검정시험

• 배정한자 : 250자(4급II 고유한자)+500자(5급)

街 거리 가(:) 行 12획 (동) 道(길 도)/路(길 로)
街路 가로 商街 상가 街道 가도 市街 시가

假 거짓 가: 人 11획 (약) 仮
假定 가정 眞假 진가 假面 가면 假橋 가교

減 덜 감: 水 12획 (반) 加(더할 가)
減員 감원 增減 증감 加減 가감 減量 감량

監 볼 감 皿 14획 (동) 視(볼 시)/觀(볼 관) (약) 監
監査 감사 監察 감찰 令監 영감 監視 감시

康 편안 강 广 11획 (동) 健(굳셀 건)/安(편안할 안)
康健 강건 健康 건강 康樂 강락 康國 강국

講 강론할 강: 言 17획
講壇 강단 講堂 강당 講讀 강독 休講 휴강

個 낱 개(:) 人 10획
個體 개체 個別 개별 個人 개인 個性 개성

檢 검사할 검: 木 17획 (동) 査(조사할 사) (약) 検
檢問 검문 檢事 검사 檢擧 검거 檢察 검찰

缺 이지러질 결 缶 10획 (반) 出(날 출) (약) 欠
缺席 결석 缺員 결원 缺食 결식 缺格 결격

潔	깨끗할 **결**	水 15획 (동) 淸(맑을 청)
	淸潔 청결 潔白 결백 不潔 불결 純潔 순결	

慶	경사 **경:**	心 15획
	慶祝 경축 慶事 경사 大慶 대경 國慶日 국경일	

經	지날/글 **경**	糸 13획 (동) 過(지날 과) (약) 経
	經過 경과 經歷 경력 經路 경로 經典 경전	

境	지경 **경**	土 14획 (동) 界(경계 계)
	逆境 역경 境界 경계 國境 국경 死境 사경	

警	경계할 **경:**	言 20획
	警察 경찰 警告 경고 警備 경비 警護 경호	

係	맬 **계:**	人 9획
	關係 관계 係員 계원 係長 계장 係數 계수	

故	연고 **고(:)**	攴 9획
	故意 고의 事故 사고 故國 고국 故鄕 고향	

官	벼슬 **관**	宀 8획 (반) 民(백성 민)
	長官 장관 官職 관직 高官 고관 民官 민관	

究	연구할 **구**	穴 7획
	硏究 연구 講究 강구 究明 구명 學究 학구	

句	글귀 **구**	口 5획
	句節 구절 詩句 시구 絶句 절구 文句 문구	

潔(결) — 努(노)

求	구할 **구**	水 7획 (동) 要(구할 요)
	求職 구직　求道 구도　求人 구인　求愛 구애	

宮	집 **궁**	宀 10획
	古宮 고궁　王宮 왕궁　宮城 궁성　子宮 자궁	

權	권세 **권**	木 22획 (약) 权
	權勢 권세　權利 권리　復權 복권　主權 주권	

極	극진할 **극**	木 13획
	極端 극단　極度 극도　極貧 극빈　極樂 극락	

禁	금할 **금:**	示 13획
	出禁 출금　禁止 금지　一禁 일금　監禁 감금	

起	일어날 **기**	走 10획 (반) 結(맺을 결) (동) 發(필 발)
	起動 기동　起立 기립　起因 기인　想起 상기	

器	그릇 **기**	口 16획
	容器 용기　器具 기구　樂器 악기　祭器 제기	

暖	따뜻할 **난:**	日 13획 (반) 冷(찰 랭)/寒(찰 한)
	溫暖 온난　暖流 난류　寒暖 한란　暖房 난방	

難	어려울 **난(:)**	隹 19획
	難民 난민　難解 난해　論難 논란　災難 재난	

努	힘쓸 **노**	力 7획
	努力 노력　努肉 노육　努責 노책　努目 노목	

4급 II

怒	성낼 노:	心 9획

怒氣 노기　大怒 대로　怒號 노호　天怒 천노

單	홀 단	口 12획　(약) 单

單獨 단독　單純 단순　單式 단식　單價 단가

端	끝 단	立 14획　(동) 末(끝 말)

端正 단정　一端 일단　末端 말단　端宗 단종

檀	박달나무 단	木 17획

檀國 단국　檀木 단목　檀國大學校 단국대학교

斷	끊을 단:	斤 18획　(반) 續(이을 속)　(약) 断

切斷 절단　斷絕 단절　斷念 단념　斷電 단전

達	통달할 달	辶 13획　(동) 通(통할 통)

傳達 전달　到達 도달　發達 발달　達人 달인

擔	멜 담	手 16획　(약) 担

擔當 담당　擔保 담보　擔任 담임　加擔 가담

黨	무리 당	黑 20획　(약) 党

政黨 정당　野黨 야당　黨權 당권　黨論 당론

帶	띠 대(:)	巾 11획

地帶 지대　連帶 연대　熱帶 열대　一帶 일대

隊	무리 대	阜 12획　(동) 部(떼 부)

軍隊 군대　隊列 대열　部隊 부대　隊員 대원

導	인도할 도: 寸 16획
	引導 인도　導入 도입　指導 지도　主導 주도

毒	독할 독 母 8획
	毒藥 독약　毒素 독소　飲毒 음독　解毒 해독

督	감독할/재촉할 독 目 13획
	監督 감독　總督 총독　檢督 검독　提督 제독

銅	구리 동 金 14획
	銅線 동선　黃銅 황동　靑銅 청동　金銅 금동

斗	말 두 斗 4획
	斗量 두량　斗牛 두우　斗起 두기　北斗 북두

豆	콩 두 豆 7획
	綠豆 녹두　豆油 두유　大豆 대두　豆滿江 두만강

得	얻을 득 　彳 11획　반 失(잃을 실)
	得失 득실　習得 습득　利得 이득　所得 소득

燈	등불 등 火 16획　약 灯
	燈油 등유　石燈 석등　電燈 전등　消燈 소등

羅	벌일 라 网 19획
	新羅 신라　羅列 나열　羅城 나성　羅漢 나한

兩	두 량: 入 8획　약 両
	兩面 양면　兩家 양가　兩國 양국　兩班 양반

麗	고울 **려**　　鹿　19획　동 美(아름다운 미)
	麗水 여수　　美麗 미려　　高麗 고려　　流麗 유려

連	이을 **련**　　辶　11획
	連結 연결　　連打 연타　　連休 연휴　　連綿 연면

列	벌일 **렬**　　刀　6획
	五列 오열　　列傳 열전　　列擧 열거　　班列 반열

錄	기록할 **록**　　金　16획　동 記(기록할 기)
	記錄 기록　　登錄 등록　　目錄 목록　　收錄 수록

論	논할 **론**　　言　15획
	論語 논어　　論議 논의　　理論 이론　　衆論 중론

留	머무를 **류**　　田　10획　동 停(머무를 정)
	停留 정류　　留級 유급　　留念 유념　　留保 유보

律	법칙 **률**　　彳　9획
	法律 법률　　自律 자율　　律動 율동　　規律 규율

滿	찰 **만**(:)　　水　14획　동 充(찰 충)　약 満
	滿足 만족　　充滿 충만　　滿發 만발　　滿開 만개

脈	줄기 **맥**　　肉　10획　약 脉
	山脈 산맥　　動脈 동맥　　人脈 인맥　　水脈 수맥

毛	터럭 **모**　　毛　4획
	毛布 모포　　毛根 모근　　體毛 체모　　純毛 순모

麗(려) — 訪(방)

牧	칠/기를 **목** 　　牛 8획
	牧場 목장　放牧 방목　牧童 목동　牧師 목사

武	호반/무사 **무**: 　　止 8획　반 文(글월 문)
	武功 무공　武器 무기　武力 무력　武官 무관

務	힘쓸 **무**: 　　力 11획
	任務 임무　義務 의무　實務 실무　業務 업무

未	아닐 **미**(:)　　木 5획
	未聞 미문　未備 미비　未來 미래　未達 미달

味	맛 **미** 　　口 8획
	興味 흥미　意味 의미　別味 별미　一味 일미

密	빽빽할 **밀** 　　宀 11획
	精密 정밀　密約 밀약　密接 밀접　內密 내밀

博	넓을 **박** 　　十 12획
	博士 박사　博學 박학　博識 박식　博愛 박애

防	막을 **방** 　　阜 7획
	防音 방음　防寒 방한　防水 방수　防止 방지

房	방 **방** 　　戶 8획
	監房 감방　獨房 독방　冷房 냉방　藥房 약방

訪	찾을 **방**: 　　言 11획
	訪韓 방한　訪問 방문　答訪 답방　訪北 방북

4급 II

— 75 —

拜 | 절 배: 手 9획
拜上 배상   歲拜 세배   禮拜 예배   參拜 참배

背 | 등 배: 肉 9획 (반) 向(향할 향)
背恩 배은   背景 배경   背書 배서   背信 배신

配 | 나눌/짝 배: 酉 10획 (동) 分(나눌 분)
配給 배급   配達 배달   配當 배당   配列 배열

伐 | 칠 벌: 人 6획
伐木 벌목   伐草 벌초   殺伐 살벌   北伐 북벌

罰 | 벌할 벌: 网 14획 (반) 賞(상줄 상)/罪(허물 죄)
賞罰 상벌   罰金 벌금   罰則 벌칙   重罰 중벌

壁 | 벽 벽: 土 16획
絶壁 절벽   壁報 벽보   壁畵 벽화   氷壁 빙벽

邊 | 가 변: 辶 19획 (약) 辺, 边
路邊 노변   邊方 변방   江邊 강변   身邊 신변

步 | 걸음 보: 止 7획
進步 진보   速步 속보   步道 보도   競步 경보

保 | 지킬 보(:): 人 9획 (동) 護(지킬 호)
保安 보안   保障 보장   醫保 의보   保衛 보위

報 | 갚을/알릴 보: 土 12획 (동) 告(고할 고)
報告 보고   情報 정보   報恩 보은   報道 보도

寶	보배 보: ⼧ 20획 약 宝	
	寶石 보석 家寶 가보 寶貨 보화 國寶 국보	

復	회복할 복/다시 부: 彳 12획	
	復元 복원 復古 복고 復活 부활 復舊 복구	

府	마을 부(:) 广 8획	
	政府 정부 學府 학부 上府 상부 陰府 음부	

婦	며느리 부 女 11획 반 夫(지아비 부)	
	夫婦 부부 主婦 주부 孝婦 효부 子婦 자부	

副	버금 부: 刀 11획	
	副賞 부상 副業 부업 副題 부제 副食 부식	

富	부자 부: ⼧ 12획	
	富貴 부귀 豊富 풍부 貧富 빈부 富强 부강	

佛	부처 불 人 7획 약 仏	
	佛家 불가 佛經 불경 佛敎 불교 念佛 염불	

非	아닐 비: 非 8획	
	非理 비리 非命 비명 非常 비상 非行 비행	

悲	슬플 비: 心 12획 반 樂(즐거울 락)	
	悲歌 비가 悲運 비운 悲報 비보 悲話 비화	

飛	날 비 飛 9획	
	飛上 비상 飛行 비행 飛火 비화 飛報 비보	

| 備 | 갖출 비: | 人 12획 | 동 具(갖출 구) |

具備 구비   對備 대비   備置 비치   備品 비품

| 貧 | 가난할 빈 | 貝 11획 | 반 富(부자 부) |

貧寒 빈한   淸貧 청빈   貧者 빈자   最貧 최빈

| 寺 | 절 사 | 寸 6획 |

寺院 사원   山寺 산사   佛國寺 불국사

| 舍 | 집 사 | 舌 8획 | 동 屋(집 옥)/宅(집 택) |

校舍 교사   舍監 사감   舍宅 사택   客舍 객사

| 師 | 스승 사 | 巾 10획 | 반 弟(아우 제) | 약 师 |

醫師 의사   敎師 교사   師弟 사제   恩師 은사

| 謝 | 사례할 사(:) | 言 17획 |

感謝 감사   謝過 사과   謝禮 사례   謝罪 사죄

| 殺 | 죽일 살/감할 쇄: | 殳 11획 | 반 生(살 생) |

殺生 살생   殺人 살인   相殺 상쇄   殺到 쇄도

| 床 | 상 상 | 广 7획 |

病床 병상   平床 평상   卓床 탁상   起床 기상

| 狀 | 형상 상/문서 장: | 犬 8획 | 약 状 |

原狀 원상   狀態 상태   現狀 현상   賞狀 상장

| 想 | 생각 상: | 心 13획 | 동 念(생각 념)/思(생각 사) |

思想 사상   空想 공상   感想 감상   理想 이상

常 | 떳떳할/항상 상 巾 11획
常設 상설 常識 상식 常用 상용 正常 정상

設 | 베풀 설 言 11획
建設 건설 設備 설비 增設 증설 設令 설령

城 | 성/재 성 土 10획
築城 축성 城壁 성벽 開城 개성 都城 도성

盛 | 성할 성: 皿 12획
盛大 성대 豊盛 풍성 全盛 전성 盛行 성행

誠 | 정성 성 言 14획
忠誠 충성 誠金 성금 誠實 성실 孝誠 효성

星 | 별 성 日 9획
星宿 성수 星雲 성운 流星 유성 將星 장성

聖 | 성인 성: 耳 13획
聖人 성인 聖火 성화 神聖 신성 聖經 성경

聲 | 소리 성 耳 17획 (동) 音(소리 음) (약) 声
音聲 음성 聲明 성명 無聲 무성 形聲 형성

細 | 가늘 세: 糸 11획
細工 세공 細部 세부 細分 세분 細心 세심

稅 | 세금 세: 禾 12획
課稅 과세 稅金 세금 稅制 세제 重稅 중세

勢	형세 세: 力 13획	
	運勢 운세　情勢 정세　虛勢 허세　形勢 형세	

素	본디/흴 소(:)　糸 10획　동 質(바탕 질)	
	素質 소질　素材 소재　素朴 소박　素服 소복	

笑	웃음 소: 竹 10획	
	可笑 가소　大笑 대소　談笑 담소　失笑 실소	

掃	쓸 소(:) 手 11획	
	淸掃 청소　掃除 소제　一掃 일소　掃地 소지	

俗	풍속 속 人 9획	
	俗謠 속요　風俗 풍속　低俗 저속　俗談 속담	

續	이을 속　糸 21획　약 続	
	相續 상속　接續 접속　連續 연속　續出 속출	

送	보낼 송: 辶 10획　반 受(받을 수)	
	放送 방송　電送 전송　回送 회송　送信 송신	

守	지킬 수 宀 6획　동 衛(지킬 위)	
	郡守 군수　死守 사수　守護 수호　固守 고수	

收	거둘 수 攴 6획　반 支(지탱할 지)　약 収	
	收入 수입　收益 수익　收買 수매　買收 매수	

受	받을 수: 又 8획　반 給(줄 급)　동 領(받을 령)	
	受理 수리　受信 수신　傳受 전수　受給 수급	

勢(세) — 息(식)

授	줄 **수**　　手 11획　**반** 受(받을 수)　**동** 與(줄 여)	
	授受 수수　教授 교수　授業 수업　傳授 전수	
修	닦을 **수**　　人 10획　**동** 習(익힐 습)	
	修身 수신　修道 수도　修習 수습　修正 수정	
純	순수할 **순**　　糸 10획	
	純種 순종　純情 순정　純眞 순진　清純 청순	
承	이을 **승**　　手 8획	
	承認 승인　承服 승복　傳承 전승　起承 기승	
視	볼 **시**:　　見 12획	
	輕視 경시　無視 무시　視力 시력　視野 시야	
是	이/옳을 **시**:　　日 9획　**반** 非(그를 비)	
	都是 도시　是非 시비　是認 시인　必是 필시	
施	베풀 **시**:　　方 9획　**동** 設(베풀 설)	
	施行 시행　施工 시공　施政 시정　施設 시설	
詩	글/시 **시**　　言 13획	
	詩人 시인　童詩 동시　序詩 서시　詩歌 시가	
試	시험 **시**(:)　　言 13획　**동** 驗(시험 험)	
	試驗 시험　試圖 시도　試合 시합　入試 입시	
息	쉴/아들 **식**　　心 10획　**동** 休(쉴 휴)	
	消息 소식　令息 영식　休息 휴식　安息 안식	

4급 II

申	알릴/납 신	田 5획	동 告(고할 고)
申告 신고　申請 신청　內申 내신　上申 상신

深	깊을 심	水 11획	
深夜 심야　深海 심해　深化 심화　水深 수심

眼	눈 안:	目 11획	동 目(눈 목)
眼目 안목　眼科 안과　肉眼 육안　眼界 안계

暗	어두울 암:	日 13획	반 明(밝을 명)
暗黑 암흑　明暗 명암　暗室 암실　暗記 암기

壓	누를 압	土 17획	약 圧
壓力 압력　外壓 외압　制壓 제압　壓尊 압존

液	액체 액	水 11획	
液體 액체　樹液 수액　液化 액화　血液 혈액

羊	양 양	羊 6획	
羊毛 양모　牧羊 목양　羊皮 양피　山羊 산양

如	같을 여	女 6획	
如前 여전　缺如 결여　如意 여의　如許 여허

餘	남을 여	食 16획	약 余
餘波 여파　餘念 여념　餘力 여력　餘生 여생

逆	거스를 역	辶 10획	반 順(좇을 순)
逆行 역행　逆順 역순　逆風 역풍　逆流 역류

研	갈 **연**: 石 11획 동 修(닦을 수)	
	研修 연수 研考 연고 研席 연석 研學 연학	
煙	연기/담배 **연** 火 13획	
	禁煙 금연 煙氣 연기 吸煙 흡연 愛煙 애연	
演	펼 **연**: 水 14획	
	演技 연기 演說 연설 演出 연출 講演 강연	
榮	영화 **영** 木 14획 약 栄	
	榮光 영광 榮位 영위 榮達 영달 榮利 영리	
藝	재주 **예**: 艸 19획 동 才(재주 재) 약 芸	
	藝術 예술 藝能 예능 文藝 문예 曲藝 곡예	
誤	그르칠 **오**: 言 14획 반 正(바를 정)	
	誤用 오용 正誤 정오 誤答 오답 誤報 오보	
玉	구슬 **옥** 玉 5획 반 石(돌 석)	
	玉石 옥석 玉體 옥체 白玉 백옥 玉水 옥수	
往	갈 **왕**: 彳 8획 반 來(올 래)/復(회복할 복)	
	往來 왕래 往往 왕왕 往復 왕복 往年 왕년	
謠	노래 **요** 言 17획 동 歌(노래 가)	
	歌謠 가요 童謠 동요 民謠 민요 農謠 농요	
容	얼굴/받아들일 **용** 宀 10획	
	內容 내용 相容 상용 許容 허용 受容 수용	

員	인원 원	口 10획

全員 전원　動員 동원　社員 사원　要員 요원

圓	둥글 원	口 13획　반 方(모 방)　동 團(둥글 단)

圓形 원형　圓滿 원만　團圓 단원　一圓 일원

衛	지킬 위	行 16획

衛星 위성　防衛 방위　衛生 위생　護衛 호위

爲	할 위(:)	爪 12획　약 為

爲主 위주　人爲 인위　行爲 행위　所爲 소위

肉	고기 육	肉 6획　동 體(몸 체)/身(몸 신)

肉筆 육필　肉聲 육성　肉體 육체　肉親 육친

恩	은혜 은	心 10획　동 惠(은혜 혜)

恩惠 은혜　謝恩 사은　恩功 은공　恩德 은덕

陰	그늘 음	阜 11획　반 陽(볕 양)

陰陽 음양　陰地 음지　陰凶 음흉　陰害 음해

應	응할 응:	心 17획　약 応

應答 응답　應用 응용　對應 대응　反應 반응

義	옳을 의:	羊 13획

義士 의사　意義 의의　同義 동의　定義 정의

議	의논할 의	言 20획　동 論(논할 론)

會議 회의　議論 의논　議員 의원　議題 의제

員(원) — 田(전)

移
옮길 이 　 禾 11획
移動 이동　移民 이민　移住 이주　移記 이기

益
더할 익 　 皿 10획　동 利(이로울 리)
國益 국익　有益 유익　利益 이익　純益 순익

認
알 인 　 言 14획　동 識(알 식)
確認 확인　認識 인식　認定 인정　公認 공인

引
끌 인 　 弓 4획　동 導(인도할 도)
引上 인상　引下 인하　引責 인책　引受 인수

印
도장 인 　 卩 6획
印度 인도　印章 인장　印稅 인세　檢印 검인

將
장수/장차 장(:) 　 寸 11획　반 兵(병사 병)　약 将
將來 장래　將兵 장병　大將 대장　將校 장교

障
막을 장 　 阜 14획
支障 지장　障壁 장벽　障害 장해　故障 고장

低
낮을 저: 　 人 7획　반 高(높을 고)
高低 고저　低空 저공　低利 저리　低調 저조

敵
대적할 적 　 支 15획
無敵 무적　敵國 적국　敵手 적수　對敵 대적

田
밭 전 　 田 5획
田園 전원　火田 화전　油田 유전　田地 전지

4급 II

絶	끊을 절	糸 12획	동 斷(끊을 단)
	絕對 절대	絕斷 절단	絕交 절교	絕望 절망

接	접할 접	手 11획
	間接 간접	直接 직접	接待 접대	接受 접수

政	정사 정	攴 9획
	政治 정치	家政 가정	市政 시정	政局 정국

程	길 정	禾 12획
	程度 정도	過程 과정	課程 과정	規程 규정

精	정할 정	米 14획
	精神 정신	精度 정도	精誠 정성	精選 정선

制	마를 제:	刀 8획
	制度 제도	制限 제한	規制 규제	統制 통제

製	지을 제:	衣 14획	동 作(지을 작)/造(지을 조)
	製藥 제약	製作 제작	製造 제조	製品 제품

除	덜 제	阜 10획	반 加(더할 가)
	除去 제거	除蟲 제충	解除 해제	除名 제명

祭	제사 제:	示 11획
	祭壇 제단	祭典 제전	祝祭 축제	祭禮 제례

際	즈음 제:	阜 14획
	交際 교제	國際 국제	實際 실제	際會 제회

絶(절) — 竹(죽)

提	끌 제 手 12획	
	提示 제시 提案 제안 提議 제의 前提 전제	
濟	건널 제: 水 17획 약 済	
	經濟 경제 百濟 백제 救濟 구제 決濟 결제	
早	일찍 조: 日 6획 동 速(빠를 속)	
	早起 조기 早期 조기 早死 조사 早朝 조조	
造	지을 조: 辶 11획 동 作(지을 작)	
	造船 조선 造作 조작 創造 창조 造化 조화	
助	도울 조: 力 7획	
	助教 조교 助長 조장 共助 공조 救助 구조	
鳥	새 조 鳥 11획	
	吉鳥 길조 白鳥 백조 鳥類 조류 鳥銃 조총	
尊	높을 존: 寸 12획 동 貴(귀할 귀)	
	尊敬 존경 尊待 존대 尊貴 존귀 尊重 존중	
宗	마루 종 宀 8획	
	宗敎 종교 宗家 종가 宗孫 종손 宗臣 종신	
走	달아날 주 走 7획	
	競走 경주 走力 주력 走行 주행 暴走 폭주	
竹	대 죽 竹 6획	
	竹刀 죽도 竹林 죽림 竹工 죽공 竹馬 죽마	

4급 II

| 準 | 준할/법 준: 水 13획 |
| | 準備 준비   基準 기준   準則 준칙   平準 평준 |

| 衆 | 무리 중: 血 12획 |
| | 公衆 공중   衆生 중생   觀衆 관중   大衆 대중 |

| 增 | 더할 증   土 15획   (반)減(덜 감)   (동)加(더할 가) |
| | 增加 증가   增進 증진   增强 증강   增産 증산 |

| 支 | 지탱할 지   支 4획 |
| | 支出 지출   支店 지점   支給 지급   支配 지배 |

| 至 | 이를 지   至 6획 |
| | 冬至 동지   至誠 지성   至尊 지존   至毒 지독 |

| 指 | 가리킬 지   手 9획 |
| | 指定 지정   指名 지명   指目 지목   指向 지향 |

| 志 | 뜻 지   心 7획   (동)意(뜻 의) |
| | 志操 지조   有志 유지   意志 의지   寸志 촌지 |

| 職 | 벼슬 직   耳 18획 |
| | 公職 공직   職位 직위   敎職 교직   無職 무직 |

| 眞 | 참 진   目 10획   (반)假(거짓 가) |
| | 眞理 진리   寫眞 사진   眞率 진솔   眞實 진실 |

| 進 | 나아갈 진: 辶 12획   (반)退(물러날 퇴) |
| | 進退 진퇴   前進 전진   進路 진로   進行 진행 |

次 | 버금 차 | 欠 6획 | 동第(차례 제)
次元 차원　次男 차남　次女 차녀　次善 차선

察 | 살필 찰 | 宀 14획 | 동觀(볼 관)/省(살필 성)
觀察 관찰　省察 성찰　査察 사찰　視察 시찰

創 | 비롯할 창: | 刀 12획
創始 창시　創業 창업　創意 창의　創作 창작

處 | 곳 처: | 虍 11획 | 약処
處事 처사　對處 대처　處斷 처단　處分 처분

請 | 청할 청 | 言 15획
提請 제청　要請 요청　強請 강청　請求 청구

銃 | 총 총 | 金 14획
銃殺 총살　銃器 총기　銃聲 총성　銃口 총구

總 | 다 총: | 糸 17획 | 약総
總理 총리　總選 총선　總長 총장　總論 총론

蓄 | 모을 축 | 艸 14획 | 동貯(쌓을 저)
貯蓄 저축　蓄財 축재　備蓄 비축　電蓄 전축

築 | 쌓을 축 | 竹 16획
建築 건축　新築 신축　增築 증축　改築 개축

忠 | 충성 충 | 心 8획 | 반逆(거스릴 역)
忠告 충고　忠臣 충신　忠孝 충효　忠直 충직

| 蟲 | 벌레 충 | 虫 18획 약 虫 |
| | 蟲齒 충치 害蟲 해충 病蟲 병충 食蟲 식충 |

| 取 | 가질 취: | 又 8획 |
| | 取消 취소 取材 취재 取得 취득 受取 수취 |

| 測 | 헤아릴 측 | 水 12획 |
| | 測量 측량 測定 측정 觀測 관측 計測 계측 |

| 治 | 다스릴 치 | 水 8획 |
| | 統治 통치 法治 법치 治安 치안 退治 퇴치 |

| 置 | 둘 치: | 网 13획 |
| | 配置 배치 設置 설치 留置 유치 位置 위치 |

| 齒 | 이 치 | 齒 15획 약 歯 |
| | 年齒 연치 齒科 치과 齒藥 치약 齒石 치석 |

| 侵 | 침노할 침 | 人 9획 |
| | 侵害 침해 侵入 침입 南侵 남침 再侵 재침 |

| 快 | 쾌할 쾌 | 心 7획 |
| | 快樂 쾌락 快勝 쾌승 輕快 경쾌 快擧 쾌거 |

| 態 | 모습 태: | 心 14획 동 形(모양 형) |
| | 態度 태도 事態 사태 形態 형태 態勢 태세 |

| 統 | 거느릴 통: | 糸 12획 |
| | 傳統 전통 統計 통계 統一 통일 正統 정통 |

退
물러날 퇴: 辵 10획
退職 퇴직 後退 후퇴 退出 퇴출 退院 퇴원

波
물결 파 水 8획
電波 전파 寒波 한파 人波 인파 波長 파장

破
깨뜨릴 파: 石 10획
破産 파산 打破 타파 讀破 독파 說破 설파

布
베, 펼 포(:)/보시 보: 巾 5획
布告 포고 公布 공포 布施 보시 配布 배포

包
쌀 포(:) 勹 5획 **동** 容(받아들일 용)
包容 포용 小包 소포 內包 내포 包有 포유

砲
대포 포: 石 10획
銃砲 총포 祝砲 축포 砲兵 포병 發砲 발포

暴
사나울 폭/모질 포: 日 15획
暴惡 포악 暴動 폭동 暴力 폭력 暴風 폭풍

票
표 표 示 11획
票決 표결 賣票 매표 暗票 암표 傳票 전표

豊
풍년 풍 豆 13획 **반** 凶(흉할 흉)
豊年 풍년 大豊 대풍 豊滿 풍만 豊作 풍작

限
지경 한: 阜 9획
限界 한계 局限 국한 時限 시한 限度 한도

航	배 항: 舟 10획
	航路 항로　航進 항진　航空 항공　航海 항해

港	항구 항: 水 12획
	港口 항구　空港 공항　漁港 어항　港都 항도

解	풀 해: 角 13획　동 放(놓을 방)　약 解
	見解 견해　和解 화해　解氷 해빙　解消 해소

香	향기 향 香 9획
	香水 향수　香氣 향기　暗香 암향　香料 향료

鄕	시골 향 邑 13획　반 京(서울 경)
	京鄕 경향　同鄕 동향　他鄕 타향　望鄕 망향

虛	빌 허 虍 12획　반 實(찰 실)　동 空(빌 공)　약 虚
	虛實 허실　虛空 허공　虛費 허비　虛言 허언

驗	시험할 험: 馬 23획　약 験
	經驗 경험　實驗 실험　體驗 체험　效驗 효험

賢	어질 현 貝 15획　동 良(어질 량)　약 贤
	賢明 현명　賢母 현모　先賢 선현　聖賢 성현

血	피 혈 血 6획
	無血 무혈　血氣 혈기　血壓 혈압　血統 혈통

協	화할 협 十 8획
	協助 협조　農協 농협　協商 협상　協議 협의

惠 | 은혜 혜: 心 12획
天惠 천혜　特惠 특혜　受惠 수혜　施惠 시혜

戶 | 집/지게문 호: 戶 4획 동 家(집 가)/門(문 문)
門戶 문호　窓戶 창호　戶主 호주　戶口 호구

呼 | 부를 호: 口 8획 반 應(응할 응)
呼價 호가　呼吸 호흡　呼應 호응　呼出 호출

好 | 좋을 호: 女 6획 반 惡(미워할 오) 동 良(좋을 량)
好惡 호오　好意 호의　好材 호재　好感 호감

護 | 도울/지킬 호: 言 21획
保護 보호　救護 구호　護送 호송　護身 호신

貨 | 재물 화: 貝 11획 동 財(재물 재)
通貨 통화　貨物 화물　財貨 재화　百貨 백화

確 | 굳을 확 石 15획 동 固(굳을 고)
確言 확언　正確 정확　確固 확고　確保 확보

回 | 돌아올 회 口 6획
回答 회답　回想 회상　回生 회생　回復 회복

吸 | 마실 흡 口 7획
吸收 흡수　吸引 흡인　吸入 흡입　吸血 흡혈

興 | 일 흥(:) 臼 16획 반 亡(망할 망) 약 兴
興亡 흥망　餘興 여흥　興行 흥행　復興 부흥

希 **바랄 희** 巾 7획 동 望(바랄 망)
希望 희망   希求 희구   希念 희념   希願 희원

한자능력검정시험

• 배정한자 : 250자(4급 고유한자)+750자(4급Ⅱ)

暇 겨를/틈 가: 日 13획 (동) 餘(남을 여)
閑暇 한가 餘暇 여가 病暇 병가 休暇 휴가

刻 새길 각 刀 8획
寸刻 촌각 刻苦 각고 刻印 각인 時刻 시각

覺 깨달을 각 見 20획 (동) 感(느낄 감) (약) 覚
視覺 시각 聽覺 청각 感覺 감각 自覺 자각

干 방패 간 干 3획
干潮 간조 干滿 간만 干與 간여 干支 간지

看 볼 간 目 9획
看護 간호 看過 간과 看板 간판 看病 간병

簡 대쪽/간략할 간(:) 竹 18획 (동) 略(간략할 략)
簡潔 간결 簡單 간단 簡易 간이 簡素 간소

甘 달 감 甘 5획 (반) 苦(쓸 고)
甘受 감수 甘味 감미 甘草 감초 甘言 감언

敢 감히 감: 攴 12획 (동) 勇(날랠 용)
果敢 과감 勇敢 용감 敢行 감행 敢鬪 감투

甲 갑옷 갑 田 5획
甲富 갑부 甲板 갑판 回甲 회갑 華甲 화갑

— 95 —

降	내릴 강:/항복할 항　阜　9획　동 下(내릴 하)
	降雪 강설　　降伏 항복　　下降 하강　　降神 강신

更	다시 갱:/고칠 경　日　7획　동 變(변할 변)
	更新 갱신/경신　更生 갱생　變更 변경　更紙 갱지

巨	클 거:　工　5획　동 大(큰 대)
	巨大 거대　　巨金 거금　　巨物 거물　　巨富 거부

拒	막을 거:　手　8획
	拒否 거부　　拒絕 거절　　抗拒 항거　　拒逆 거역

居	살 거　尸　8획　동 住(살 주)/留(머무를 류)
	居留 거류　　隱居 은거　　居室 거실　　居處 거처

據	근거 거:　手　16획　동 依(의지할 의)　약 拠
	根據 근거　　論據 논거　　準據 준거　　占據 점거

傑	뛰어날/호걸 걸　人　12획
	傑作 걸작　　傑出 걸출　　人傑 인걸　　傑物 걸물

儉	검소할 검:　人　15획　약 倹
	儉約 검약　　儉素 검소　　勤儉 근검　　儉省 검생

激	격할 격　水　16획　동 烈(매울 렬)
	激變 격변　　激憤 격분　　過激 과격　　急激 급격

擊	칠 격　手　17획　동 攻(칠 공)/打(칠 타)
	攻擊 공격　　擊退 격퇴　　擊鬪 격투　　遊擊 유격

犬	개 **견** 犬 4획	
	愛犬 애견 鬪犬 투견 忠犬 충견 軍犬 군견	
堅	굳을 **견** 土 11획 **동** 固(굳을 고) **약** 堅	
	堅固 견고 堅實 견실 堅持 견지 堅果 견과	
鏡	거울 **경:** 金 19획	
	眼鏡 안경 破鏡 파경 望遠鏡 망원경	
傾	기울 **경** 人 13획	
	傾聽 경청 傾向 경향 傾注 경주 左傾 좌경	
驚	놀랄 **경** 馬 23획	
	驚氣 경기 驚歎 경탄 驚異 경이 大驚 대경	
系	계통 **계:** 糸 7획	
	體系 체계 系統 계통 系列 계열 家系 가계	
戒	경계할 **계:** 戈 7획	
	警戒 경계 訓戒 훈계 戒律 계율 戒告 계고	
季	계절 **계:** 子 8획	
	季節 계절 叔季 숙계 冬季 동계 四季 사계	
階	섬돌 **계** 阜 12획 **동** 段(층계 단)	
	階級 계급 段階 단계 位階 위계 音階 음계	
鷄	닭 **계** 鳥 21획	
	鷄舍 계사 養鷄 양계 鬪鷄 투계 鷄鳴 계명	

| 繼 | 이을 계: | 糸 20획 | 동 續(이을 속) | 약 継 |

繼續 계속   繼承 계승   繼母 계모   繼走 계주

| 孤 | 외로울 고 | 子 8획 | 동 獨(홀로 독) |

孤立 고립   孤獨 고독   孤兒 고아   孤行 고행

| 庫 | 곳집 고: | 广 10획 |

寶庫 보고   庫舍 고사   在庫 재고   史庫 사고

| 穀 | 곡식 곡 | 禾 15획 |

穀食 곡식   糧穀 양곡   雜穀 잡곡   秋穀 추곡

| 困 | 곤할 곤: | 囗 7획 | 동 貧(가난할 빈) |

困難 곤란   困窮 곤궁   貧困 빈곤   困境 곤경

| 骨 | 뼈 골 | 骨 10획 | 반 肉(고기 육) |

骨格 골격   骨肉 골육   骨折 골절   刻骨 각골

| 孔 | 구멍 공: | 子 4획 |

毛孔 모공   孔子 공자   氣孔 기공   鼻孔 비공

| 攻 | 칠 공: | 攴 7획 | 반 防(막을 방)/守(지킬 수) |

攻防 공방   侵攻 침공   攻勢 공세   速攻 속공

| 管 | 대롱/주관할 관 | 竹 14획 | 동 里(다스릴 리) |

管理 관리   氣管 기관   保管 보관   配管 배관

| 鑛 | 쇳돌 광: | 金 23획 | 약 鉱 |

採鑛 채광   炭鑛 탄광   鑛脈 광맥   鑛物 광물

繼(계) — 均(균)

構	얽을 구 　　木 14획
	構造 구조　構圖 구도　機構 기구　構內 구내

君	임금 군 　　口 7획　반 臣(신하 신)　동 王(임금 왕)
	君子 군자　檀君 단군　聖君 성군　暴君 폭군

群	무리 군 　　羊 13획　동 衆(무리 중)
	群衆 군중　學群 학군　群落 군락　群小 군소

屈	굽힐 굴 　　尸 8획
	屈折 굴절　屈曲 굴곡　屈服 굴복　不屈 불굴

窮	다할/궁할 궁 　　穴 15획　동 貧(가난할 빈)
	貧窮 빈궁　窮理 궁리　窮地 궁지　窮究 궁구

券	문서 권 　　刀 8획
	證券 증권　福券 복권　旅券 여권　食券 식권

卷	책 권(ː) 　　卩 8획
	卷末 권말　席卷 석권　壓卷 압권　卷頭 권두

勸	권할 권ː 　　力 20획　동 奬(장려할 장)　약 勧
	勸善 권선　勸告 권고　勸學 권학　強勸 강권

歸	돌아갈 귀ː 　　止 18획　동 回(돌아올 회)　약 帰
	歸鄕 귀향　歸屬 귀속　歸着 귀착　歸省 귀성

均	고를 균 　　土 7획　동 平(평평할 평)
	均等 균등　平均 평균　均一 균일　均配 균배

4급

劇	심할/연극 극　　刀　15획
	劇場 극장　　演劇 연극　　悲劇 비극　　劇藥 극약

勤	부지런할 근(:)　　力　13획
	勤務 근무　　出勤 출근　　勤勞 근로　　缺勤 결근

筋	힘줄 근　　竹　12획
	筋力 근력　　筋肉 근육　　鐵筋 철근　　筋骨 근골

紀	벼리 기　　糸　9획
	紀念 기념　　紀律 기율　　紀元 기원　　檀紀 단기

奇	기이할 기　　大　8획
	奇計 기계　　奇妙 기묘　　奇特 기특　　神奇 신기

寄	부칠 기　　宀　11획
	寄宿 기숙　　寄與 기여　　寄生 기생　　寄居 기거

機	틀 기　　木　16획
	機會 기회　　動機 동기　　投機 투기　　機能 기능

納	들일 납　　糸　10획　반 出(날 출)　동 入(들 입)
	納得 납득　　納稅 납세　　納期 납기　　納品 납품

段	층계 단　　殳　9획　동 階(섬돌 계)
	階段 계단　　手段 수단　　段落 단락　　文段 문단

逃	도망할 도　　辶　10획　동 避(피할 피)
	逃避 도피　　逃亡 도망　　逃走 도주　　逃去 도거

徒	무리 도	彳 10획
	生徒 생도　暴徒 폭도　信徒 신도　學徒 학도	
盜	도적 도	皿 12획　동 賊(도적 적)
	盜賊 도적　盜難 도난　強盜 강도　盜用 도용	
卵	알 란:	卩 7획
	産卵 산란　鷄卵 계란　明卵 명란　卵子 난자	
亂	어지러울 란:	乙 13획　반 治(다스릴 치)　약 乱
	混亂 혼란　散亂 산란　避亂 피란　亂髮 난발	
覽	볼 람	見 21획　약 覧
	觀覽 관람　遊覽 유람　展覽 전람　回覽 회람	
略	간략할 략	田 11획　동 省(덜 생)
	省略 생략　略歷 약력　侵略 침략　略圖 약도	
糧	양식 량	米 18획
	食糧 식량　糧食 양식　軍糧 군량　糧米 양미	
慮	생각할 려	心 15획　동 思(생각 사)
	配慮 배려　考慮 고려　思慮 사려　心慮 심려	
烈	매울 렬	火 10획
	烈士 열사　極烈 극렬　先烈 선열　激烈 격렬	
龍	용 룡	龍 16획　약 竜
	龍宮 용궁　龍床 용상　龍王 용왕　靑龍 청룡	

4급

柳	버들 **류**(:)	木 9획
	花柳 화류 路柳 노류 柳營 유영 柳葉 유엽	

輪	바퀴 **륜**	車 15획
	年輪 연륜 輪轉 윤전 後輪 후륜 五輪 오륜	

離	떠날 **리**:	隹 19획 (반)合(합할 합) (약)离
	離散 이산 流離 유리 離別 이별 離職 이직	

妹	누이 **매**	女 8획
	妹夫 매부 妹弟 매제 妹兄 매형 男妹 남매	

勉	힘쓸 **면**:	力 9획
	勤勉 근면 勉學 면학 勉强 면강 勸勉 권면	

鳴	울 **명**	鳥 14획
	共鳴 공명 悲鳴 비명 自鳴 자명 耳鳴 이명	

模	본뜰/모범 **모**	木 15획
	模範 모범 規模 규모 模樣 모양 模造 모조	

妙	묘할 **묘**:	女 7획
	妙技 묘기 妙味 묘미 妙案 묘안 絶妙 절묘	

墓	무덤 **묘**:	土 14획
	省墓 성묘 墓地 묘지 墓所 묘소 墓域 묘역	

舞	춤출 **무**:	舛 14획
	歌舞 가무 亂舞 난무 舞劇 무극 舞曲 무곡	

柳(류) — 否(부)

拍	칠 **박**　　手　8획	
	拍子 박자　拍動 박동　拍手 박수　拍車 박차	

髮　터럭 **발**　　髟　15획　동 毛(터럭 모)
毛髮 모발　假髮 가발　白髮 백발　理髮 이발

妨　방해할 **방**　　女　7획
妨害 방해　無妨 무방　妨止 방지

犯　범할 **범:**　　犬　5획　동 侵(침노할 침)
防犯 방범　犯罪 범죄　侵犯 침범　犯行 범행

範　모범 **범:**　　竹　15획
範圍 범위　敎範 교범　規範 규범　示範 시범

辯　말씀 **변:**　　辛　21획
辯護 변호　代辯 대변　辯論 변론　答辯 답변

普　넓을 **보:**　　日　12획
普通 보통

伏　엎드릴 **복**　　人　6획　반 起(일어날 기)
伏望 복망　起伏 기복　初伏 초복　伏中 복중

複　겹칠 **복**　　衣　14획　반 單(홑 단)
複雜 복잡　複寫 복사　複數 복수　複式 복식

否　아닐 **부:**　　口　7획　반 可(옳을 가)/眞(참 진)
否定 부정　否決 부결　眞否 진부　否認 부인

4급

負	질 부: 貝 9획 (반)勝(이길 승)
	負擔 부담 勝負 승부 負傷 부상 負商 부상

粉	가루 분(:) 米 10획
	製粉 제분 粉末 분말 粉筆 분필 粉紅 분홍

憤	분할 분: 心 15획
	憤怒 분노 憤痛 분통 憤敗 분패 悲憤 비분

批	비평할 비: 手 7획
	批評 비평 批判 비판 批點 비점 批答 비답

祕	숨길 비: 示 10획
	祕密 비밀 祕法 비법 極祕 극비 祕書 비서

碑	비석 비 石 13획
	墓碑 묘비 碑石 비석 碑文 비문 建碑 건비

私	사사로울 사 禾 7획 (반)公(공평할 공)
	私心 사심 私說 사설 私刑 사형 私田 사전

絲	실 사 糸 12획
	原絲 원사 鐵絲 철사 生絲 생사 金絲 금사

射	쏠 사 寸 10획
	射殺 사살 反射 반사 射擊 사격 發射 발사

辭	말씀/사양할 사 辛 19획 (동)言(말씀 언) (약)辞
	辭職 사직 辭典 사전 辭意 사의 辭任 사임

散	**흩을 산:** 攵 12획 반會(모일 회) 동解(풀 해)
	散步 산보　散文 산문　發散 발산　分散 분산

象	**코끼리/모양 상** 豕 12획 동形(모양 형)
	現象 현상　對象 대상　印象 인상　表象 표상

傷	**다칠 상** 人 13획
	傷處 상처　損傷 손상　傷害 상해　傷心 상심

宣	**베풀 선** 宀 9획
	宣敎 선교　宣言 선언　宣傳 선전　宣布 선포

舌	**혀 설** 舌 6획
	舌戰 설전　毒舌 독설　口舌 구설　舌音 설음

屬	**붙일 속** 尸 21획 약属
	屬性 속성　金屬 금속　所屬 소속　從屬 종속

損	**덜 손:** 手 13획 반益(더할 익) 동失(잃을 실)
	損益 손익　損失 손실　損害 손해　破損 파손

松	**소나무 송** 木 8획
	松板 송판　松林 송림　松蟲 송충　松竹 송죽

頌	**칭송할/기릴 송** 頁 13획
	讚頌 찬송　頌德 송덕　稱頌 칭송　頌辭 송사

秀	**빼어날 수** 禾 7획
	優秀 우수　秀才 수재　秀麗 수려　特秀 특수

叔	아재비 **숙** 又 8획
	叔行 숙항 叔母 숙모 叔父 숙부 堂叔 당숙

肅	엄숙할 **숙** 聿 12획 **약** 粛, 肅
	嚴肅 엄숙 靜肅 정숙 肅然 숙연 自肅 자숙

崇	높을 **숭** 山 11획 **동** 高(높을 고)
	崇高 숭고 崇拜 숭배 崇禮門 숭례문

氏	성 **씨** 氏 4획 **동** 姓(성 성)
	氏族 씨족 姓氏 성씨 宗氏 종씨 兄氏 형씨

額	이마 **액** 頁 18획
	額子 액자 稅額 세액 殘額 잔액 金額 금액

樣	모양 **양** 木 15획 **약** 様
	多樣 다양 樣相 양상 樣式 양식 外樣 외양

嚴	엄할 **엄** 口 20획 **약** 厳
	嚴密 엄밀 嚴格 엄격 嚴禁 엄금 嚴冬 엄동

與	더불/줄 **여:** 臼 14획 **반** 野(들 야) **약** 与
	給與 급여 授與 수여 與野 여야 參與 참여

易	바꿀 **역**/쉬울 **이:** 日 8획 **반** 難(어려울 난)
	難易 난이 容易 용이 交易 교역 易經 역경

域	지경 **역** 土 11획 **동** 境(지경 경)
	異域 이역 廣域 광역 區域 구역 地域 지역

叔(숙) ─ 郵(우)

延 | **늘일/뻗칠 연** | 廴 7획
延期 연기   延長 연장   延着 연착   順延 순연

鉛 | **납 연** | 金 13획
鉛筆 연필   黑鉛 흑연   鉛毒 연독   鉛管 연관

燃 | **불사를 연** | 火 16획
燃料 연료   燃燈 연등   內燃 내연   不燃 불연

緣 | **인연 연** | 糸 15획   동 因(인할 인)
因緣 인연   緣故 연고   地緣 지연   血緣 혈연

迎 | **맞을 영** | 辵 8획   반 送(보낼 송)
歡迎 환영   送迎 송영   迎入 영입   迎接 영접

映 | **비칠 영(ː)** | 日 9획
映畫 영화   反映 반영   放映 방영   上映 상영

營 | **경영할 영** | 火 17획   약 営
營生 영생   營爲 영위   營業 영업   經營 경영

豫 | **미리 예ː** | 豕 16획   약 予
豫測 예측   豫防 예방   豫習 예습   豫約 예약

遇 | **만날 우** | 辵 13획
待遇 대우   境遇 경우   不遇 불우   處遇 처우

郵 | **우편 우** | 邑 11획
郵票 우표   郵送 우송   郵便 우편   郵政 우정

優	뛰어날 우	人 17획	동 秀(빼어날 수)
優待 우대　優等 우등　優勢 우세　優勝 우승

怨	원망할 원:	心 9획	동 恨(한할 한)
怨恨 원한　怨望 원망　怨聲 원성　宿怨 숙원

源	근원 원	水 13획	동 本(근본 본)
源泉 원천　電源 전원　根源 근원　資源 자원

援	도울 원:	手 12획	동 助(도울 조)
支援 지원　援助 원조　救援 구원　應援 응원

危	위태할 위	卩 6획	반 安(편안 안)
危機 위기　危險 위험　安危 안위　危害 위해

委	맡길 위	女 8획	동 任(맡길 임)
委員 위원　委任 위임　信委 신위　委細 위세

威	위엄 위	女 9획	
威勢 위세　權威 권위　示威 시위　威力 위력

圍	에울 위	囗 12획	동 包(쌀 포)　약 囲
周圍 주위　防圍 방위　包圍 포위　圍立 위립

慰	위로할 위	心 15획	
慰勞 위로　慰安 위안　慰問 위문　自慰 자위

乳	젖 유	乙 8획	
乳母 유모　粉乳 분유　牛乳 우유　乳兒 유아

遊	놀 유	辵 13획
	遊說 유세　周遊 주유　遊興 유흥　外遊 외유	

遺	남길/끼칠 유	辵 16획
	遺傳 유전　遺事 유사　遺言 유언　遺族 유족	

儒	선비 유	人 16획
	儒家 유가　儒敎 유교　儒學 유학　儒林 유림	

隱	숨을 은	阜 17획　(약) 隠
	隱密 은밀　隱退 은퇴　隱身 은신　隱語 은어	

依	의지할 의	人 8획　(동) 支(지탱할 지)
	依他 의타　依存 의존　依支 의지　依據 의거	

儀	거동 의	人 15획
	儀典 의전　儀禮 의례　儀式 의식　禮儀 예의	

疑	의심할 의	疋 14획　(반) 信(믿을 신)
	質疑 질의　疑心 의심　疑問 의문　容疑 용의	

異	다를 이:	田 11획　(반) 同(한가지 동)
	異同 이동　異國 이국　異變 이변　異端 이단	

仁	어질 인	人 4획
	仁政 인정　仁德 인덕　仁術 인술　仁義 인의	

姉	손위누이 자	女 8획　(반) 妹(누이 매)
	姉妹 자매　姉兄 자형　姉母 자모　姉夫 자부	

4급

姿	모양 자:	女 9획		
	姿態 자태	姿勢 자세	姿色 자색	勇姿 용자

資	재물 자	貝 13획	동 材(재목 재)	
	物資 물자	投資 투자	資金 자금	資本 자본

殘	남을 잔	歹 12획	약 残	
	殘金 잔금	殘在 잔재	殘留 잔류	殘惡 잔악

雜	섞일 잡	佳 18획	약 雑	
	雜誌 잡지	雜技 잡기	雜念 잡념	雜談 잡담

壯	씩씩할 장:	士 7획	약 壮	
	壯觀 장관	壯談 장담	壯烈 장렬	壯士 장사

裝	꾸밀 장	衣 13획	약 装	
	假裝 가장	旅裝 여장	端裝 단장	服裝 복장

獎	장려할 장(:)	大 14획	약 奬	
	勸獎 권장	獎學 장학	獎訓 장훈	激獎 격장

帳	장막 장	巾 11획		
	揮帳 휘장	通帳 통장	帳中 장중	元帳 원장

張	베풀 장	弓 11획		
	主張 주장	出張 출장	張力 장력	張大 장대

腸	창자 장	肉 13획		
	大腸 대장	直腸 직장	脫腸 탈장	小腸 소장

姿(자) — 折(절)

底 밑 저: 广 8획
底力 저력　底邊 저변　底意 저의　海底 해저

賊 도둑 적 貝 13획
義賊 의적　逆賊 역적　海賊 해적　山賊 산적

適 맞을 적 辵 15획
適切 적절　適當 적당　適格 적격　適期 적기

積 쌓을 적 禾 16획 (동)蓄(모을 축)
蓄積 축적　積極 적극　容積 용적　積立 적립

績 길쌈 적 糸 17획
成績 성적　業績 업적　功績 공적　實績 실적

籍 문서 적 竹 20획 (동)書(책 서)
本籍 본적　書籍 서적　戶籍 호적　黨籍 당적

4급

專 오로지 전 寸 11획
專門 전문　專用 전용　專攻 전공　專念 전념

轉 구를 전: 車 18획 (약)転
轉落 전락　轉移 전이　轉入 전입　轉職 전직

錢 돈 전: 金 16획 (약)銭
金錢 금전　急錢 급전　銅錢 동전　葉錢 엽전

折 꺾을 절 手 7획
折半 절반　曲折 곡절　半折 반절　面折 면절

— 111 —

占	점칠/차지할 점　卜　5획
	占領 점령　占有 점유　獨占 독점　占術 점술

點	점 점(:)　黑　17획　약 点
	長點 장점　點數 점수　觀點 관점　採點 채점

丁	장정 정　一　2획
	壯丁 장정　兵丁 병정　白丁 백정　園丁 원정

整	가지런할 정:　攴　16획
	調整 조정　整列 정렬　整理 정리　整備 정비

靜	고요할 정　靑　16획　약 静
	動靜 동정　冷靜 냉정　安靜 안정　平靜 평정

帝	임금 제:　巾　9획　동 王(임금 왕)
	帝國 제국　帝王 제왕　帝位 제위　帝政 제정

組	짤 조　糸　11획　동 織(짤 직)
	組織 조직　組合 조합　組立 조립　組成 조성

條	가지 조　木　11획　약 条
	條件 조건　條例 조례　條理 조리　條約 조약

潮	밀물 조　水　15획
	潮流 조류　滿潮 만조　潮水 조수　思潮 사조

存	있을 존　子　6획　반 亡(망할 망)　동 在(있을 재)
	共存 공존　存立 존립　存在 존재　保存 보존

占(점) ― 持(지)

從 좇을 종(:)　彳 11획　반 主(주인 주)　약 从
服從 복종　從前 종전　順從 순종　從事 종사

鍾 쇠북 종　金 17획
鍾路 종로　打鍾 타종　警鍾 경종　自鳴鍾 자명종

座 자리 좌:　广 10획
座談 좌담　座席 좌석　座標 좌표　講座 강좌

朱 붉을 주　木 6획　동 紅(붉을 홍)
朱紅 주홍　朱黃 주황　印朱 인주　朱子 주자

周 두루 주　口 8획
周邊 주변　周知 주지　周到 주도　一周 일주

酒 술 주:　酉 10획
飮酒 음주　酒店 주점　酒量 주량　酒客 주객

證 증거 증　言 19획
證據 증거　證明 증명　檢證 검증　確證 확증

誌 기록할 지　言 14획
校誌 교지　本誌 본지　日誌 일지　會誌 회지

智 지혜/슬기 지　日 12획
衆智 중지　機智 기지　智略 지략　大智 대지

持 가질 지　手 9획
持論 지론　持病 지병　持續 지속　持參 지참

4급

| 織 | 짤 직 　　　糸 18획 |
| | 毛織 모직　　織物 직물　　手織 수직　　織造 직조 |

| 陣 | 진칠 진 　　　阜 10획 |
| | 陣痛 진통　　敵陣 적진　　陣營 진영　　退陣 퇴진 |

| 珍 | 보배 진 　　　玉 9획　　(약) 珎 |
| | 珍貴 진귀　　珍味 진미　　珍奇 진기　　珍秀 진수 |

| 盡 | 다할 진: 　　　皿 14획　　(약) 尽 |
| | 盡力 진력　　未盡 미진　　脫盡 탈진　　盡心 진심 |

| 差 | 다를 차 　　　工 10획　　(동) 別(다를 별)/異(다를 이) |
| | 差度 차도　　差等 차등　　差別 차별　　誤差 오차 |

| 讚 | 기릴 찬: 　　　言 26획 |
| | 極讚 극찬　　讚美 찬미　　讚辭 찬사　　禮讚 예찬 |

| 採 | 캘 채: 　　　手 11획 |
| | 採算 채산　　採用 채용　　採集 채집　　採取 채취 |

| 冊 | 책 책 　　　冂 5획　　(동) 書(책 서) |
| | 冊房 책방　　冊床 책상　　冊子 책자　　冊張 책장 |

| 泉 | 샘 천 　　　水 9획 |
| | 九泉 구천　　黃泉 황천　　溫泉 온천　　冷泉 냉천 |

| 聽 | 들을 청 　　　耳 22획　　(반) 視(볼 시)　　(약) 聴 |
| | 視聽 시청　　聽取 청취　　盜聽 도청　　聽衆 청중 |

織(직) — 稱(칭)

廳	관청 청　　广 25획　약 庁
	廳舍 청사　官廳 관청　區廳 구청　市廳 시청

招	부를 초　　手 8획
	招待 초대　招請 초청　招來 초래　自招 자초

推	밀 추/퇴　　手 11획　반 引(끌 인)
	推移 추이　推進 추진　推測 추측　推定 추정

縮	줄일 축　　糸 17획
	縮小 축소　短縮 단축　縮約 축약　壓縮 압축

趣	뜻 취:　　走 15획
	趣味 취미　趣向 취향　情趣 정취　興趣 흥취

就	나아갈 취:　　尢 12획　동 進(나아갈 진)
	就業 취업　就職 취직　去就 거취　成就 성취

4급

層	층 층　　尸 15획　동 階(섬돌 계)
	層階 층계　斷層 단층　深層 심층　階層 계층

寢	잘 침:　　宀 14획
	寢室 침실　寢具 침구　寢床 침상　就寢 취침

針	바늘 침(:)　　金 10획
	針線 침선　針術 침술　檢針 검침　指針 지침

稱	일컬을 칭　　禾 14획　약 称
	稱讚 칭찬　稱號 칭호　總稱 총칭　呼稱 호칭

| 彈 | 탄알/튕길 탄: 弓 15획 약 弾 |
| | 爆彈 폭탄   彈壓 탄압   彈性 탄성   實彈 실탄 |

| 歎 | 탄식할 탄: 欠 15획 |
| | 歎息 탄식   讚歎 찬탄   歎願 탄원   感歎 감탄 |

| 脫 | 벗을 탈 肉 11획 반 着(입을 착) |
| | 脫線 탈선   脫稅 탈세   脫黨 탈당   虛脫 허탈 |

| 探 | 찾을 탐 手 11획 |
| | 探究 탐구   探査 탐사   廉探 염탐   探知 탐지 |

| 擇 | 가릴 택 手 16획 동 選(가릴 선) 약 択 |
| | 選擇 선택   採擇 채택   擇一 택일   擇日 택일 |

| 討 | 칠 토(:) 言 10획 동 伐(칠 벌) |
| | 討議 토의   討論 토론   討伐 토벌   檢討 검토 |

| 痛 | 아플 통: 疒 12획 |
| | 苦痛 고통   頭痛 두통   痛快 통쾌   痛憤 통분 |

| 投 | 던질 투 手 7획 반 打(칠 타) |
| | 投手 투수   投宿 투숙   投票 투표   投球 투구 |

| 鬪 | 싸움 투 鬥 20획 동 爭(다툴 쟁)/戰(싸움 전) |
| | 鬪爭 투쟁   鬪技 투기   戰鬪 전투   暗鬪 암투 |

| 派 | 갈래 파 水 9획 |
| | 派兵 파병   派生 파생   學派 학파   黨派 당파 |

彈(탄) — 恨(한)

判	판단할 판　　刀 7획　동決(결단할 결)	
	判斷 판단　判例 판례　判決 판결　判定 판정	
篇	책 편　　竹 15획	
	短篇 단편　長篇 장편　玉篇 옥편　全篇 전편	
評	평할 평:　　言 12획	
	評價 평가　評判 평판　論評 논평　好評 호평	
閉	닫을 폐:　　門 11획　반開(열 개)	
	閉會 폐회　開閉 개폐　閉店 폐점　閉講 폐강	
胞	세포 포(:)　　肉 9획	
	細胞 세포　同胞 동포　胞子 포자　氣胞 기포	
爆	불터질 폭　　火 19획	
	爆破 폭파　爆擊 폭격　爆發 폭발　爆藥 폭약	
標	표할 표　　木 15획	
	標識 표지　目標 목표　標準 표준　標記 표기	
疲	피곤할 피　　疒 10획　동困(곤할 곤)	
	疲勞 피로　疲困 피곤　疲民 피민	
避	피할 피:　　辶 17획	
	避難 피난　避身 피신　待避 대피　回避 회피	
恨	한할 한:　　心 9획	
	恨歎 한탄　痛恨 통한　遺恨 유한　餘恨 여한	

4급

閑	한가할 한　　門　12획
	閑良 한량　閑職 한직　閑散 한산　閑居 한거

抗	겨룰/항거할 항:　手　7획　(동) 拒(막을 거)
	反抗 반항　抗爭 항쟁　抗告 항고　抗議 항의

核	씨 핵　　木　10획
	核心 핵심　結核 결핵　核子 핵자　核武器 핵무기

憲	법 헌:　心　16획　(동) 法(법 법)
	憲法 헌법　憲章 헌장　改憲 개헌　制憲 제헌

險	험할 험:　阜　16획　(약) 険
	探險 탐험　險惡 험악　險談 험담　險難 험난

革	가죽/바꿀 혁　革　9획
	改革 개혁　革新 혁신　革帶 혁대　革命 혁명

顯	나타날 현:　頁　23획　(약) 顕
	發顯 발현　顯考 현고　顯著 현저　顯達 현달

刑	형벌 형　刀　6획　(반) 罪(허물 죄)　(동) 罰(벌할 벌)
	刑罰 형벌　死刑 사형　減刑 감형　處刑 처형

或	혹 혹　　戈　8획
	間或 간혹　或是 혹시　惑說 혹설　或者 혹자

婚	혼인할 혼　女　11획
	結婚 결혼　未婚 미혼　離婚 이혼　請婚 청혼

混 | 섞을 혼: | 水 11획 | 동 雜(섞일 잡)
混用 혼용　混入 혼입　混雜 혼잡　混血 혼혈

紅 | 붉을 홍 | 糸 9획
紅燈 홍등　紅葉 홍엽　紅玉 홍옥　紅潮 홍조

華 | 빛날 화 | 艸 12획
華婚 화혼　華麗 화려　中華 중화　榮華 영화

環 | 고리 환 | 玉 17획
環境 환경　一環 일환　花環 화환　金環 금환

歡 | 기쁠 환 | 欠 22획 | 반 悲(슬플 비) | 약 欢
歡樂 환락　歡談 환담　歡待 환대　歡聲 환성

況 | 모양 황: | 水 8획
盛況 성황　狀況 상황　近況 근황　實況 실황

灰 | 재 회 | 火 6획
石灰 석회　灰色 회색　洋灰 양회　灰壁 회벽

厚 | 두터울 후: | 厂 9획
厚德 후덕　厚待 후대　厚謝 후사　厚意 후의

候 | 기후 후: | 人 10획
節候 절후　氣候 기후　測候 측후　問候 문후

揮 | 휘두를 휘 | 手 12획
指揮 지휘　發揮 발휘　揮發油 휘발유

喜

기쁠 희 口 12획 반 悲(슬플 비)/怒(성낼 노)

喜劇 희극 喜悲 희비 歡喜 환희 喜色 희색

3급 II 한자능력검정시험

• 배정한자 : 500자(3급 II 고유한자)+1000자(4급)

佳 아름다울 가: 人 8획
佳話 가화　佳境 가경　佳緣 가연　佳約 가약

架 시렁 가: 木 9획
架空 가공　高架 고가　架橋 가교　架設 가설

閣 집/누각 각 門 14획
閣下 각하　改閣 개각　內閣 내각　鍾閣 종각

脚 다리 각 肉 11획
脚光 각광　橋脚 교각　脚本 각본　脚色 각색

刊 간행할 간 刀 5획
刊行 간행　創刊 창간　發刊 발간　新刊 신간

肝 간 간(:) 肉 7획
肝腸 간장　肝油 간유　肝臟 간장　肝肺 간폐

幹 줄기 간 干 13획
幹部 간부　根幹 근간　幹線 간선　基幹 기간

懇 간절할 간: 心 17획
懇切 간절　懇請 간청　懇曲 간곡　懇求 간구

鑑 거울 감 金 22획　동 鏡(거울 경)　약 鑒
鑑賞 감상　鑑別 감별　鑑識 감식　鑑定 감정

— 121 —

剛	굳셀 **강** 　　　刀　10획　(반) 柔(부드러울 유)
	剛健 강건　　剛直 강직　　剛果 강과　　堅剛 견강

綱	벼리 **강** 　　　糸　14획
	紀綱 기강　　綱領 강령　　政綱 정강　　三綱 삼강

鋼	강철 **강** 　　　金　16획
	鋼鐵 강철　　鋼板 강판　　製鋼 제강　　鐵鋼 철강

介	낄 **개:** 　　　人　4획
	介潔 개결　　介入 개입　　介在 개재　　介意 개의

概	대개 **개:** 　　　木　15획
	概念 개념　　氣概 기개　　概觀 개관　　概論 개론

蓋	덮을 **개:** 　　　艸　14획
	蓋然 개연　　蓋世 개세　　蓋瓦 개와　　蓋草 개초

距	떨어질 **거:** 　　　足　12획
	距離 거리　　距今 거금　　相距 상거　　距星 거성

乾	마를/하늘 **건** 　　　乙　11획　(반) 濕(젖을 습)
	乾期 건기　　乾草 건초　　乾性 건성　　乾濕 건습

劍	칼 **검:** 　　　刀　15획　(약) 剣
	劍客 검객　　劍道 검도　　劍舞 검무　　劍術 검술

隔	사이뜰 **격** 　　　阜　13획
	隔離 격리　　隔差 격차　　隔世 격세　　隔週 격주

剛(강) — 契(계)

訣 이별할 **결** 言 11획
訣別 결별   祕訣 비결   永訣 영결   口訣 구결

兼 겸할 **겸** 八 10획
兼備 겸비   兼業 겸업   兼任 겸임   兼職 겸직

謙 겸손할 **겸** 言 17획
恭謙 공겸   謙讓 겸양   謙虛 겸허   謙退 겸퇴

耕 밭갈 **경** 耒 10획
耕地 경지   耕作 경작   農耕 농경   耕牧 경목

頃 이랑/잠깐 **경** 頁 11획
頃刻 경각   萬頃 만경   頃者 경자   頃歲 경세

徑 지름길 **경** 彳 10획   (약) 径
半徑 반경   直徑 직경   徑路 경로   砲徑 포경

硬 굳을 **경** 石 12획   (반) 軟(연할 연)
硬直 경직   硬質 경질   強硬 강경   硬骨 경골

械 기계 **계** 木 11획
機械 기계   器械 기계

桂 계수나무 **계:** 木 10획
桂林 계림   桂冠 계관   桂樹 계수   桂皮 계피

契 맺을 **계:**/부족이름 **글** 大 9획
契約 계약   契機 계기   契丹 글안   契員 계원

啓	열 계: 口 11획 반 閉(닫을 폐)
	啓蒙 계몽 啓導 계도 啓發 계발 啓示 계시

溪	시내 계 水 13획
	退溪 퇴계 溪谷 계곡 碧溪 벽계 淸溪 청계

姑	시어미 고 女 8획 반 婦(며느리 부)
	姑婦 고부 姑母 고모 姑息 고식 姑從 고종

稿	원고 고 禾 15획
	稿料 고료 原稿 원고 脫稿 탈고 投稿 투고

鼓	북 고 鼓 13획
	鼓吹 고취 鼓舞 고무 擊鼓 격고 鍾鼓 종고

谷	골 곡 谷 7획
	陵谷 능곡 幽谷 유곡 谷泉 곡천 谷水 곡수

哭	울 곡 口 10획
	哭聲 곡성 止哭 지곡 號哭 호곡 痛哭 통곡

恐	두려울 공: 心 10획
	可恐 가공 恐龍 공룡 恐妻家 공처가 恐愼 공신

貢	바칠 공: 貝 10획 동 獻(드릴 헌)
	貢獻 공헌 貢納 공납 貢物 공물 朝貢 조공

供	이바지할 공: 人 8획 반 需(쓰일 수)
	供給 공급 提供 제공 供養 공양 佛供 불공

恭 공손할 공   心 10획 동 敬(공경 경)
恭敬 공경   恭待 공대   恭順 공순   不恭 불공

誇 자랑할 과: 言 13획
誇張 과장   誇示 과시   誇大 과대   誇言 과언

寡 적을 과: 宀 14획 반 衆(많을 중)/多(많을 다)
衆寡 중과   寡默 과묵   寡聞 과문   寡少 과소

館 집 관   食 17획 약 舘
館舍 관사   旅館 여관   會館 회관   別館 별관

冠 갓 관   冖 9획
冠帶 관대   冠詞 관사   弱冠 약관   衣冠 의관

貫 꿸 관(:)   貝 11획 동 徹(통할 철)
貫通 관통   一貫 일관   貫流 관류   貫鄕 관향

慣 익숙할 관   心 14획 동 習(익힐 습)
慣例 관례   慣習 관습   習慣 습관   慣用 관용

寬 너그러울 관   宀 15획 반 猛(사나울 맹)
寬大 관대   寬容 관용   寬待 관대   寬厚 관후

狂 미칠 광   犬 7획
狂亂 광란   狂奔 광분   發狂 발광   熱狂 열광

怪 괴이할 괴(:)   心 8획
怪變 괴변   怪常 괴상   怪異 괴이   怪談 괴담

壞	무너질 괴: 土 19획 (약) 壞
	破壞 파괴 壞滅 괴멸 壞損 괴손 倒壞 도괴

巧	공교할 교 工 5획
	技巧 기교 巧妙 교묘 巧辯 교변 精巧 정교

較	견줄/비교할 교 車 13획 (동) 比(견줄 비)
	比較 비교 較準 교준 日較差 일교차 較略 교략

久	오랠 구: ノ 3획 (동) 永(길 영)/長(긴 장)
	悠久 유구 耐久 내구 永久 영구 恒久 항구

拘	잡을 구 手 8획
	拘束 구속 拘禁 구금 拘留 구류 拘置 구치

丘	언덕 구 一 5획
	丘陵 구릉 丘木 구목 丘民 구민 丘墓 구묘

菊	국화 국 艹 12획
	菊花 국화 菊版 국판 霜菊 상국 水菊 수국

弓	활 궁 弓 3획 (반) 矢(화살 시)
	名弓 명궁 弓道 궁도 弓術 궁술 洋弓 양궁

拳	주먹 권 手 9획
	拳鬪 권투 拳銃 권총 鐵拳 철권 空拳 공권

鬼	귀신 귀: 鬼 10획 (동) 神(귀신 신)
	鬼神 귀신 惡鬼 악귀 鬼面 귀면 鬼哭 귀곡

菌	버섯/균 **균** 艹 12획
	病菌 병균 殺菌 살균 細菌 세균 抗菌 항균

克	이길 **극** 儿 7획 동 勝(이길 승)
	克服 극복 克己 극기 克復 극복 克明 극명

禽	새 **금** 内 13획 반 獸(길짐승 수)
	禽獸 금수 家禽 가금 野禽 야금 禽鳥 금조

琴	거문고 **금** 玉 12획
	心琴 심금 風琴 풍금 大琴 대금 彈琴 탄금

錦	비단 **금:** 金 16획
	錦江 금강 錦衣 금의 錦字 금자 錦歸 금귀

及	미칠 **급** 又 4획 반 落(떨어질 락)
	普及 보급 言及 언급 波及 파급 及第 급제

企	꾀할 **기** 人 6획
	企圖 기도 企業 기업 企劃 기획 企望 기망

其	그 **기** 八 8획
	其他 기타 其次 기차 各其 각기 其實 기실

祈	빌 **기** 示 9획
	祈願 기원 祈福 기복 祈雨 기우 祈求 기구

畿	경기 **기** 田 15획
	京畿 경기 畿湖 기호 畿內 기내 近畿 근기

騎	말탈 **기**	馬 18획		
	騎士 기사	騎手 기수	騎兵 기병	騎馬 기마

緊	긴할 **긴**	糸 14획	약 緊	
	緊密 긴밀	緊張 긴장	緊急 긴급	緊要 긴요

諾	허락할 **낙**	言 16획	반 否(아닐 부) 동 許(허락할 허)	
	承諾 승낙	許諾 허락	受諾 수락	應諾 응낙

娘	계집 **낭**	女 10획		
	娘子 낭자	令娘 영랑	娘家 낭가	老娘 노랑

耐	견딜 **내:**	而 9획		
	忍耐 인내	耐性 내성	耐火 내화	耐熱 내열

寧	편안 **녕**	宀 14획	동 康(편안 강)/安(편안 안) 약 寧	
	康寧 강녕	會寧 회령	寧邊 영변	安寧 안녕

奴	종 **노**	女 5획	반 婢(계집종 비)	
	奴婢 노비	奴主 노주	官奴 관노	家奴 가노

腦	골/뇌수 **뇌**	肉 13획	약 脳	
	頭腦 두뇌	腦死 뇌사	洗腦 세뇌	首腦 수뇌

泥	진흙 **니**	水 8획		
	雲泥 운니	泥沙 이사	泥水 이수	泥土 이토

茶	차 **다/차**	艸 10획		
	茶道 다도	茶房 다방	茶禮 차례	綠茶 녹차

丹 | **붉을 단** 、 4획
丹精 단정　丹楓 단풍　丹靑 단청　丹田 단전

旦 | **아침 단** 日 5획　(반) 夕(저녁 석)
旦夕 단석　旦朝 단조　元旦 원단　一旦 일단

但 | **다만 단:** 人 7획
但書 단서　非但 비단

淡 | **맑을 담:** 水 11획
雅淡 아담　淡白 담백　淡水 담수　冷淡 냉담

踏 | **밟을 답** 足 15획
踏査 답사　踏步 답보　踏破 답파　踏靑 답청

唐 | **당나라/당황할 당** 口 10획
唐詩 당시　唐突 당돌　唐書 당서　荒唐 황당

糖 | **엿 당/탕** 米 16획
糖度 당도　糖分 당분　製糖 제당　血糖 혈당

臺 | **대 대** 至 14획　(약) 台
燈臺 등대　舞臺 무대　築臺 축대　寢臺 침대

貸 | **빌릴 대:** 貝 12획　(반) 借(빌릴 차)
貸借 대차　貸與 대여　貸付 대부　貸出 대출

刀 | **칼 도** 刀 2획
果刀 과도　面刀 면도　短刀 단도　執刀 집도

途	길 도: 　　辶 11획
	別途 별도　途中 도중　用途 용도　方途 방도

陶	질그릇 도　　阜 11획
	陶醉 도취　陶工 도공　陶藝 도예　陶器 도기

倒	거꾸러질 도:　　人 10획
	倒錯 도착　倒産 도산　倒置 도치　壓倒 압도

桃	복숭아 도　　木 10획
	桃源 도원　桃花 도화　仙桃 선도　桃園 도원

渡	건널 도　　水 12획
	引渡 인도　不渡 부도　讓渡 양도　賣渡 매도

突	갑자기 돌　　穴 9획
	衝突 충돌　突破 돌파　突擊 돌격　突發 돌발

凍	얼 동:　　冫 10획
	凍結 동결　凍死 동사　凍傷 동상　冷凍 냉동

絡	이을/얽을 락　　糸 12획　동 連(이을 련)
	連絡 연락　脈絡 맥락　經絡 경락　聯絡 연락

蘭	난초 란　　艸 21획
	蘭草 난초　和蘭 화란　金蘭 금란　春蘭 춘란

欄	난간 란　　木 21획
	欄干 난간　空欄 공란　欄外 난외　欄邊 난변

途(도) — 戀(련)

| 浪 | 물결 **랑**: 水 10획 |
| 浪費 낭비　激浪 격랑　浪說 낭설　放浪 방랑 |

| 郎 | 사내 **랑** 邑 10획 |
| 新郞 신랑　花郞 화랑　郞君 낭군　侍郞 시랑 |

| 廊 | 행랑 **랑** 广 13획 |
| 行廊 행랑　畫廊 화랑　舍廊 사랑　廊下 낭하 |

| 涼 | 서늘할 **량** 水 11획 |
| 淸涼 청량　納涼 납량　寒涼 한량　涼氣 양기 |

| 梁 | 들보 **량** 木 11획 동 橋(다리 교) |
| 橋梁 교량　梁材 양재　梁柱 양주　上梁 상량 |

| 勵 | 힘쓸 **려**: 力 17획 동 勉(힘쓸 면) 약 励 |
| 激勵 격려　勉勵 면려　獎勵 장려　督勵 독려 |

| 曆 | 책력 **력** 日 16획 |
| 陽曆 양력　陰曆 음력　冊曆 책력　西曆 서력 |

| 鍊 | 단련할 **련**: 金 17획 |
| 老鍊 노련　鍊習 연습　敎鍊 교련　試鍊 시련 |

| 聯 | 연이을 **련** 耳 17획 약 联 |
| 關聯 관련　聯盟 연맹　柱聯 주련　聯合 연합 |

| 戀 | 그리워할 **련**: 心 23획 동 愛(사랑 애) 약 恋 |
| 戀慕 연모　戀愛 연애　戀歌 연가　戀情 연정 |

— 131 —

| 蓮 | 연꽃 련 | 艹 15획 |
| 木蓮 목련　蓮根 연근　蓮花 연화　白蓮 백련 |

| 裂 | 찢어질 렬 | 衣 12획 |
| 決裂 결렬　分裂 분열　破裂 파열　裂開 열개 |

| 嶺 | 고개 령 | 山 17획 |
| 嶺東 영동　嶺南 영남　大關嶺 대관령　嶺西 영서 |

| 靈 | 신령 령 | 雨 24획　동 神(귀신 신)　약 灵 |
| 魂靈 혼령　靈光 영광　靈感 영감　靈驗 영험 |

| 露 | 이슬/드러날 로 | 雨 20획　반 霜(서리 상) |
| 露出 노출　露天 노천　露宿 노숙　暴露 폭로 |

| 爐 | 화로 로 | 火 20획　약 炉 |
| 火爐 화로　爐邊 노변　風爐 풍로　香爐 향로 |

| 祿 | 녹 록 | 示 13획 |
| 國祿 국록　貫祿 관록　祿米 녹미　祿位 녹위 |

| 弄 | 희롱할 롱: | 廾 7획 |
| 戲弄 희롱　弄談 농담　才弄 재롱　愚弄 우롱 |

| 賴 | 의뢰할 뢰 | 貝 16획 |
| 信賴 신뢰　依賴 의뢰　無賴 무뢰　安賴 안뢰 |

| 雷 | 천둥 뢰 | 雨 13획 |
| 雷管 뇌관　落雷 낙뢰　地雷 지뢰　避雷 피뢰 |

蓮(련) — 履(리)

樓	다락 루　　木　15획　약 楼
	樓閣 누각　望樓 망루　鍾樓 종루　水樓 수루

累	포갤 루:　　糸　11획
	累計 누계　累積 누적　累進 누진　累次 누차

漏	샐 루:　　水　14획
	漏落 누락　漏水 누수　漏電 누전　漏出 누출

倫	인륜 륜　　人　10획
	倫理 윤리　不倫 불륜　人倫 인륜　天倫 천륜

栗	밤 률　　木　10획
	栗谷 율곡　生栗 생률　黃栗 황률　栗木洞 율목동

率	비율 률/거느릴 솔　玄　11획
	比率 비율　輕率 경솔　利率 이율　能率 능률

隆	높을 륭　　阜　12획
	興隆 흥륭　隆崇 융숭　隆盛 융성　隆起 융기

陵	언덕 릉　　阜　11획
	江陵 강릉　光陵 광릉　王陵 왕릉　陵園 능원

裏	속 리:　　衣　13획　반 表(겉 표)
	腦裏 뇌리　表裏 표리　裏面 이면　裏書 이서

履	밟을 리:　　尸　15획
	履歷 이력　履修 이수　履行 이행　木履 목리

3급 II

吏	아전 **리:** 口 6획
	官吏 관리 吏房 이방 淸白吏 청백리 吏讀 이두

臨	임할 **림** 臣 17획
	臨迫 임박 降臨 강림 臨時 임시 臨終 임종

麻	삼 **마(:)** 麻 11획
	麻藥 마약 大麻 대마 麻織 마직 麻絲 마사

磨	갈 **마** 石 16획 동 硏(갈 연)
	磨滅 마멸 練磨 연마 硏磨 연마 磨損 마손

莫	없을 **막** 艹 11획
	莫强 막강 莫大 막대 莫論 막론 莫重 막중

幕	장막 **막** 巾 14획
	幕營 막영 閉幕 폐막 開幕 개막 帳幕 장막

漠	넓을 **막** 水 14획
	廣漠 광막 漠然 막연 沙漠 사막 漠漠 막막

晚	늦을 **만:** 日 11획 반 早(이를 조)
	早晚 조만 晚成 만성 晚年 만년 晚學 만학

妄	망령될 **망:** 女 6획
	妄覺 망각 妄發 망발 妄想 망상 妄動 망동

梅	매화 **매** 木 11획
	梅實 매실 梅花 매화 梅毒 매독 梅竹 매죽

媒

중매 **매**   女 12획

冷媒 냉매   觸媒 촉매   媒體 매체   媒介 매개

麥

보리 **맥**   麥 11획   (약) 麦

麥酒 맥주   麥飯 맥반   麥芽 맥아   小麥 소맥

盲

눈멀 **맹**   目 8획

盲信 맹신   盲腸 맹장   盲從 맹종   色盲 색맹

孟

맏 **맹:**   子 8획

孟子 맹자   孔孟 공맹   孟母 맹모   孟浪 맹랑

猛

사나울 **맹:**   犬 11획   (동) 勇(날랠 용)

猛獸 맹수   猛烈 맹렬   猛威 맹위   猛襲 맹습

盟

맹세 **맹**   皿 13획

盟約 맹약   加盟 가맹   同盟 동맹   結盟 결맹

眠

잘 **면**   目 10획   (동) 睡(잠잘 수)

熟眠 숙면   永眠 영면   冬眠 동면   不眠 불면

綿

솜 **면**   糸 14획

綿密 면밀   綿毛 면모   綿花 면화   綿絲 면사

免

면할 **면:**   儿 7획

減免 감면   放免 방면   免稅 면세   免除 면제

滅

멸할 **멸**   水 13획   (반) 生(살 생)   (동) 亡(망할 망)

滅亡 멸망   消滅 소멸   滅種 멸종   全滅 전멸

銘	새길 명	金 14획
	銘心 명심　碑銘 비명　銘記 명기　感銘 감명		

謀	꾀할 모	言 16획
	謀策 모책　陰謀 음모　謀陷 모함　圖謀 도모		

慕	사모할 모:	心 15획
	思慕 사모　崇慕 숭모　愛慕 애모　追慕 추모		

貌	모양 모	豸 14획　동 容(얼굴 용)　약 皃
	貌樣 모양　面貌 면모　美貌 미모　外貌 외모		

睦	화목할 목	目 13획　동 和(화목할 화)
	和睦 화목　親睦 친목　恭睦 공목　睦族 목족		

沒	빠질 몰	水 7획　반 出(날 출)/生(살 생)
	沈沒 침몰　沒落 몰락　出沒 출몰　沒頭 몰두		

夢	꿈 몽:	夕 14획　약 夢
	惡夢 악몽　夢想 몽상　吉夢 길몽　解夢 해몽		

蒙	어릴/몽고 몽	艸 14획
	童蒙 동몽　蒙古 몽고　訓蒙 훈몽　蒙民 몽민		

茂	무성할 무:	艸 9획
	茂盛 무성　茂林 무림　茂生 무생　茂才 무재		

貿	무역할 무:	貝 12획
	貿易 무역　貿穀 무곡　貿易風 무역풍　貿市 무시		

銘(명) ― 盤(반)

默 잠잠할 묵 黑 16획
沈默 침묵   默念 묵념   默認 묵인   默祕 묵비

墨 먹 묵 土 15획
墨客 묵객   墨竹 묵죽   水墨 수묵   筆墨 필묵

紋 무늬 문 糸 10획
波紋 파문   花紋 화문   細紋 세문   指紋 지문

勿 말 물 勹 4획
勿驚 물경   勿論 물론   勿禁 물금   四勿 사물

微 작을 미 彳 13획
微笑 미소   微動 미동   微妙 미묘   微細 미세

尾 꼬리 미 尸 7획   반 頭(머리 두)/首(머리 수)
首尾 수미   蛇尾 사미   韻尾 운미   末尾 말미

迫 핍박할 박 辶 9획
迫頭 박두   壓迫 압박   切迫 절박   急迫 급박

薄 엷을 박 艸 17획   반 厚(두터울 후)
稀薄 희박   厚薄 후박   淺薄 천박   薄福 박복

飯 밥 반 食 13획
飯酒 반주   白飯 백반   朝飯 조반   殘飯 잔반

盤 소반 반 皿 15획
基盤 기반   盤石 반석   音盤 음반   骨盤 골반

拔	뽑을 **발**　　　手　8획　동 選(가릴 선)
	奇拔 기발　　選拔 선발　　拔本 발본　　拔群 발군

芳	꽃다울 **방**　　　艸　8획
	芳年 방년　　芳草 방초　　芳名 방명　　芳香 방향

培	북돋울 **배:**　　　土　11획
	培養 배양　　培植 배식

排	밀칠 **배**　　　手　11획
	排他 배타　　排球 배구　　排除 배제　　排出 배출

輩	무리 **배:**　　　車　15획　동 徒(무리 도)
	先輩 선배　　後輩 후배　　年輩 연배　　徒輩 도배

伯	맏 **백**　　　人　7획
	伯母 백모　　伯父 백부　　畫伯 화백　　伯叔 백숙

繁	번성할 **번**　　　糸　17획
	繁榮 번영　　繁盛 번성　　繁昌 번창　　繁華 번화

凡	무릇 **범(:)**　　　几　3획
	平凡 평범　　非凡 비범　　凡常 범상　　大凡 대범

碧	푸를 **벽**　　　石　14획
	碧眼 벽안　　碧空 벽공　　碧天 벽천　　碧海 벽해

丙	남녘 **병:**　　　一　5획
	丙時 병시　　丙科 병과　　丙子 병자　　丙夜 병야

| 補 | 기울 보: 衣 12획 |
| | 補修 보수　補充 보충　候補 후보　補助 보조 |

| 譜 | 족보/적을 보: 言 19획 |
| | 族譜 족보　家譜 가보　系譜 계보　樂譜 악보 |

| 腹 | 배 복　　肉 13획　(반)背(등 배) |
| | 腹部 복부　腹痛 복통　腹案 복안　腹背 복배 |

| 覆 | 엎을 복/덮을 부　襾 18획 |
| | 覆蓋 복개　覆面 복면　被覆 피복　覆船 복선 |

| 封 | 봉할 봉　寸 9획 |
| | 封建 봉건　封印 봉인　開封 개봉　密封 밀봉 |

| 峯 | 봉우리 봉　山 10획 |
| | 主峯 주봉　峯頂 봉정　最高峯 최고봉　絶峯 절봉 |

| 逢 | 만날 봉　辶 11획　(반)別(헤어질 별)　(동)遇(만날 우) |
| | 逢變 봉변　逢辱 봉욕　逢着 봉착　相逢 상봉 |

| 鳳 | 봉새 봉: 鳥 14획 |
| | 鳳湯 봉탕　鳳蓋 봉개　龍鳳 용봉　鳳仙花 봉선화 |

| 扶 | 도울/붙들 부　手 7획　(동)助(도울 조) |
| | 扶助 부조　扶餘 부여　扶持 부지　相扶 상부 |

| 付 | 부칠 부: 人 5획 |
| | 交付 교부　納付 납부　配付 배부　送付 송부 |

3급 II

附	붙을 부: 阜 8획 (동) 屬(붙일 속)/着(붙을 착)
	附屬 부속 附着 부착 附錄 부록 附加 부가

符	부호 부(:) 竹 11획
	符籍 부적 符合 부합 符號 부호 符應 부응

浮	뜰 부 水 10획 (반) 沈(잠길 침)
	浮沈 부침 浮刻 부각 浮上 부상 浮揚 부양

簿	문서 부: 竹 19획
	置簿 치부 簿記 부기 名簿 명부 帳簿 장부

腐	썩을 부: 肉 14획
	腐敗 부패 陳腐 진부 腐儒 부유 豆腐 두부

賦	매길/구실 부: 貝 15획
	賦課 부과 賦與 부여 月賦 월부 割賦 할부

奔	달아날 분 大 9획
	奔走 분주 奔放 분방 奔散 분산 奔流 분류

奮	떨칠 분: 大 16획
	興奮 흥분 奮鬪 분투 奮發 분발 激奮 격분

紛	어지러울 분 糸 10획
	紛失 분실 紛爭 분쟁 紛亂 분란 內紛 내분

拂	떨칠 불 手 8획 (약) 払
	假拂 가불 先拂 선불 支拂 지불 還拂 환불

附(부) — 蛇(사)

妃	왕비 비 　　女 6획
	大妃 대비　　王妃 왕비　　皇妃 황비　　貴妃 귀비

肥	살찔 비: 　　肉 8획
	肥肉 비육　　肥料 비료　　肥滿 비만　　肥大 비대

卑	낮을 비: 　　十 8획　　반 尊(높을 존)/高(높을 고)
	尊卑 존비　　卑賤 비천　　卑俗 비속　　卑下 비하

婢	계집종 비 　　女 11획
	侍婢 시비　　婢女 비녀　　官婢 관비　　從婢 종비

祀	제사 사 　　示 8획　　동 祭(제사 제)
	祭祀 제사　　祀典 사전　　告祀 고사　　祀事 사사

沙	모래 사 　　水 7획
	沙果 사과　　沙器 사기　　黃沙 황사　　白沙 백사

邪	간사할 사 　　邑 7획　　반 正(바를 정)
	邪惡 사악　　正邪 정사　　邪敎 사교　　邪念 사념

司	맡을 사 　　口 5획
	有司 유사　　司試 사시　　公司 공사　　司法 사법

詞	말/글 사 　　言 12획
	名詞 명사　　副詞 부사　　助詞 조사　　品詞 품사

蛇	뱀 사 　　虫 11획
	蛇足 사족　　毒蛇 독사　　長蛇 장사　　白蛇 백사

3급 II

斜	비낄 **사**	斗 11획	동 傾(기울 경)	
	斜陽 사양	傾斜 경사	斜面 사면	斜線 사선

削	깎을 **삭**	刀 9획	반 增(더할 증)	
	削減 삭감	削除 삭제	削髮 삭발	削奪 삭탈

森	수풀 **삼**	木 12획	동 林(수풀 림)	
	森林 삼림	森羅 삼라	森嚴 삼엄	森立 삼립

霜	서리 **상**	雨 17획		
	霜露 상로	霜雪 상설	霜降 상강	霜楓 상풍

詳	자세할 **상**	言 13획	반 略(간략할 략)	
	詳述 상술	詳論 상론	詳細 상세	未詳 미상

喪	잃을 **상**(:)	口 12획	반 得(얻을 득)	동 失(잃을 실)
	喪失 상실	喪家 상가	喪主 상주	喪配 상배

像	모양 **상**	人 14획	동 形(모양 형)	
	映像 영상	虛像 허상	銅像 동상	氣像 기상

尙	오히려/숭상 **상**(:)	小 8획		
	高尙 고상	崇尙 숭상	尙宮 상궁	尙武 상무

裳	치마 **상**	衣 14획		
	紅裳 홍상	衣裳 의상	靑裳 청상	甲裳 갑상

桑	뽕나무 **상**	木 10획		
	桑海 상해	桑園 상원	桑田 상전	桑葉 상엽

斜(사) — 旋(선)

償 갚을 상　　人　17획
報償 보상　補償 보상　償還 상환　償金 상금

塞 변방 새/막힐 색　土　13획
要塞 요새　窮塞 궁색　閉塞 폐색　塞源 색원

索 찾을 색/쓸쓸할 삭　糸　10획　동 探(찾을 탐)
索引 색인　檢索 검색　探索 탐색　索莫 삭막

恕 용서할 서:　心　10획
容恕 용서　忠恕 충서　寬恕 관서　海恕 해서

徐 천천할 서(:)　彳　10획
徐行 서행　徐緩 서완　徐羅伐 서라벌　徐看 서간

署 마을/관청 서:　网　14획
署理 서리　部署 부서　署長 서장　署名 서명

緖 실마리 서:　糸　15획
端緖 단서　緖論 서론　緖言 서언　頭緖 두서

惜 아낄 석　心　11획
惜別 석별　愛惜 애석　惜敗 석패　哀惜 애석

釋 풀/석가 석　釆　20획　동 解(풀 해)　약 釈
釋放 석방　保釋 보석　解釋 해석　釋然 석연

旋 돌 선　方　11획　동 回(돌 회)
旋律 선율　旋回 선회　周旋 주선　旋風 선풍

禪	참선 **선** 示 17획
	參禪 참선 坐禪 좌선 禪房 선방 禪宗 선종

訴	호소할 **소** 言 12획
	呼訴 호소 訴請 소청 提訴 제소 被訴 피소

疏	소통할 **소** 疋 11획 (반)密(빽빽할 밀)/親(친할 친)
	疏遠 소원 疏外 소외 疏通 소통 疏脫 소탈

蘇	깨어날 **소** 艸 20획
	蘇聯 소련 蘇生 소생 蘇息 소식 蘇子 소자

燒	불사를 **소(:)** 火 16획 (약)焼
	燃燒 연소 燒失 소실 燒酒 소주 全燒 전소

訟	송사할 **송:** 言 11획
	訴訟 소송 訟事 송사 訟費 송비 訟案 송안

刷	인쇄할/쓸 **쇄** 刀 8획
	印刷 인쇄 刷掃 쇄소 刷新 쇄신 縮刷 축쇄

鎖	자물쇠/쇠사슬 **쇄:** 金 18획
	閉鎖 폐쇄 項鎖 항쇄 鎖國 쇄국 封鎖 봉쇄

衰	쇠할 **쇠** 衣 10획 (반)盛(성할 성)
	盛衰 성쇠 衰弱 쇠약 衰退 쇠퇴 老衰 노쇠

帥	장수 **수** 巾 9획 (동)將(장수 장)
	統帥 통수 元帥 원수 總帥 총수 將帥 장수

禪(선) — 熟(숙)

殊 다를 수 　歹 10획
特殊 특수　殊怪 수괴　殊常 수상　殊異 수이

愁 근심 수 　心 13획
憂愁 우수　愁心 수심　鄕愁 향수　哀愁 애수

需 쓰일 수 　雨 14획　(반) 給(줄 급)
需要 수요　軍需 군수　祭需 제수　需給 수급

壽 목숨 수 　士 14획　(동) 命(목숨 명)　(약) 寿
壽命 수명　壽宴 수연　長壽 장수　喜壽 희수

隨 따를 수 　阜 16획　(약) 随
隨筆 수필　隨時 수시　隨行 수행　附隨 부수

輸 보낼 수 　車 16획　(동) 送(보낼 송)
輸送 수송　輸入 수입　運輸 운수　輸出 수출

獸 짐승 수 　犬 19획　(약) 獣
野獸 야수　獸心 수심　怪獸 괴수　鳥獸 조수

垂 드리울 수 　土 8획
懸垂 현수　垂直 수직　垂範 수범　垂敎 수교

淑 맑을 숙 　水 11획
淑女 숙녀　靜淑 정숙　私淑 사숙　賢淑 현숙

熟 익을 숙 　火 15획
未熟 미숙　熟達 숙달　熟練 숙련　親熟 친숙

旬	열흘 순	日 6획
	初旬 초순　八旬 팔순　下旬 하순　中旬 중순	

巡	돌 순	巛 7획
	巡禮 순례　巡警 순경　巡訪 순방　巡察 순찰	

瞬	눈깜짝일 순	目 17획
	瞬間 순간　一瞬 일순　瞬時 순시　瞬息 순식	

述	지을/펼 술	辶 9획
	述語 술어　著述 저술　略述 약술　口述 구술	

拾	주울 습/열 십	手 9획　동 收(거둘 수)
	拾得 습득　收拾 수습　拾遺 습유　拾萬 십만	

襲	엄습할 습	衣 22획
	襲擊 습격　奇襲 기습　踏襲 답습　逆襲 역습	

濕	젖을 습	水 17획　약 湿
	濕氣 습기　濕度 습도　濕潤 습윤　多濕 다습	

昇	오를 승	日 8획　반 降(내릴 강)　동 上(위 상)
	昇降 승강　上昇 상승　昇天 승천　昇華 승화	

乘	탈 승	ノ 10획　반 降(내릴 강)　약 乗
	乘車 승차　乘客 승객　同乘 동승　乘馬 승마	

僧	중 승	人 14획
	僧舞 승무　高僧 고승　僧堂 승당　僧服 승복	

侍	모실 시: 人 8획
	侍從 시종 侍女 시녀 侍生 시생 內侍 내시

飾	꾸밀 식 食 14획 동 修(닦을 수)/裝(꾸밀 장)
	裝飾 장식 修飾 수식 假飾 가식 粉飾 분식

愼	삼갈 신: 心 13획 동 謹(삼갈 근)
	愼重 신중 愼慮 신려 愼言 신언 愼厚 신후

甚	심할 심: 甘 9획
	激甚 격심 極甚 극심 甚大 심대 甚難 심난

審	살필 심 宀 15획 동 察(살필 찰)
	審察 심찰 審判 심판 審理 심리 審問 심문

雙	쌍 쌍 隹 18획 약 双
	雙方 쌍방 雙手 쌍수 雙生 쌍생 雙眼 쌍안

牙	어금니 아 牙 4획
	牙旗 아기 齒牙 치아 象牙 상아 牙城 아성

芽	싹 아 艸 8획
	發芽 발아 出芽 출아 摘芽 적아 豆芽 두아

雅	맑을 아(:) 隹 12획
	雅樂 아악 高雅 고아 雅量 아량 端雅 단아

我	나 아: 戈 7획
	我軍 아군 我執 아집 自我 자아 沒我 몰아

亞	버금 **아**(:)	二 8획	**약** 亜

亞鉛 아연   亞太 아태   東亞 동아   亞流 아류

阿	언덕 **아**	阜 8획	

阿片 아편   阿附 아부   阿房宮 아방궁   阿兄 아형

岸	언덕 **안**:	山 8획	

沿岸 연안   西岸 서안   海岸 해안   斷岸 단안

顔	얼굴 **안**:	頁 18획	**동** 面(얼굴 면)

顔色 안색   紅顔 홍안   顔面 안면   破顔 파안

巖	바위 **암**	山 23획	**약** 岩

巖石 암석   奇巖 기암   巖壁 암벽   巖盤 암반

央	가운데 **앙**	大 5획	**동** 中(가운데 중)

中央 중앙   震央 진앙

仰	우러를 **앙**:	人 6획	

信仰 신앙   仰祝 앙축   推仰 추앙   仰望 앙망

哀	슬플 **애**	口 9획	**반** 歡(기쁠 환) **동** 悲(슬플 비)

哀戀 애련   悲哀 비애   哀願 애원   哀痛 애통

若	같을 **약**/반야 **야**:	艸 9획	

自若 자약   若干 약간   萬若 만약   若輩 약배

揚	날릴 **양**	手 12획	

抑揚 억양   揚名 양명   止揚 지양   讚揚 찬양

壤	흙덩이 양: 土 20획 동 土(흙 토) 약 壌	
	平壤 평양 天壤 천양 土壤 토양 擊壤 격양	
讓	사양할/넘겨줄 양: 言 24획 약 譲	
	辭讓 사양 讓步 양보 分讓 분양 割讓 할양	
御	모실/임금 어: 彳 11획	
	御用 어용 御命 어명 制御 제어 御醫 어의	
抑	누를 억 手 7획 반 揚(날릴 양)	
	抑制 억제 抑留 억류 抑壓 억압 抑止 억지	
憶	생각할 억 心 16획 동 記(기록할 기)	
	記憶 기억 追憶 추억 憶念 억념 憶起 억기	
亦	또 역 亠 6획	
	亦是 역시 其亦 기역	
役	부릴 역 彳 7획 동 使(부릴 사)	
	役事 역사 重役 중역 使役 사역 苦役 고역	
疫	전염병 역 疒 9획	
	疫神 역신 疫疾 역질 檢疫 검역 防疫 방역	
譯	번역할 역 言 20획 약 訳	
	意譯 의역 直譯 직역 通譯 통역 誤譯 오역	
驛	역 역 馬 23획 약 駅	
	驛舍 역사 驛前 역전 驛長 역장 館驛 관역	

沿	물따라갈 연(:)　　水　8획
	沿道 연도　　沿革 연혁　　沿邊 연변　　沿海 연해

宴	잔치 연:　　宀　10획
	宴會 연회　　酒宴 주연　　祝賀宴 축하연　　宴席 연석

軟	연할 연:　　車　11획
	柔軟 유연　　軟骨 연골　　軟禁 연금　　軟弱 연약

燕	제비 연(:)　　火　16획
	燕京 연경　　胡燕 호연　　燕尾服 연미복　　燕山君 연산군

悅	기쁠 열　　心　10획　동 樂(즐길 락)
	喜悅 희열　　悅樂 열락　　悅愛 열애　　法悅 법열

染	물들일 염:　　木　9획
	染色 염색　　染料 염료　　感染 감염　　傳染 전염

炎	불꽃 염　　火　8획
	炎涼 염량　　炎症 염증　　腦炎 뇌염　　暴炎 폭염

鹽	소금 염　　鹵　24획　약 塩
	鹽田 염전　　鹽分 염분　　食鹽 식염　　鹽素 염소

影	그림자 영:　　彡　15획
	投影 투영　　眞影 진영　　殘影 잔영　　反影 반영

譽	기릴/명예 예:　　言　21획　약 誉
	名譽 명예　　榮譽 영예

悟	깨달을 오: 心 10획
	覺悟 각오 感悟 감오 改悟 개오 大悟 대오

烏	까마귀 오 火 10획
	烏有 오유 烏金 오금 烏骨鷄 오골계 烏龍茶 오룡차

獄	옥 옥 犬 14획
	監獄 감옥 獄苦 옥고 獄死 옥사 投獄 투옥

瓦	기와 와: 瓦 5획
	瓦解 와해 瓦器 와기 靑瓦臺 청와대 瓦全 와전

緩	느릴 완: 糸 15획 (반) 急(급할 급)
	緩急 완급 緩和 완화 緩衝 완충 緩行 완행

辱	욕될 욕 辰 10획 (반) 榮(영화 영)
	榮辱 영욕 困辱 곤욕 苦辱 고욕 屈辱 굴욕

欲	하고자할 욕 欠 11획
	欲求 욕구 欲望 욕망 欲情 욕정 情欲 정욕

慾	욕심 욕 心 15획
	意慾 의욕 慾心 욕심 食慾 식욕 過慾 과욕

宇	집 우: 宀 6획 (동) 宙(집 주)
	宇宙 우주 玉宇 옥우 屋宇 옥우 堂宇 당우

偶	짝 우: 人 11획 (동) 配(짝 배)
	配偶 배우 偶然 우연 偶像 우상 偶發 우발

愚	어리석을 우　　　心 13획　반 賢(어질 현)/智(지혜 지)
	賢愚 현우　　愚問 우문　　愚民 우민　　愚直 우직

憂	근심 우　　　心 15획　동 愁(근심 수)/患(근심 환)
	憂慮 우려　　憂患 우환　　憂國 우국　　內憂 내우

羽	깃 우:　　　羽 6획
	羽翼 우익　　羽毛 우모

韻	운 운:　　　音 19획　동 音(소리 음)
	韻致 운치　　韻文 운문　　音韻 음운　　韻律 운율

越	넘을 월　　　走 12획
	越境 월경　　移越 이월　　寧越 영월　　越權 월권

胃	밥통 위　　　肉 9획
	胃腸 위장　　胃痛 위통　　胃炎 위염　　胃壁 위벽

謂	이를 위　　　言 16획
	所謂 소위　　云謂 운위　　可謂 가위　　稱謂 칭위

僞	거짓 위　　　人 14획　반 眞(참 진)　약 偽
	眞僞 진위　　僞造 위조　　僞善 위선　　僞裝 위장

幼	어릴 유　　　幺 5획　반 長(어른 장)
	幼弱 유약　　長幼 장유　　幼年 유년　　幼兒 유아

猶	오히려 유　　　犬 12획
	猶豫 유예　　猶太 유태

柔	**부드러울 유**　木 9획
	柔道 유도　柔順 유순　柔弱 유약　溫柔 온유

幽	**그윽할 유**　幺 9획
	幽思 유사　幽明 유명　幽閉 유폐　幽靈 유령

悠	**멀 유**　心 11획
	悠悠 유유　悠遠 유원　悠長 유장　悠隔 유격

維	**벼리/얽을 유**　糸 14획
	維持 유지　維新 유신　四維 사유　地維 지유

裕	**넉넉할 유:**　衣 12획
	餘裕 여유　裕福 유복　富裕 부유　裕足 유족

誘	**달랠 유**　言 14획
	誘惑 유혹　誘導 유도　誘致 유치　誘發 유발

潤	**윤택할 윤:**　水 15획
	潤澤 윤택　潤氣 윤기　潤色 윤색　利潤 이윤

乙	**새 을**　乙 1획
	甲乙 갑을　乙夜 을야　乙種 을종　乙未 을미

淫	**음란할 음**　水 11획
	淫亂 음란　淫貪 음탐　淫慾 음욕　賣淫 매음

已	**이미 이:**　己 3획
	已往 이왕　已甚 이심　不得已 부득이　已決 이결

翼	날개 **익** 羽 17획
	右翼 우익　左翼 좌익　輔翼 보익　鶴翼 학익

忍	참을 **인** 心 7획　(동) 耐(견딜 내)
	忍苦 인고　強忍 강인　殘忍 잔인　忍辱 인욕

逸	편안할/뛰어날 **일** 辵 12획
	安逸 안일　逸話 일화　逸品 일품　逸樂 일락

壬	북방 **임**： 士 4획
	壬方 임방　壬辰 임진

賃	품삯 **임**： 貝 13획
	賃金 임금　賃借 임차　賃貸 임대　運賃 운임

慈	사랑 **자** 心 14획　(동) 愛(사랑 애)/仁(어질 인)
	慈愛 자애　仁慈 인자　慈悲 자비　慈善 자선

刺	찌를 **자**：/**척** 刀 8획
	刺傷 자상　刺客 자객　亂刺 난자　刺殺 척살

紫	자줏빛 **자**(：) 糸 11획
	紫色 자색　朱紫 주자　紫外線 자외선　紫石 자석

暫	잠깐 **잠**(：) 日 15획
	暫時 잠시　暫間 잠간　暫定 잠정　暫逢 잠봉

潛	잠길 **잠** 水 15획
	潛在 잠재　潛伏 잠복　潛水 잠수　潛入 잠입

翼(익) — 載(재)

丈	어른 장: 一 3획
	丈母 장모 丈夫 장부 老人丈 노인장 丈人 장인

莊	장엄할 장 艹 11획 약 荘
	莊嚴 장엄 莊重 장중 別莊 별장 莊園 장원

掌	손바닥 장 手 12획
	管掌 관장 合掌 합장 拍掌 박장 掌甲 장갑

葬	장사지낼 장: 艹 13획
	葬禮 장례 火葬 화장 葬地 장지 移葬 이장

粧	단장할 장 米 12획
	化粧 화장 丹粧 단장 治粧 치장 粧飾 장식

藏	감출 장: 艹 18획
	貯藏 저장 藏書 장서 死藏 사장 所藏 소장

臟	오장 장: 肉 22획
	臟器 장기 心臟 심장 內臟 내장 五臟 오장

栽	심을 재: 木 10획 동 植(심을 식)
	栽培 재배 移栽 이재 栽植 재식 植栽 식재

裁	옷마를 재 衣 12획
	裁斷 재단 決裁 결재 裁可 재가 裁量 재량

載	실을 재: 車 13획
	連載 연재 積載 적재 記載 기재 登載 등재

3급 II

| 抵 | 막을 저: · 手 8획 |
| | 抵抗 저항　抵觸 저촉　大抵 대저　抵當 저당 |

| 著 | 나타날 저: · 艸 13획　동 作(지을 작) |
| | 著名 저명　著書 저서　著者 저자　著作 저작 |

| 跡 | 발자취 적 · 足 13획 |
| | 人跡 인적　潛跡 잠적　足跡 족적　奇跡 기적 |

| 寂 | 고요할 적 · 宀 11획 |
| | 靜寂 정적　寂寂 적적　閑寂 한적　入寂 입적 |

| 笛 | 피리 적 · 竹 11획 |
| | 警笛 경적　汽笛 기적　鼓笛 고적　橫笛 횡적 |

| 摘 | 딸 적 · 手 14획 |
| | 摘發 적발　摘要 적요　指摘 지적　摘出 적출 |

| 蹟 | 자취 적 · 足 18획 |
| | 史蹟 사적　遺蹟 유적　奇蹟 기적　行蹟 행적 |

| 殿 | 전각/큰집 전: · 殳 13획 |
| | 殿閣 전각　殿堂 전당　聖殿 성전　神殿 신전 |

| 漸 | 점점 점: · 水 14획 |
| | 漸增 점증　漸進 점진　漸層 점층　漸次 점차 |

| 亭 | 정자 정 · 亠 9획 |
| | 亭閣 정각　亭子 정자　八角亭 팔각정　料亭 요정 |

抵(저) — 照(조)

頂
정수리 **정**　　頁　11획
頂上 정상　　絶頂 절정　　登頂 등정　　頂點 정점

井
우물 **정**(:)　　二　4획
井邑 정읍　　龍井 용정　　油井 유정　　井水 정수

征
칠 **정**　　彳　8획
征伐 정벌　　征服 정복　　出征 출정　　長征 장정

廷
조정 **정**　　廴　7획
朝廷 조정　　法廷 법정　　退廷 퇴정　　閉廷 폐정

貞
곧을 **정**　　貝　9획
貞婦 정부　　貞淑 정숙　　不貞 부정　　貞節 정절

淨
깨끗할 **정**　　水　11획
淨潔 정결　　淨水 정수　　淨化 정화　　不淨 부정

齊
가지런할 **제**　　齊　14획　약 斉
整齊 정제　　齊唱 제창　　齊家 제가　　齊民 제민

諸
모든 **제**　　言　16획
諸國 제국　　諸位 제위　　諸君 제군　　諸賢 제현

兆
억조 **조**　　儿　6획
吉兆 길조　　亡兆 망조　　億兆 억조　　凶兆 흉조

照
비칠 **조**:　　火　13획
對照 대조　　參照 참조　　照明 조명　　照準 조준

燥	마를 조　　火　17획
	乾燥 건조　燥濕 조습　燥熱 조열　燥葉 조엽

租	조세 조　　禾　10획
	租稅 조세　租借 조차　租界 조계　地租 지조

縱	세로 종　　糸　17획　반 橫(가로 횡)
	縱橫 종횡　操縱 조종　縱斷 종단　放縱 방종

坐	앉을 좌:　　土　7획　반 立(설 립)　동 席(자리 석)
	坐視 좌시　對坐 대좌　坐定 좌정　連坐 연좌

柱	기둥 주　　木　9획
	圓柱 원주　電柱 전주　柱石 주석　支柱 지주

株	그루 주　　木　10획
	株價 주가　株券 주권　株式 주식　株主 주주

珠	구슬 주　　玉　10획
	珠算 주산　念珠 염주　珍珠 진주　默珠 묵주

洲	물가 주　　水　9획
	滿洲 만주　美洲 미주　亞洲 아주　洲島 주도

宙	집 주:　　宀　8획
	宙宇 주우

奏	아뢸 주:　　大　9획
	奏請 주청　演奏 연주　獨奏 독주　協奏 협주

鑄	쇠불릴 주: 金 22획 약 鋳
	鑄物 주물 鑄造 주조 鑄貨 주화 鑄字 주자

仲	버금 중(:) 人 6획
	伯仲 백중 仲介 중개 仲媒 중매 仲秋 중추

卽	곧 즉 卩 9획
	卽刻 즉각 卽決 즉결 卽發 즉발 卽效 즉효

症	증세 증 疒 10획
	症狀 증상 症勢 증세 症候 증후 痛症 통증

曾	일찍 증 曰 12획
	曾孫 증손 曾祖 증조 未曾有 미증유 曾子 증자

憎	미울 증 心 15획 반 愛(사랑 애) 동 惡(미워할 오)
	憎惡 증오 愛憎 애증 可憎 가증 憎怨 증원

蒸	찔 증 艹 14획
	蒸氣 증기 蒸發 증발 蒸熱 증열 蒸炎 증염

之	갈 지 丿 4획
	之次 지차 之子 지자 之字路 지자로

池	못 지 水 6획 동 澤(못 택)
	天池 천지 園池 원지 電池 전지 貯水池 저수지

枝	가지 지 木 8획
	枝幹 지간 枝葉 지엽 枝節 지절 折枝 절지

辰	별, 5째지지 진/때 신 辰 7획
	辰時 진시 生辰 생신 北辰 북신 辰宿 진수

振	떨칠 진: 手 10획
	振動 진동 振興 진흥 不振 부진 振作 진작

震	우레 진: 雨 15획
	地震 지진 微震 미진 震怒 진노 震動 진동

鎭	진정할 진(:) 金 18획
	鎭壓 진압 鎭靜 진정 鎭火 진화 鎭痛 진통

陳	펼칠 진(:) 阜 11획 동 列(벌일 렬)
	陳列 진열 陳述 진술 陳情 진정 開陳 개진

疾	병/빠를 질 疒 10획 동 病(병 병)
	疾病 질병 疾走 질주 疾風 질풍 疾患 질환

秩	차례 질 禾 10획 동 序(차례 서)
	秩序 질서 秩滿 질만

執	잡을 집 土 11획
	執着 집착 執行 집행 執權 집권 執念 집념

徵	부를 징 彳 15획
	象徵 상징 特徵 특징 徵兵 징병 徵收 징수

此	이 차 止 6획 반 彼(저 피)
	彼此 피차 此後 차후 如此 여차 此際 차제

借	빌릴 차: 　　人 10획
	借用 차용　借入 차입　借名 차명　假借 가차

錯	어긋날 착 　　金 16획
	錯覺 착각　錯視 착시　錯誤 착오　交錯 교착

贊	도울 찬: 　　貝 19획　반 反(돌이킬 반)
	贊成 찬성　贊反 찬반　贊助 찬조　協贊 협찬

昌	창성할 창(:)　　日 8획
	昌盛 창성　昌平 창평　昌慶宮 창경궁　昌運 창운

倉	곳집/창고 창(:)　　人 10획　동 庫(곳집 고)
	倉庫 창고　穀倉 곡창　船倉 선창　彈倉 탄창

蒼	푸를 창 　　艸 14획
	蒼空 창공　蒼白 창백　蒼生 창생　蒼然 창연

菜	나물 채: 　　艸 12획
	生菜 생채　菜食 채식　野菜 야채　山菜 산채

彩	채색 채 　　彡 11획
	光彩 광채　色彩 색채　彩色 채색　彩紋 채문

債	빚 채: 　　人 13획
	債務 채무　債券 채권　債權 채권　負債 부채

策	꾀 책 　　竹 12획
	政策 정책　策謀 책모　計策 계책　散策 산책

妻	아내 처 女 8획 (반) 夫(지아비 부)
	夫妻 부처 妻家 처가 妻弟 처제 妻兄 처형

尺	자 척 尸 4획
	縮尺 축척 尺度 척도 越尺 월척 尺地 척지

拓	넓힐 척/박을 탁 手 8획
	開拓 개척 干拓 간척 拓本 탁본 拓地 척지

戚	친척/겨레 척 戈 11획
	親戚 친척 外戚 외척 哀戚 애척 戚臣 척신

淺	얕을 천: 水 11획 (반) 深(깊을 심) (약) 浅
	深淺 심천 淺學 천학 淺慮 천려 淺識 천식

踐	밟을 천: 足 15획 (약) 践
	踐踏 천답 實踐 실천 踐行 천행 踐言 천언

賤	천할 천: 貝 15획 (반) 貴(귀할 귀) (약) 賎
	貧賤 빈천 賤待 천대 賤職 천직 貴賤 귀천

遷	옮길 천: 辵 16획 (약) 迁
	遷善 천선 遷移 천이 變遷 변천 左遷 좌천

哲	밝을 철 口 10획
	哲學 철학 明哲 명철 哲理 철리 賢哲 현철

徹	통할 철 彳 15획
	貫徹 관철 徹底 철저 徹夜 철야 冷徹 냉철

妻(처) — 衝(충)

滯	막힐 체　　水　14획	
	滯納 체납　滯留 체류　延滯 연체　停滯 정체	

肖	닮을/같을 초　　肉　7획	
	肖像 초상　不肖 불초　肖像畫 초상화　肖形 초형	

超	뛰어넘을 초　　走　12획　동 越(뛰어넘을 월)	
	超越 초월　超過 초과　超然 초연　超人 초인	

礎	주춧돌 초　　石　18획	
	基礎 기초　礎石 초석　定礎 정초　柱礎 주초	

促	재촉할 촉　　人　9획	
	督促 독촉　促求 촉구　促迫 촉박　促進 촉진	

觸	닿을 촉　　角　20획　약 触	
	接觸 접촉　觸覺 촉각　觸角 촉각　感觸 감촉	

催	재촉할/베풀 최　　人　13획	
	開催 개최　主催 주최　催告 최고　催眠 최면	

追	쫓을/따를 추　　辶　10획	
	追求 추구　追加 추가　追擊 추격　追窮 추궁	

畜	기를 축　　田　10획	
	畜舍 축사　畜産 축산　牧畜 목축　家畜 가축	

衝	찌를 충　　行　15획　동 突(부딪칠 돌)	
	衝擊 충격　折衝 절충　衝動 충동　衝天 충천	

吹	불 취: 口 7획
	吹入 취입 吹奏 취주 吹打 취타 吹雪 취설

醉	취할 취: 酉 15획 약 醉
	醉客 취객 醉氣 취기 宿醉 숙취 心醉 심취

側	곁 측 人 11획
	側面 측면 側近 측근 兩側 양측 左側 좌측

値	값 치 人 10획 동 價(값 가)
	價値 가치 數値 수치 加重値 가중치 値遇 치우

恥	부끄러울 치: 心 10획
	恥辱 치욕 恥部 치부 國恥 국치 恥事 치사

稚	어릴 치 禾 13획 동 幼(어릴 유)
	稚魚 치어 幼稚 유치 稚兒 치아 稚子 치자

漆	옻 칠 水 14획
	漆器 칠기 漆板 칠판 漆黑 칠흑 金漆 금칠

沈	잠길 침(:)/성 심: 水 7획 동 沒(빠질 몰)
	沈水 침수 沈着 침착 沈痛 침통 擊沈 격침

浸	잠길 침: 水 10획 동 透(사무칠 투)
	浸水 침수 浸透 침투 浸禮 침례 浸染 침염

奪	빼앗을 탈 大 14획
	奪取 탈취 奪還 탈환 收奪 수탈 爭奪 쟁탈

塔	탑 **탑** 　　土　13획
	鐵塔 철탑　　寺塔 사탑　　佛塔 불탑　　石塔 석탑

湯	끓을 **탕**:　　水　12획
	湯藥 탕약　　湯液 탕액　　溫湯 온탕　　浴湯 욕탕

殆	위태할 **태**　　歹　9획
	危殆 위태　　殆半 태반

泰	클 **태**　　水　10획
	泰山 태산　　泰國 태국　　泰斗 태두　　泰然 태연

澤	못/윤 **택**　　水　16획　(약) 沢
	平澤 평택　　德澤 덕택　　惠澤 혜택　　光澤 광택

兎	토끼 **토**　　儿　8획
	兎皮 토피　　玉兎 옥토　　兎影 토영　　家兎 가토

吐	토할 **토**(:)　　口　6획
	吐露 토로　　吐血 토혈　　實吐 실토　　吐說 토설

透	꿰뚫을 **투**　　辵　11획
	透徹 투철　　透視 투시　　透明 투명　　透映 투영

版	조각 **판**　　片　8획
	版圖 판도　　版權 판권　　絶版 절판　　製版 제판

片	조각 **편**(:)　　片　4획
	破片 파편　　一片 일편　　片月 편월　　片肉 편육

偏	치우칠 편	人 11획
	偏見 편견　偏差 편차　偏食 편식　偏執 편집	

編	엮을 편	糸 15획
	編隊 편대　編成 편성　編著 편저　續編 속편	

肺	허파 폐:	肉 9획
	肺病 폐병　肺炎 폐렴　心肺 심폐　肺熱 폐열	

弊	폐단/해질 폐:	廾 15획
	弊端 폐단　弊習 폐습　弊害 폐해　病弊 병폐	

廢	폐할/버릴 폐:	广 15획　동 亡(망할 망)　약 廃
	廢刊 폐간　廢鑛 폐광　廢止 폐지　存廢 존폐	

浦	물가 포	水 10획
	浦港 포항　浦口 포구　三浦 삼포　木浦 목포	

捕	잡을 포:	手 10획　동 獲(얻을 획)
	捕獲 포획　生捕 생포　捕手 포수　捕球 포구	

楓	단풍나무 풍	木 13획
	楓林 풍림　楓葉 풍엽	

皮	가죽 피	皮 5획　반 骨(뼈 골)　동 革(가죽 혁)
	虎皮 호피　皮革 피혁　毛皮 모피　表皮 표피	

彼	저 피:	彳 10획
	彼我 피아　彼岸 피안	

被	**입을 피:** 衣 10획
	被告 피고　被服 피복　被害 피해　被擊 피격

畢	**마칠 필** 田 11획
	卒畢 졸필　未畢 미필　畢納 필납　畢生 필생

何	**어찌 하** 人 7획
	何等 하등　何必 하필　何事 하사　何人 하인

荷	**멜 하(:)** 艸 11획
	負荷 부하　荷役 하역　出荷 출하　荷物 하물

賀	**하례할 하:** 貝 12획
	慶賀 경하　祝賀 축하　賀禮 하례　致賀 치하

鶴	**학 학** 鳥 21획
	鶴首 학수　鶴壽 학수　舞鶴 무학　白鶴 백학

汗	**땀 한(:)** 水 6획
	汗漫 한만　冷汗 냉한　汗蒸 한증　發汗 발한

割	**벨 할** 刀 12획
	割據 할거　割當 할당　均割 균할　分割 분할

含	**머금을 함** 口 7획
	包含 포함　含蓄 함축　含量 함량　含有 함유

陷	**빠질 함:** 阜 11획
	陷落 함락　陷沒 함몰　缺陷 결함　陷害 함해

恒	항상 **항** 心 9획 동常(항상 상)
	恒常 항상 恒時 항시 恒星 항성 恒性 항성

項	항목 **항**: 頁 12획
	項目 항목 事項 사항 條項 조항 各項 각항

響	울릴 **향**: 音 22획
	影響 영향 交響 교향 音響 음향 反響 반향

獻	드릴 **헌**: 犬 20획 약献
	獻壽 헌수 獻金 헌금 獻身 헌신 獻血 헌혈

玄	검을 **현** 玄 5획 동黑(검을 흑)
	玄關 현관 玄米 현미 玄妙 현묘 玄學 현학

懸	매달 **현**: 心 20획
	懸賞 현상 懸案 현안 懸隔 현격 懸板 현판

穴	굴 **혈** 穴 5획
	穴居 혈거 穴見 혈견 穴深 혈심 穴室 혈실

脅	위협할 **협** 肉 10획
	威脅 위협 脅迫 협박 脅約 협약 脅制 협제

衡	저울대 **형** 行 16획
	均衡 균형 衡平 형평 度量衡 도량형 權衡 권형

慧	슬기로울 **혜**: 心 15획
	智慧 지혜 慧眼 혜안 慧性 혜성 慧智 혜지

虎 | 범 호(:) | 虍 8획
虎骨 호골　虎班 호반　猛虎 맹호　龍虎 용호

胡 | 오랑캐 호 | 肉 9획
胡笛 호적　胡角 호각　胡人 호인　胡亂 호란

浩 | 넓을 호: | 水 10획
浩氣 호기　浩然 호연　浩歌 호가　浩歎 호탄

豪 | 호걸 호 | 豕 14획
豪傑 호걸　豪華 호화　豪快 호쾌　豪放 호방

惑 | 미혹할 혹 | 心 12획
惑星 혹성　困惑 곤혹　當惑 당혹　疑惑 의혹

魂 | 넋 혼 | 鬼 14획　동 靈(신령 령)
招魂 초혼　靈魂 영혼　怨魂 원혼　鬪魂 투혼

忽 | 갑자기 홀 | 心 8획
忽然 홀연　忽待 홀대　疏忽 소홀　忽視 홀시

洪 | 넓을 홍 | 水 9획
洪水 홍수　洪魚 홍어　洪大 홍대　洪福 홍복

禍 | 재앙 화: | 示 14획　반 福(복 복)　동 災(재앙 재)
禍福 화복　禍根 화근　災禍 재화　戰禍 전화

換 | 바꿀 환: | 手 12획
轉換 전환　換率 환율　換算 환산　換錢 환전

還
돌아올 환 辵 17획 동 返(돌아올 반)
還給 환급   還甲 환갑   還收 환수   還元 환원

皇
임금 황 白 9획 동 帝(임금 제)
皇帝 황제   皇宮 황궁   皇室 황실   敎皇 교황

荒
거칠 황 艸 10획 동 廢(폐할 폐)
荒凉 황량   荒野 황야   荒廢 황폐   虛荒 허황

悔
뉘우칠 회: 心 10획
悔恨 회한   後悔 후회   悔改 회개   悔心 회심

懷
품을 회 心 19획 약 懐
懷疑 회의   懷古 회고   感懷 감회   述懷 술회

劃
그을 획 刀 14획
劃數 획수   劃順 획순   劃一 획일   計劃 계획

獲
얻을 획 犬 17획
獲得 획득   漁獲 어획   殺獲 살획   生獲 생획

橫
가로 횡 木 16획
橫暴 횡포   橫斷 횡단   橫列 횡렬   橫領 횡령

胸
가슴 흉 肉 10획
胸背 흉배   胸部 흉부   胸像 흉상   胸中 흉중

稀
드물 희 禾 12획
稀貴 희귀   稀微 희미   稀少 희소   古稀 고희

還(환) — 戲(희)

戲

놀이 희　　戈　17획

遊戲 유희　戲曲 희곡　戲劇 희극　戲畫 희화

고사유래

解語之花
풀해 | 말씀**어** | 어조사**지** | 꽃**화**

말을 헤아리는 꽃이라는 뜻으로, 미인을 일컫는 말이다.

어느 초여름, 당(唐)나라 현종(玄宗)이 양귀비(楊貴妃)를 비롯하여 여러 궁녀들을 데리고 태액지(太液池)로 산책을 나갔다. 연꽃이 막 피어 아름다운 자태와 향기를 자랑하고 있다는 말을 들었기 때문이다.

청초한 연꽃의 아름다움에 모두 감탄을 아끼지 않았다. 그러자 현종이 말했다.

"연꽃이 아무리 아름답다 해도 말을 헤아리는 이 꽃에는 미치지 못하리라."

현종이 말한 '말을 헤아리는 꽃(解語之花)' 이란 양귀비를 가리킨 것이다.

양귀비는 원래 현종의 아들인 수왕(壽王)의 아내였다. 그런데 그 미모에 반한 현종이 자기 후궁으로 들인 것이다. 그후 현종은 양귀비에게 빠져 정사를 돌아보지 않다가, 안녹산(安祿山)의 난을 겪게 된다.

3급 한자능력검정시험

• 배정한자 : 317자(3급 고유한자)+1500자(3급Ⅱ)

却 | 물리칠 각 | 卩 7획
冷却 냉각　忘却 망각　却下 각하　燒却 소각

姦 | 간음할 간: | 女 9획
姦淫 간음　姦通 간통　强姦 강간　輪姦 윤간

渴 | 목마를 갈 | 水 12획
渴症 갈증　渴望 갈망　渴求 갈구　解渴 해갈

皆 | 다 개 | 白 9획
皆勤 개근　皆旣 개기　皆骨山 개골산　皆兵 개병

慨 | 슬퍼할 개: | 心 14획
慨歎 개탄　感慨 감개　憤慨 분개　慨世 개세

乞 | 빌 걸 | 乙 3획
乞暇 걸가　乞食 걸식　求乞 구걸　哀乞 애걸

肩 | 어깨 견 | 肉 8획
肩骨 견골　肩章 견장　肩次 견차　比肩 비견

牽 | 이끌/끌 견 | 牛 11획
牽引 견인　牽制 견제　牽牛 견우　牽强 견강

遣 | 보낼 견: | 辵 14획
派遣 파견　差遣 차견　遣歸 견귀　遣外 견외

絹	비단 견 　　　糸 13획
	絹絲 견사　　絹布 견포　　絹織 견직　　生絹 생견

庚	별 경 　　　广 8획
	庚戌 경술　　庚午 경오　　庚伏 경복　　庚時 경시

竟	마침내 경: 　　　立 11획　　동 畢(마칠 필)
	畢竟 필경　　竟夜 경야　　究竟 구경　　竟夕 경석

卿	벼슬 경 　　　卩 12획
	卿相 경상　　六卿 육경　　公卿 공경　　卿輩 경배

癸	북방/천간 계: 　　　癶 9획
	癸丑 계축　　癸未 계미　　癸方 계방　　癸坐 계좌

繫	맬 계: 　　　糸 19획
	繫留 계류　　連繫 연계　　繫累 계루　　繫船 계선

枯	마를 고 　　　木 9획　　반 榮(영화 영)
	枯葉 고엽　　枯渴 고갈　　枯木 고목　　枯死 고사

顧	돌아볼 고 　　　頁 21획
	顧問 고문　　顧客 고객　　顧慮 고려　　回顧 회고

坤	땅 곤 　　　土 8획　　반 乾(하늘 건)
	乾坤 건곤　　坤方 곤방　　坤殿 곤전　　坤位 곤위

郭	성/둘레 곽 　　　邑 11획
	城郭 성곽　　外郭 외곽　　輪郭 윤곽　　胸郭 흉곽

掛	걸 괘　　　　手 11획
	掛冠 괘관　掛念 괘념　掛圖 괘도　掛鍾 괘종

塊	흙덩이 괴　　　　土 13획
	塊炭 괴탄　肉塊 육괴　金塊 금괴　塊石 괴석

愧	부끄러울 괴:　　　心 13획
	自愧 자괴　愧色 괴색　愧死 괴사　愧心 괴심

郊	들 교　　　　邑 9획
	郊外 교외　近郊 근교　遠郊 원교　江郊 강교

矯	바로잡을 교:　　　矢 17획
	矯導 교도　矯僞 교위　矯正 교정　矯風 교풍

俱	함께 구　　　　人 10획
	俱現 구현　俱存 구존　俱樂 구락　俱發 구발

苟	진실로 구　　　艸 9획
	苟且 구차　苟免 구면　苟安 구안　苟合 구합

狗	개 구　　　　犬 8획
	鬪狗 투구　走狗 주구　狗肉 구육　黃狗 황구

驅	몰 구　　　馬 21획　약 駆
	驅逐 구축　驅除 구제　驅迫 구박　驅使 구사

懼	두려워할 구　　　心 21획
	恐懼 공구　疑懼 의구　戒懼 계구　危懼 위구

厥	그 궐　　　厂 12획
	厥女 궐녀　　厥角 궐각　　厥尾 궐미　　突厥 돌궐

軌	바퀴자국 궤:　　車 9획
	軌跡 궤적　　軌道 궤도　　軌範 궤범　　廣軌 광궤

龜	거북 귀/나라이름 구/터질 균　　龜 16획　약 亀
	龜浦 구포　　龜鑑 귀감　　龜裂 균열　　龜船 귀선

叫	부르짖을 규　　口 5획
	絕叫 절규　　叫號 규호　　叫聲 규성　　哀叫 애규

糾	얽힐 규　　糸 8획
	糾彈 규탄　　糾明 규명　　糾合 규합　　紛糾 분규

斤	근/도끼 근　　斤 4획
	斤量 근량　　斤兩 근량　　斤數 근수　　千斤 천근

僅	겨우 근　　人 13획
	僅僅 근근　　僅少 근소

謹	삼갈 근:　　言 18획
	謹愼 근신　　謹弔 근조　　謹嚴 근엄　　謹賀 근하

肯	즐길 긍:　　肉 8획
	肯定 긍정　　首肯 수긍　　肯諾 긍낙　　肯首 긍수

豈	어찌 기　　豆 10획
	豈敢 기감　　豈有此理 기유차리

厥(궐) — 惱(뇌)

忌 꺼릴 **기**　　心　7획
忌日 기일　忌避 기피　禁忌 금기　忌祭 기제

欺 속일 **기**　　欠　12획　동 詐(속일 사)
詐欺 사기　欺罔 기망　欺弄 기롱　欺心 기심

飢 주릴 **기**　　食　11획　반 飽(배부를 포)
飢餓 기아　飢渴 기갈　虛飢 허기　飢色 기색

旣 이미 **기**　　无　11획
旣存 기존　旣約 기약　旣婚 기혼　旣往 기왕

棄 버릴 **기**　　木　12획　약 弃
遺棄 유기　廢棄 폐기　投棄 투기　棄權 기권

幾 몇 **기**　　幺　12획
幾年 기년　幾日 기일　幾何 기하　幾微 기미

那 어찌 **나:**　　邑　7획
那落 나락　那間 나간　那邊 나변　那何 나하

乃 이에 **내:**　　丿　2획
乃至 내지　乃父 내부　人乃天 인내천　終乃 종내

奈 어찌 **내/나**　　大　8획
奈何 내하　奈落 나락　莫無可奈 막무가내

惱 번뇌할 **뇌**　　心　12획　약 悩
苦惱 고뇌　惱神 뇌신　惱殺 뇌쇄　惱亂 뇌란

— 177 —

畓	논 답　　　　田 9획　　반 田(밭 전)	
	田畓 전답　　畓土 답토　　畓農 답농　　乾畓 건답	
挑	돋울 도　　　　手 9획	
	挑發 도발　　挑禍 도화　　挑戰 도전　　挑出 도출	
跳	뛸 도　　　　足 13획	
	跳躍 도약　　跳梁 도량　　高跳 고도　　跳丸 도환	
塗	칠할/진흙 도　　　　土 13획	
	塗壁 도벽　　塗炭 도탄　　塗色 도색　　塗裝 도장	
稻	벼 도　　　　禾 15획	
	晩稻 만도　　早稻 조도　　稻熱病 도열병　　陸稻 육도	
篤	도타울 독　　　　竹 16획　　동 敦(도타울 돈)	
	篤實 독실　　危篤 위독　　懇篤 간독　　篤志 독지	
豚	돼지 돈　　　　豕 11획	
	豚兒 돈아　　豚舍 돈사　　豚肉 돈육　　養豚 양돈	
敦	도타울 돈　　　　攴 12획	
	敦篤 돈독　　敦厚 돈후　　敦睦 돈목　　敦化門 돈화문	
屯	진칠 둔　　　　屮 4획	
	屯營 둔영　　屯軍 둔군　　屯防 둔방　　屯田 둔전	
鈍	둔할 둔:　　　　金 12획　　반 敏(민첩할 민)	
	遲鈍 지둔　　鈍感 둔감　　鈍器 둔기　　鈍才 둔재	

騰	오를 등 馬 20획	
	騰貴 등귀　騰落 등락　急騰 급등　暴騰 폭등	
濫	넘칠 람: 水 17획　약 滥	
	濫用 남용　濫伐 남벌　濫發 남발　濫獲 남획	
掠	노략질할 략 手 11획　동 侵(침노할 침)	
	掠奪 약탈　侵掠 침략　抄掠 초략　盜掠 도략	
諒	살펴알/믿을 량 言 15획	
	海諒 해량　諒知 양지　諒解 양해　諒察 양찰	
憐	불쌍히여길 련 心 15획	
	可憐 가련　哀憐 애련　憐惜 연석　愛憐 애련	
劣	용렬할 렬 力 6획　반 優(뛰어날 우)	
	劣等 열등　優劣 우열　劣勢 열세　卑劣 비열	
廉	청렴할/쌀 렴 广 13획	
	廉價 염가　廉恥 염치　低廉 저렴　淸廉 청렴	
獵	사냥 렵 犬 18획　약 猎	
	涉獵 섭렵　禁獵 금렵　密獵 밀렵　獵銃 엽총	
零	떨어질 령 雨 13획	
	零細 영세　零下 영하　零點 영점　零落 영락	
隷	종/서체 례: 隶 16획	
	隷書 예서　隷屬 예속　奴隷 노예　隷臣 예신	

鹿	사슴 록　　鹿　11획
	逐鹿 축록　鹿角 녹각　鹿血 녹혈　鹿骨 녹골

了	마칠 료:　　亅　2획　동 終(마칠 종)
	終了 종료　滿了 만료　修了 수료　完了 완료

僚	동료 료　　人　14획
	閣僚 각료　同僚 동료　官僚 관료　幕僚 막료

淚	눈물 루:　　水　11획
	淚管 누관　淚水 누수　催淚 최루　血淚 혈루

屢	여러 루:　　尸　14획
	屢代 누대　屢報 누보　屢次 누차　屢年 누년

梨	배 리　　木　11획
	梨雪 이설　梨園 이원　梨花 이화　梨果 이과

隣	이웃 린　　阜　15획
	善隣 선린　隣近 인근　隣邦 인방　隣接 인접

慢	게으를/거만할 만:　　心　14획　반 勤(부지런할 근)
	慢性 만성　緩慢 완만　自慢 자만　侮慢 모만

漫	흩어질 만:　　水　14획
	漫談 만담　漫畫 만화　放漫 방만　散漫 산만

忙	바쁠 망　　心　6획
	奔忙 분망　繁忙 번망　忙忙 망망　忙中閑 망중한

鹿(록) — 暮(모)

忘	잊을 망　　心 7획 忘德 망덕　難忘 난망　健忘 건망　忘恩 망은
茫	아득할 망　　艸 10획 茫漠 망막　茫茫 망망　茫洋 망양　茫然 망연
罔	없을 망　　网 8획 罔極 망극　罔測 망측　罔民 망민　罔然 망연
埋	묻을 매　　土 10획 埋沒 매몰　埋立 매립　埋伏 매복　埋藏 매장
冥	어두울 명　　冖 10획 冥想 명상　冥福 명복　幽冥 유명　冥府 명부
某	아무 모:　　木 9획 某年 모년　某月 모월　某日 모일　某處 모처
侮	업신여길 모(:)　人 9획 侮辱 모욕　受侮 수모　免侮 면모　侮蔑 모멸
冒	무릅쓸 모:　　冂 9획 冒險 모험　冒頭 모두　冒名 모명　冒進 모진
募	모을/뽑을 모　力 13획　동 集(모을 집) 募金 모금　募集 모집　公募 공모　應募 응모
暮	저물 모:　　日 15획　반 旦(아침 단) 旦暮 단모　歲暮 세모　暮改 모개　日暮 일모

3급

卯	토끼 묘: ㄗ 5획
	卯時 묘시 卯酒 묘주 卯年 묘년 乙卯 을묘

苗	모 묘: 艹 9획
	種苗 종묘 苗木 묘목 苗板 묘판 苗族 묘족

廟	사당 묘: 广 15획
	廟堂 묘당 家廟 가묘 宗廟 종묘 廟議 묘의

戊	천간 무: 戈 5획
	戊夜 무야 戊年 무년 戊午 무오 戊戌 무술

霧	안개 무: 雨 19획
	雲霧 운무 霧散 무산 煙霧 연무 霧集 무집

迷	미혹할 미(:) 辶 10획
	迷惑 미혹 迷妄 미망 迷夢 미몽 昏迷 혼미

眉	눈썹 미 目 9획
	眉壽 미수 眉間 미간 白眉 백미 眉月 미월

敏	민첩할 민 攴 11획
	銳敏 예민 敏速 민속 敏感 민감 過敏 과민

憫	불쌍히여길 민 心 15획
	憐憫 연민 不憫 불민 憫迫 민박 愛憫 애민

蜜	꿀 밀 虫 14획
	蜜蜂 밀봉 蜜語 밀어 蜜月 밀월 蜜水 밀수

泊	**머무를 박** 水 8획
	淡泊 담박 民泊 민박 宿泊 숙박 外泊 외박

返	**돌이킬 반:** 辶 8획
	返還 반환 返納 반납 返送 반송 返品 반품

叛	**배반할 반:** 又 9획
	叛徒 반도 叛軍 반군 叛旗 반기 叛亂 반란

伴	**짝 반:** 人 7획
	伴奏 반주 隨伴 수반 同伴 동반 伴偶 반우

般	**가지/일반 반** 舟 10획
	全般 전반 萬般 만반 般若 반야 一般 일반

邦	**나라 방** 邑 7획
	聯邦 연방 友邦 우방 異邦 이방 盟邦 맹방

倣	**모방할 방:** 人 10획
	模倣 모방 倣似 방사

傍	**곁 방** 人 12획
	傍觀 방관 傍系 방계 傍聽 방청 傍白 방백

杯	**잔 배** 木 8획
	乾杯 건배 苦杯 고배 祝杯 축배 杯酒 배주

飜	**번역할 번** 飛 21획
	飜譯 번역 飜案 번안 飜覆 번복 飜曲 번곡

煩	번거로울 번 火 13획
	煩雜 번잡 煩惱 번뇌 煩多 번다 煩羅 번라

辨	분별할 변: 辛 16획
	辨別 변별 辨明 변명 辨償 변상 辨濟 변제

竝	나란히 병: 立 10획 (약) 並
	竝列 병렬 竝設 병설 竝行 병행 竝立 병립

屛	병풍 병 尸 11획
	屛帳 병장 屛風 병풍 屛去 병거 屛居 병거

卜	점 복 卜 2획
	卜債 복채 卜術 복술 卜占 복점 卜居 복거

蜂	벌 봉 虫 13획
	蜂蜜 봉밀 蜂起 봉기 養蜂 양봉 蜂王 봉왕

赴	다다를 부: 走 9획
	赴任 부임 赴役 부역 赴告 부고 赴救 부구

墳	무덤 분 土 15획 (동) 墓(무덤 묘)
	墳墓 분묘 古墳 고분 封墳 봉분 墳上 분상

朋	벗 붕 月 8획 (동) 友(벗 우)
	朋黨 붕당 朋友 붕우 朋輩 붕배 朋徒 붕도

崩	무너질 붕 山 11획 (동) 壞(무너질 괴)
	崩壞 붕괴 崩落 붕락 崩御 붕어 土崩 토붕

煩(번) — 朔(삭)

賓 손 빈 　　貝 14획 　(반) 主(주인 주) 　(동) 客(손 객)
賓客 빈객　貴賓 귀빈　來賓 내빈　國賓 국빈

頻 자주 빈 　　頁 16획
頻數 빈삭　頻繁 빈번　頻度 빈도　頻發 빈발

聘 부를/사위 빙 　　耳 13획
招聘 초빙　聘母 빙모　聘父 빙부　報聘 보빙

巳 뱀 사: 　　己 3획
己巳 기사　巳時 사시　乙巳 을사　巳初 사초

似 닮을 사: 　　人 7획
類似 유사　無似 무사　近似 근사　似續 사속

捨 버릴 사: 　　手 11획 　(반) 取(취할 취)
取捨 취사　喜捨 희사　捨身 사신　用捨 용사

詐 속일 사 　　言 12획
詐取 사취　詐稱 사칭　詐僞 사위　詐計 사계

斯 이 사 　　斤 12획
斯界 사계　斯道 사도　斯文 사문　斯學 사학

賜 줄 사: 　　貝 15획
賜藥 사약　下賜 하사　厚賜 후사　賜田 사전

朔 초하루 삭 　　月 10획
朔望 삭망　朔風 삭풍　朔月 삭월　滿朔 만삭

— 185 —

祥	상서 상	示 11획
	吉祥 길상　祥運 상운　不祥 불상　祥光 상광	

嘗	맛볼 상	口 14획　약 甞
	嘗味 상미　嘗試 상시　奉嘗 봉상　未嘗不 미상불	

敍	베풀 서:	攴 11획　약 叙, 敘
	敍述 서술　敍事 서사　自敍 자서　追敍 추서	

庶	무리 서:	广 11획
	庶民 서민　庶務 서무　庶政 서정　庶子 서자	

暑	더울 서:	日 13획　반 寒(찰 한)
	炎暑 염서　避暑 피서　處暑 처서　暴暑 폭서	

誓	맹세할 서:	言 14획
	誓約 서약　盟誓 맹서　宣誓 선서　誓言 서언	

逝	갈 서:	辶 11획
	逝去 서거　急逝 급서　卒逝 졸서　逝世 서세	

昔	옛 석	日 8획　반 今(이제 금)
	今昔 금석　昔年 석년　昔日 석일　古昔 고석	

析	쪼갤 석	木 8획
	分析 분석　解析 해석　析出 석출　開析 개석	

涉	건널 섭	水 10획
	交涉 교섭　涉外 섭외　干涉 간섭　涉歷 섭력	

祥(상) — 須(수)

攝	다스릴/잡을 섭 手 21획 약 摂
	攝政 섭정　攝氏 섭씨　攝取 섭취　包攝 포섭

召	부를 소 口 5획
	召命 소명　召集 소집　召還 소환　應召 응소

昭	밝을 소 日 9획
	昭明 소명　昭詳 소상　昭著 소저　昭蘇 소소

蔬	나물 소 艸 15획
	菜蔬 채소　蔬果 소과　蔬飯 소반　蔬店 소점

騷	떠들 소 馬 20획
	騷亂 소란　騷音 소음　騷動 소동　騷氣 소기

粟	조 속 米 12획
	粟豆 속두　粟麥 속맥　粟米 속미　穀粟 곡속

誦	외울 송: 言 14획
	誦詠 송영　暗誦 암송　朗誦 낭송　愛誦 애송

囚	가둘 수 口 5획
	囚役 수역　罪囚 죄수　囚衣 수의　囚人 수인

睡	졸음 수 目 13획
	午睡 오수　寢睡 침수　睡眠 수면　坐睡 좌수

須	모름지기 수 頁 12획
	必須 필수　須眉 수미　須要 수요　須知 수지

3급

遂	드디어/이룰 수 辶 13획
	遂行 수행 未遂 미수 完遂 완수 成遂 성수

誰	누구 수 言 15획
	誰何 수하 誰某 수모

雖	비록 수 隹 17획
	雖然 수연

搜	찾을 수 手 13획
	搜査 수사 搜索 수색 搜檢 수검 搜訪 수방

孰	누구 숙 子 11획
	孰慮 숙려 孰成 숙성 孰視 숙시 孰誰 숙수

殉	따라죽을 순 歹 10획
	殉職 순직 殉敎 순교 殉國 순국 殉死 순사

循	좇을 순 彳 12획
	循環 순환 循次 순차 循吏 순리 循良 순량

脣	입술 순 肉 11획
	丹脣 단순 脣音 순음 脣頭 순두 脣舌 순설

戌	개 술 戈 6획
	戌時 술시 戌年 술년 戌日 술일 壬戌 임술

矢	화살 시: 矢 5획
	弓矢 궁시 矢服 시복 矢石 시석 矢言 시언

伸	펼 신	人 7획 (반)屈(굽힐 굴) (동)張(베풀 장)
	伸縮 신축 伸張 신장 屈伸 굴신 伸殿 신전	

辛	매울 신	辛 7획 (동)苦(쓸 고)
	辛苦 신고 辛味 신미 香辛料 향신료 辛未 신미	

晨	새벽 신	日 11획
	晨星 신성 晨明 신명 晨夕 신석 晨省 신성	

尋	찾을 심	寸 12획 (동)訪(찾을 방)
	尋訪 심방 推尋 추심 尋常 심상 尋究 심구	

餓	주릴 아:	食 16획 (동)飢(주릴 기)
	餓死 아사 餓鬼 아귀 餓殺 아살 凍餓 동아	

岳	큰산/멧부리 악	山 8획
	山岳 산악 岳氣 악기 岳母 악모 岳頭 악두	

雁	기러기 안:	隹 12획
	雁行 안행 孤雁 고안 雁書 안서 雁陣 안진	

謁	뵐 알	言 16획
	謁見 알현 拜謁 배알 謁聖 알성 請謁 청알	

押	누를 압	手 8획
	押送 압송 押留 압류 押收 압수 差押 차압	

殃	재앙 앙	歹 9획
	殃禍 앙화 災殃 재앙	

| 涯 | 물가 애 | 水 11획 |

天涯 천애 生涯 생애 涯岸 애안 涯角 애각

| 厄 | 재앙 액 | 厂 4획 |

災厄 재액 厄運 액운 厄禍 액화 厄年 액년

| 也 | 어조사 야: | 乙 3획 |

厥也 궐야 必也 필야 初也 초야 及其也 급기야

| 耶 | 어조사 야 | 耳 9획 |

有耶無耶 유야무야

| 躍 | 뛸 약 | 足 21획 |

飛躍 비약 躍動 약동 躍進 약진 活躍 활약

| 楊 | 버들 양 | 木 13획 |

楊口 양구 楊柳 양류 楊貴妃 양귀비 垂楊 수양

| 於 | 어조사 어 | 方 8획 |

於此彼 어차피 於中間 어중간

| 焉 | 어조사 언 | 火 11획 |

終焉 종언 於焉間 어언간

| 予 | 나/줄 여 | 亅 4획 |

予奪 여탈

| 汝 | 너 여: | 水 6획 |

汝輩 여배 汝等 여등

輿	수레/많을 여: 　車 17획
	輿望 여망　輿論 여론　喪輿 상여　輿地 여지

余	나 여　　　人 7획
	余等 여등　余輩 여배

閱	볼 열　　　門 15획
	閱覽 열람　檢閱 검열　査閱 사열　校閱 교열

泳	헤엄칠 영:　水 8획
	背泳 배영　水泳 수영　混泳 혼영　競泳 경영

詠	읊을 영:　言 12획　동 吟(읊을 음)
	詠歌 영가　吟詠 음영　詠誦 영송　詠唱 영창

銳	날카로울 예:　金 15획　반 鈍(둔할 둔)　동 利(날카로울 리)
	銳角 예각　銳利 예리　精銳 정예　新銳 신예

吾	나 오　　　口 7획
	吾等 오등　吾人 오인　吾兄 오형　吾輩 오배

汚	더러울 오:　水 6획
	汚染 오염　汚濁 오탁　汚辱 오욕　汚名 오명

娛	즐길 오:　女 10획
	娛樂 오락　娛遊 오유　戲娛 희오　歡娛 환오

嗚	슬플 오　　口 13획
	嗚呼 오호　嗚泣 오읍

| 傲 | 거만할 오: 人 13획 |
| | 傲氣 오기 傲慢 오만 傲視 오시 傲色 오색 |

| 翁 | 늙은이 옹 羽 10획 |
| | 翁姑 옹고 翁主 옹주 老翁 노옹 白頭翁 백두옹 |

| 擁 | 낄/안을 옹: 手 16획 |
| | 擁衛 옹위 抱擁 포옹 擁壁 옹벽 擁護 옹호 |

| 臥 | 누울 와: 臣 8획 |
| | 臥床 와상 臥席 와석 臥病 와병 臥龍 와룡 |

| 曰 | 가로 왈 曰 4획 |
| | 或曰 혹왈 一曰 일왈 曰可曰否 왈가왈부 |

| 畏 | 두려워할 외: 田 9획 |
| | 畏敬 외경 畏懼 외구 畏忌 외기 畏愼 외신 |

| 腰 | 허리 요 肉 13획 |
| | 細腰 세요 腰帶 요대 腰折 요절 腰痛 요통 |

| 搖 | 흔들 요 手 13획 |
| | 搖動 요동 動搖 동요 搖車 요거 搖亂 요란 |

| 遙 | 멀 요 辶 14획 동 遠(멀 원) |
| | 遙遠 요원 遙望 요망 遙拜 요배 遙度 요탁 |

| 庸 | 떳떳할 용 广 11획 |
| | 中庸 중용 庸劣 용렬 庸人 용인 庸拙 용졸 |

又	또 우: 又 2획
	又況 우황 一又 일우

于	어조사 우 二 3획
	于今 우금 于歸 우귀 于山國 우산국 于先 우선

尤	더욱 우 尢 4획
	尤甚 우심 尤極 우극 尤文 우문 尤物 우물

云	이를 운 二 4획
	云云 운운 云爲 운위

違	어긋날 위 辵 13획
	違背 위배 違法 위법 違憲 위헌 違反 위반

緯	씨 위 糸 15획 반 經(날 경)
	經緯 경위 緯度 위도 緯線 위선 南緯 남위

酉	닭 유 酉 7획
	酉時 유시 酉年 유년 辛酉 신유 己酉 기유

唯	오직 유 口 11획
	唯一 유일 唯獨 유독 唯諾 유락 唯物 유물

惟	생각할 유 心 11획 동 思(생각 사)
	惟獨 유독 思惟 사유 伏惟 복유 惟政 유정

愈	나을 유 心 13획
	快愈 쾌유 愈愈 유유

閏	윤달 윤: 門 12획
	閏年 윤년 閏朔 윤삭 閏位 윤위 正閏 정윤

吟	읊을 음 口 7획
	吟味 음미 吟誦 음송 吟詩 음시 愛吟 애음

泣	울 읍 水 8획
	哭泣 곡읍 泣訴 읍소 感泣 감읍 悲泣 비읍

凝	엉길 응: 冫 16획
	凝固 응고 凝滯 응체 凝結 응결 凝集 응집

矣	어조사 의 矢 7획
	矣乎 의호 汝矣島 여의도

宜	마땅 의 宀 8획 동 當(마땅 당)
	宜當 의당 便宜 편의 適宜 적의 時宜 시의

而	말이을 이 而 6획
	而立 이립 然而 연이 似而非 사이비

夷	오랑캐 이 大 6획
	東夷 동이 陵夷 능이 夷滅 이멸 夷俗 이속

姻	혼인 인 女 9획 동 婚(혼인할 혼)
	姻戚 인척 婚姻 혼인 姻家 인가 姻姪 인질

寅	범/동방 인 宀 11획
	寅時 인시 寅年 인년 寅初 인초 寅正 인정

閏(윤) — 蝶(접)

恣	방자할 **자**: 心 10획		
	恣行 자행 放恣 방자 恣意 자의 恣樂 자락		

恣 방자할 **자**: 心 10획
恣行 자행　放恣 방자　恣意 자의　恣樂 자락

玆 이 **자** 玄 10획
今玆 금자　來玆 내자

酌 술부을 **작** 酉 10획
酌定 작정　自酌 자작　參酌 참작　酌婦 작부

爵 벼슬 **작** 爪 18획
官爵 관작　爵位 작위　伯爵 백작　公爵 공작

墻 담 **장** 土 16획
墻壁 장벽　越墻 월장　短墻 단장　土墻 토장

宰 재상 **재**: 宀 10획
宰相 재상　宰割 재할　宰殺 재살　宰臣 재신

哉 어조사 **재** 口 9획
快哉 쾌재　哉生明 재생명

滴 물방울 **적** 水 14획
滴下 적하　滴露 적로　餘滴 여적　點滴 점적

竊 훔칠 **절** 穴 22획 약 窃
竊盜 절도　竊取 절취　竊念 절념　竊食 절식

蝶 나비 **접** 虫 15획
蝶泳 접영　胡蝶 호접　蝶夢 접몽　黃蝶 황접

3급

訂 바로잡을 정　　言 9획
訂正 정정　改訂 개정　校訂 교정　修訂 수정

堤 둑 제　　土 12획
堤防 제방　突堤 돌제　防波堤 방파제　防潮堤 방조제

弔 조상할 조:　　弓 4획　(반)慶(경사 경)
慶弔 경조　弔詞 조사　弔問 조문　弔喪 조상

拙 못날 졸　　手 8획　(반)巧(공교할 교)
拙劣 졸렬　拙速 졸속　拙作 졸작　巧拙 교졸

佐 도울 좌:　　人 7획
補佐 보좌　贊佐 찬좌　上佐 상좌　保佐 보좌

舟 배 주　　舟 6획
片舟 편주　舟遊 주유　舟橋 주교　舟子 주자

俊 준걸 준:　　人 9획
俊傑 준걸　俊秀 준수　俊骨 준골　俊敏 준민

遵 좇을 준:　　辵 16획
遵據 준거　遵守 준수　遵法 준법　遵用 준용

贈 줄 증　　貝 19획
贈與 증여　寄贈 기증　追贈 추증　惠贈 혜증

只 다만 지　　口 5획
但只 단지　只今 지금

訂(정) — 薦(천)

遲 더딜/늦을 지 　辶 16획 　반 速(빠를 속)
遲刻 지각　遲延 지연　遲滯 지체　遲留 지류

姪 조카 질 　女 9획 　반 叔(아재비 숙)
姪女 질녀　姪婦 질부　堂姪 당질　叔姪 숙질

懲 징계할 징 　心 19획
懲戒 징계　懲惡 징악　懲罰 징벌　懲役 징역

且 또 차: 　一 5획
況且 황차　且置 차치　且月 차월　重且大 중차대

捉 잡을 착 　手 10획 　동 捕(잡을 포)
捕捉 포착　捉去 착거　捉送 착송　捉囚 착수

慘 참혹할 참 　心 14획 　약 惨
慘敗 참패　慘狀 참상　慘變 참변　慘事 참사

慙 부끄러울 참 　心 15획
慙愧 참괴　慙悔 참회　慙慨 참개　慙德 참덕

暢 화창할 창: 　日 14획
方暢 방창　暢快 창쾌　暢達 창달　和暢 화창

斥 물리칠 척 　斤 5획
排斥 배척　斥邪 척사　斥和 척화　斥候 척후

薦 천거할 천: 　艸 17획
薦擧 천거　推薦 추천　公薦 공천　自薦 자천

3급

尖	뾰족할 첨　　　小　6획
	尖端 첨단　尖銳 첨예　尖兵 첨병　尖塔 첨탑

添	더할 첨　　　水　11획　반 削(깎을 삭)
	添削 첨삭　添加 첨가　添附 첨부　別添 별첨

妾	첩 첩　　　女　8획
	妾室 첩실　妾出 첩출　愛妾 애첩　臣妾 신첩

晴	갤 청　　　日　12획
	快晴 쾌청　晴空 청공　晴雨 청우　晴天 청천

逮	잡을 체　　　辶　12획
	逮繫 체계　逮捕 체포　連逮 연체　逮夜 체야

替	바꿀 체　　　日　12획
	交替 교체　代替 대체　移替 이체　替換 체환

遞	갈릴 체　　　辶　14획　약 逓
	遞減 체감　郵遞 우체　遞信 체신　遞增 체증

抄	뽑을 초　　　手　7획
	抄本 초본　抄略 초략　抄錄 초록　抄集 초집

秒	분초 초　　　禾　9획
	秒速 초속　秒針 초침　分秒 분초　閏秒 윤초

燭	촛불 촉　　　火　17획
	華燭 화촉　燭光 촉광　燭臺 촉대　燭淚 촉루

| 聰 | **귀밝을 총** 耳 17획 |
| | 聰氣 총기　聰明 총명　聰敏 총민　聰俊 총준 |

| 抽 | **뽑을 추** 手 8획 |
| | 抽象 추상　抽出 추출　抽拔 추발　抽身 추신 |

| 醜 | **추할 추** 酉 17획　**반** 美(아름다울 미) |
| | 醜物 추물　美醜 미추　醜惡 추악　醜雜 추잡 |

| 丑 | **소 축** 一 4획 |
| | 丑時 축시　丑年 축년　丑末 축말　丑方 축방 |

| 逐 | **쫓을 축** 辵 11획 |
| | 逐邪 축사　逐出 축출　角逐 각축　逐斥 축척 |

| 臭 | **냄새 취:** 自 10획 |
| | 惡臭 악취　體臭 체취　脫臭 탈취　口臭 구취 |

| 枕 | **베개 침:** 木 8획 |
| | 木枕 목침　高枕 고침　枕席 침석　枕上 침상 |

| 妥 | **온당할 타:** 女 7획 |
| | 妥結 타결　妥當 타당　妥協 타협　妥議 타의 |

| 墮 | **떨어질 타:** 土 15획　**약** 堕 |
| | 墮落 타락　墮淚 타루　失墮 실타　墮漏 타루 |

| 托 | **맡길 탁** 手 6획 |
| | 依托 의탁　托生 탁생　托身 탁신　假托 가탁 |

濁	흐릴 **탁** 水 16획 **반** 淸(맑을 청)
	淸濁 청탁 混濁 혼탁 鈍濁 둔탁 濁酒 탁주

濯	씻을 **탁** 水 17획 **동** 洗(씻을 세)
	洗濯 세탁 濯足 탁족

誕	낳을/거짓 **탄**: 言 14획
	誕降 탄강 誕辰 탄신 誕生 탄생 誕日 탄일

貪	탐낼 **탐** 貝 11획 **동** 慾(욕심 욕)
	貪官 탐관 貪慾 탐욕 貪食 탐식 貪色 탐색

怠	게으를 **태** 心 9획 **반** 勤(부지런할 근)
	勤怠 근태 怠慢 태만 過怠料 과태료 怠業 태업

頗	자못 **파** 頁 14획
	頗多 파다 偏頗 편파

罷	마칠 **파**: 网 15획
	罷免 파면 罷業 파업 罷場 파장 罷職 파직

播	뿌릴 **파**(:) 手 15획
	播種 파종 傳播 전파 播遷 파천 播多 파다

把	잡을 **파**: 手 7획
	把守 파수 把持 파지 劍把 검파 把手 파수

販	팔 **판** 貝 11획 **동** 賣(팔 매)
	販賣 판매 販促 판촉 街販 가판 總販 총판

貝	**조개 패:** 貝 7획
	貝類 패류　貝物 패물　貝石 패석　魚貝 어패

遍	**두루 편** 辶 13획
	普遍 보편　遍歷 편력　遍在 편재　遍散 편산

蔽	**덮을 폐:** 艹 16획
	隱蔽 은폐　蔽護 폐호　建蔽率 건폐율　蔽一言 폐일언

幣	**화폐/폐백 폐:** 巾 15획
	幣聘 폐빙　僞幣 위폐　紙幣 지폐　貨幣 화폐

抱	**안을 포:** 手 8획
	懷抱 회포　抱負 포부　抱合 포합　抱主 포주

飽	**배부를 포:** 食 14획
	飽腹 포복　暖飽 난포　飽滿 포만　飽和 포화

幅	**폭 폭** 巾 12획
	步幅 보폭　增幅 증폭　振幅 진폭　畫幅 화폭

漂	**떠다닐 표** 水 14획
	漂泊 표박　漂流 표류　浮漂 부표　漂白 표백

匹	**짝 필** 匚 4획
	配匹 배필　匹夫 필부　匹婦 필부　匹敵 필적

旱	**가물 한:** 日 7획
	旱災 한재　旱害 한해　旱熱 한열　旱天 한천

咸	다 **함** 口 9획 咸興 함흥　咸告 함고　咸氏 함씨　咸池 함지
巷	거리 **항**: 己 9획 巷間 항간　巷說 항설　巷歌 항가　巷議 항의
亥	돼지 **해** 亠 6획 亥時 해시　亥年 해년　亥末 해말　亥方 해방
該	갖출/마땅 **해** 言 13획 該當 해당　該博 해박　該地 해지　該貫 해관
奚	어찌 **해** 大 10획 奚琴 해금　奚奴 해노
享	누릴 **향**: 亠 8획 享有 향유　享樂 향락　享壽 향수　享年 향년
軒	집 **헌** 車 10획 東軒 동헌　軒燈 헌등　烏竹軒 오죽헌　軒擧 헌거
絃	줄 **현** 糸 11획 絃樂 현악　續絃 속현　管絃 관현　絶絃 절현
縣	고을 **현**: 糸 16획　(약) 県 縣監 현감　縣令 현령
嫌	싫어할 **혐** 女 13획 嫌惡 혐오　嫌畏 혐외　嫌疑 혐의　嫌忌 혐기

亨	**형통할 형**　亠 7획
	亨通 형통　亨國 형국

螢	**반딧불 형**　虫 16획　약 蛍
	螢光 형광　螢雪 형설　螢案 형안　螢窓 형창

兮	**어조사 혜**　八 4획
	~兮 ~혜　罔兮 망혜

互	**서로 호:**　二 4획　동 相(서로 상)
	相互 상호　互換 호환　互角 호각　互惠 호혜

乎	**어조사 호**　丿 5획
	斷乎 단호　確乎 확호

毫	**터럭 호**　毛 11획
	秋毫 추호　揮毫 휘호　一毫 일호　毫髮 호발

昏	**어두울 혼**　日 8획
	昏睡 혼수　黃昏 황혼　昏絶 혼절　昏亂 혼란

弘	**클/넓을 홍**　弓 5획
	弘報 홍보　弘大 홍대　弘基 홍기　弘益 홍익

鴻	**기러기 홍**　鳥 17획
	鴻雁 홍안　鴻業 홍업　鴻志 홍지　鴻恩 홍은

禾	**벼 화**　禾 5획
	禾穀 화곡　晩禾 만화　禾苗 화묘　田禾 전화

穫	거둘 **확** 禾 19획 동 收(거둘 수)
	收穫 수확 秋穫 추확

擴	넓힐 **확** 手 18획 약 拡
	擴張 확장 擴散 확산 擴大 확대 擴充 확충

丸	둥글 **환** 丶 3획
	丸藥 환약 彈丸 탄환 砲丸 포환 逸丸 일환

曉	새벽/깨달을 **효:** 日 16획
	曉星 효성 曉月 효월 曉天 효천 曉達 효달

侯	제후/임금 **후** 人 9획
	王侯 왕후 諸侯 제후 侯爵 후작 君侯 군후

毁	헐 **훼:** 殳 13획
	毁傷 훼상 毁損 훼손 毁破 훼파 毁滅 훼멸

輝	빛날 **휘** 車 15획
	光輝 광휘 輝度 휘도 輝線 휘선 輝光 휘광

携	이끌 **휴** 手 13획
	携帶 휴대 提携 제휴 携行 휴행 必携 필휴

2급 한자능력검정시험

• 배정한자 : 538자(2급 고유한자)+1817자(3급)

葛 칡 갈 艸 13획
葛藤 갈등 葛根 갈근 葛粉 갈분 葛布 갈포

憾 섭섭할 감: 心 16획 (동) 怨(원망할 원)
憾情 감정 憾怨 감원 憾悔 감회 遺憾 유감

坑 구덩이 갱 土 7획
坑儒 갱유 鋼坑 강갱 炭坑 탄갱 坑道 갱도

揭 들/걸 게: 手 12획
揭揚 게양 揭載 게재 揭示 게시 揭告 게고

憩 쉴 게: 心 16획 (동) 休(쉴 휴)/息(쉴 식)
憩息 게식 休憩 휴게 憩泊 게박 憩止 게지

雇 품팔 고 隹 12획 (동) 傭(품팔 용)
雇傭 고용 雇役 고역 解雇 해고 雇賃 고임

戈 창 과 戈 4획 (반) 干(방패 간)/盾(방패 순)
干戈 간과 戈矛 과모 戈劍 과검 戈兵 과병

瓜 오이 과 瓜 5획
破瓜 파과 瓜田 과전 瓜葛 과갈 瓜滿 과만

菓 과자/실과 과 艸 12획
菓子 과자 茶菓 다과 製菓 제과 氷菓 빙과

— 205 —

| 款 | 항목 관　　　　　欠　12획　동 項(항목 항) |
| | 借款 차관　　落款 낙관　　定款 정관　　約款 약관 |

| 傀 | 허수아비 괴(:)　　　人　12획 |
| | 傀奇 괴기　　傀儡 괴구　　傀然 괴연　　傀網 괴망 |

| 絞 | 목맬 교　　　　　糸　12획 |
| | 絞臺 교대　　絞殺 교살　　絞首 교수　　絞死 교사 |

| 僑 | 더부살이 교　　　人　14획 |
| | 僑民 교민　　僑胞 교포　　華僑 화교　　僑居 교거 |

| 膠 | 아교 교　　　　　肉　15획 |
| | 阿膠 아교　　膠着 교착　　膠漆 교칠　　膠質 교질 |

| 購 | 살 구　　　　　　貝　17획　동 買(살 매) |
| | 購買 구매　　購讀 구독　　購販 구판　　購入 구입 |

| 歐 | 구라파/칠 구　　　欠　15획　동 打(칠 타)　약 欧 |
| | 歐美 구미　　歐洲 구주　　西歐 서구　　歐刀 구도 |

| 鷗 | 갈매기 구　　　　鳥　22획　약 鴎 |
| | 白鷗 백구　　海鷗 해구　　鷗盟 구맹　　鷗汀 구정 |

| 掘 | 팔 굴　　　　　　手　11획 |
| | 盜掘 도굴　　發掘 발굴　　採掘 채굴　　掘檢 굴검 |

| 窟 | 굴 굴(:)　　　　　穴　13획　동 穴(굴 혈) |
| | 巢窟 소굴　　洞窟 동굴　　土窟 토굴　　窟居 굴거 |

— 206 —

款(관) — 潭(담)

圈	**우리 권** 　 口 11획
	野圈 야권　商圈 상권　圈內 권내　圈域 권역

闕	**대궐/빠질 궐** 　 門 18획
	宮闕 궁궐　補闕 보궐　闕內 궐내　闕然 궐연

閨	**안방 규** 　 門 14획　동房(방 방)
	閨房 규방　閨秀 규수　閨範 규범　閨中 규중

棋	**바둑/장기 기** 　 木 12획
	棋士 기사　棋局 기국　棋院 기원　棋聖 기성

濃	**짙을 농** 　 水 16획　반淡(맑을 담) 동厚(두터울 후)
	濃淡 농담　濃厚 농후　濃度 농도　濃縮 농축

尿	**오줌 뇨** 　 尸 7획
	頻尿 빈뇨　放尿 방뇨　糖尿 당뇨　排尿 배뇨

尼	**여승 니** 　 尸 5획
	僧尼 승니　仲尼 중니　印尼 인니　比丘尼 비구니

溺	**빠질 닉** 　 水 13획　동沒(빠질 몰)
	溺死 익사　沒溺 몰닉　耽溺 탐닉　溺沒 익몰

鍛	**쇠불릴 단** 　 金 17획　동鍊(단련할 련)
	鍛鍊 단련　鍛工 단공　鍛壓 단압　鍛鐵 단철

潭	**못 담** 　 水 15획　동沼(못 소)/淵(못 연)
	潭根 담근　潭淵 담연　潭陽 담양　白鹿潭 백록담

2급

膽	쓸개 담: 　　肉　17획　약 胆
	膽石 담석　膽力 담력　肝膽 간담　落膽 낙담

垈	집터 대　　　土　8획
	垈地 대지　空垈 공대　苗垈 묘대　落星垈 낙성대

戴	일 대:　　　戈　17획
	推戴 추대　戴冠 대관　負戴 부대　奉戴 봉대

悼	슬퍼할 도　　心　11획
	哀悼 애도　追悼 추도　悼惜 도석　痛悼 통도

桐	오동나무 동　　木　10획
	梧桐 오동　桐油 동유　桐君 동군　刺桐 자동

棟	마룻대 동　　木　12획
	充棟 충동　病棟 병동　棟梁 동량　棟宇 동우

謄	베낄 등　　言　17획　동 寫(베낄 사)
	謄寫 등사　謄抄 등초　謄本 등본　照謄 조등

藤	등나무 등　　艸　19획
	藤架 등가　藤柳 등류　藤梨 등리　藤床 등상

裸	벗을 라　　衣　13획
	裸麥 나맥　裸體 나체　赤裸 적나　全裸 전라

洛	물이름 락　　水　9획
	洛陽 낙양　洛誦 낙송　洛水 낙수　洛花 낙화

爛	빛날 란: 火 21획		
	爛漫 난만 爛發 난발 能爛 능란 爛開 난개		
藍	쪽 람 艹 18획 약 蓝		
	藍碧 남벽 出藍 출람 藍色 남색 靑藍 청람		
拉	끌어갈 랍 手 8획		
	拉致 납치 被拉 피랍 拉北 납북 拉殺 납살		
輛	수레 량 車 15획		
	車輛 차량		
煉	달굴 련: 火 13획		
	煉炭 연탄 煉丹 연단 煉瓦 연와 煉乳 연유		
籠	대바구니 롱(:) 竹 22획 약 篭		
	籠球 농구 籠絡 농락 籠城 농성 藥籠 약롱		
療	병고칠 료 疒 17획		
	醫療 의료 診療 진료 治療 치료 療養 요양		
硫	유황 류 石 12획		
	硫黃 유황 硫氣孔 유기공		
謬	그르칠 류(:) 言 18획 동 誤(그르칠 오)		
	誤謬 오류 糾謬 규류 謬例 유례 謬旨 유지		
摩	문지를 마 手 15획		
	摩滅 마멸 摩切 마절 摩天樓 마천루 減摩 감마		

| 魔 | 마귀 **마** 鬼 21획 동 鬼(귀신 귀) |
| | 魔鬼 마귀 魔法 마법 魔術 마술 病魔 병마 |

| 痲 | 저릴 **마** 疒 13획 |
| | 痲藥 마약 痲醉 마취 痲木 마목 脚痲 각마 |

| 膜 | 막/꺼풀 **막** 肉 15획 |
| | 筋膜 근막 角膜 각막 鼓膜 고막 結膜 결막 |

| 娩 | 낳을 **만:** 女 10획 |
| | 娩痛 만통 順娩 순만 分娩 분만 解娩 해만 |

| 灣 | 물굽이 **만** 水 25획 약 湾 |
| | 臺灣 대만 港灣 항만 灣曲 만곡 灣入 만입 |

| 蠻 | 오랑캐 **만** 虫 25획 약 蛮 |
| | 蠻夷 만이 蠻勇 만용 野蠻 야만 蠻行 만행 |

| 網 | 그물 **망** 糸 14획 |
| | 法網 법망 漁網 어망 鐵網 철망 網膜 망막 |

| 魅 | 매혹할 **매** 鬼 15획 |
| | 魅了 매료 魅惑 매혹 魅力 매력 妖魅 요매 |

| 枚 | 낱 **매** 木 8획 |
| | 枚擧 매거 枚數 매수 枚卜 매복 枚移 매이 |

| 蔑 | 업신여길 **멸** 艸 15획 |
| | 侮蔑 모멸 蔑視 멸시 輕蔑 경멸 陵蔑 능멸 |

矛	창 **모**	矛 5획 (반)盾(방패 순) (동)戈(창 과)
	矛盾 모순　矛戈 모과　霜矛 상모　戈矛 과모	
帽	모자 **모**	巾 12획
	脫帽 탈모　帽子 모자　禮帽 예모　鐵帽 철모	
沐	머리감을 **목**	水 7획 (동)浴(목욕할 욕)
	沐浴 목욕　洗沐 세목　沐髮 목발　沐露 목로	
紊	문란할/어지러울 **문:**	糸 10획 (동)亂(어지러울 란)
	紊亂 문란　紊棄 문기	
舶	큰배 **박**	舟 11획 (동)船(배 선)
	船舶 선박　舶賈 박고　舶物 박물　舶載 박재	
搬	운반할 **반**	手 13획 (동)運(운전 운)
	運搬 운반　搬入 반입　搬出 반출　搬船 반선	
紡	길쌈 **방**	糸 10획 (동)績(길쌈 적)/織(짤 직)
	紡績 방적　紡織 방직　絹紡 견방　混紡 혼방	
賠	물어줄 **배**	貝 15획
	賠償 배상　賠款 배관　賠補 배보　賠還 배환	
俳	배우 **배**	人 10획
	俳優 배우　俳歌 배가　俳唱 배창　俳體 배체	
柏	잣나무 **백**	木 9획
	冬柏 동백　松柏 송백　側柏 측백　柏峙 백치	

| 閥 | 문벌 벌　　　門 14획 |
| | 財閥 재벌　族閥 족벌　派閥 파벌　學閥 학벌 |

| 汎 | 넓을/뜰 범:　　水 6획 |
| | 汎濫 범람　汎論 범론　汎國民的 범국민적 |

| 僻 | 궁벽할 벽　　人 15획 |
| | 僻境 벽경　偏僻 편벽　僻地 벽지　窮僻 궁벽 |

| 倂 | 아우를 병:　　人 10획　동 兼(겸할 겸)/合(합할 합) |
| | 倂記 병기　倂合 병합　倂設 병설　倂行 병행 |

| 俸 | 녹 봉:　　人 10획　동 祿(녹 록) |
| | 祿俸 녹봉　俸給 봉급　減俸 감봉　薄俸 박봉 |

| 縫 | 꿰맬 봉　　糸 17획 |
| | 縫合 봉합　縫製 봉제　假縫 가봉　縫刺 봉자 |

| 膚 | 살갗 부　　肉 15획 |
| | 皮膚 피부　膚敏 부민　膚淺 부천　膚汗 부한 |

| 敷 | 펼 부(:)　　攴 15획　약 旉 |
| | 敷演 부연　敷設 부설　敷地 부지　敷衍 부연 |

| 弗 | 아닐 불　　弓 5획 |
| | 弗素 불소　弗貨 불화　一億弗 일억불 |

| 匪 | 비적/도적 비:　　匚 10획 |
| | 匪賊 비적　共匪 공비　匪徒 비도　匪席 비석 |

唆
부추길 사 口 10획
示唆 시사   教唆 교사

赦
용서할 사: 赤 11획
赦免 사면   貰赦 세사   特赦 특사   赦罪 사죄

飼
기를/먹일 사 食 14획 동養(기를 양)/育(기를 육)
飼料 사료   飼育 사육   飼畜 사축   放飼 방사

傘
우산 산 人 12획
陽傘 양산   雨傘 우산   洋傘 양산   傘下 산하

酸
실 산 酉 14획
辛酸 신산   酸素 산소   鹽酸 염산   乳酸菌 유산균

蔘
삼 삼 艸 15획
乾蔘 건삼   紅蔘 홍삼   水蔘 수삼   白蔘 백삼

插
꽂을/끼울 삽 手 12획 약挿
插架 삽가   插入 삽입   插畫 삽화   插話 삽화

箱
상자 상 竹 15획
箱子 상자   箱籠 상롱   蜂箱 봉상   魂箱 혼상

瑞
상서로울 서: 玉 13획 동祥(상서 상)
祥瑞 상서   慶瑞 경서   靈瑞 영서   徵瑞 징서

碩
클 석 石 14획
碩學 석학   碩德 석덕   碩士 석사   碩師 석사

| 繕 | 기울 선: 糸 18획 |
| | 修繕 수선 繕補 선보 繕營 선영 繕造 선조 |

| 纖 | 가늘 섬 糸 23획 통 細(가늘 세) 약 繊 |
| | 纖細 섬세 纖維 섬유 化纖 화섬 纖巧 섬교 |

| 貰 | 세놓을 세: 貝 12획 |
| | 專貰 전세 月貰 월세 貰房 셋방/세방(×) |

| 紹 | 이을 소 糸 11획 통 絕(끊을 절) |
| | 紹介 소개 紹繼 소계 紹承 소승 紹志 소지 |

| 盾 | 방패 순 目 9획 |
| | 盾戈 순과 盾鼻 순비 圓盾 원순 戈盾 과순 |

| 升 | 되/오를 승 十 4획 |
| | 升降 승강 升騰 승등 升遷 승천 升啓 승계 |

| 屍 | 주검 시: 尸 9획 |
| | 屍體 시체 屍身 시신 屍室 시실 檢屍 검시 |

| 殖 | 불릴 식 歹 12획 |
| | 殖産 식산 播殖 파식 繁殖 번식 利殖 이식 |

| 紳 | 띠 신: 糸 11획 |
| | 紳士 신사 紳商 신상 高紳 고신 貴紳 귀신 |

| 腎 | 콩팥 신: 肉 12획 약 肾 |
| | 腎臟 신장 腎腸 신장 腎虛 신허 補腎 보신 |

繕(선) ― 穩(온)

握	쥘 **악** 　　手 12획	
	把握 파악　　握手 악수　　掌握 장악　　握卷 악권	

癌	암 **암**: 　　疒 17획	
	肺癌 폐암　　肝癌 간암　　胃癌 위암　　抗癌 항암	

礙	거리낄 **애** 　　石 19획	
	障礙 장애　　拘礙 구애　　妨礙 방애　　沮礙 저애	

惹	이끌 **야**: 　　心 13획	
	惹起 야기　　惹端 야단　　惹出 야출	

孃	아가씨 **양** 　　女 20획　**약** 嬢	
	金孃 김양　　老孃 노양　　野孃 야양　　令孃 영양	

硯	벼루 **연**: 　　石 12획	
	硯滴 연적　　硯蓋 연개　　硯臺 연대　　硯池 연지	

厭	싫어할 **염**: 　　厂 14획	
	厭症 염증　　嫌厭 혐염　　厭世 염세　　厭惡 염오	

預	맡길/미리 **예**: 　　頁 13획	
	預金 예금　　預置 예치　　預託 예탁　　預度 예탁	

梧	오동나무 **오** 　　木 11획　**동** 桐(오동나무 동)	
	梧葉 오엽　　梧右 오우　　梧月 오월　　梧下 오하	

穩	편안할 **온**: 　　禾 19획　**동** 全(온전 전)	
	穩健 온건　　穩當 온당　　穩全 온전　　平穩 평온	

2급

歪	기울 왜/외	止 9획

歪曲 왜곡　歪力 왜력　歪形 왜형　舌歪 설왜

妖	요사할 요	女 7획

妖怪 요괴　妖鬼 요귀　妖妄 요망　妖邪 요사

傭	품팔 용	人 13획

傭兵 용병　傭役 용역　傭賃 용임　日傭 일용

熔	녹을 용	火 14획

熔巖 용암　熔解 용해　熔鑛 용광　熔融 용융

鬱	답답할 울	鬯 29획　약 欝

抑鬱 억울　鬱蒼 울창　憂鬱 우울　鬱憤 울분

苑	나라동산 원	艸 9획

祕苑 비원　池苑 지원　筆苑 필원　內苑 내원

尉	벼슬 위	寸 11획

尉官 위관　少尉 소위　大尉 대위　准尉 준위

融	녹을 융	虫 16획

融液 융액　融資 융자　融通 융통　融合 융합

貳	두 이:	貝 12획　약 弍, 弐

貳極 이극　貳臣 이신　貳心 이심　壹貳參 일이삼

刃	칼날 인	刀 3획

自刃 자인　刃傷 인상　兵刃 병인　銳刃 예인

壹	**한 일** 士 12획 약 壱
	壹萬 일만 壹千 일천 壹是 일시 壹意 일의

妊	**아이밸 임:** 女 7획
	妊婦 임부 避妊 피임 懷妊 회임 妊産 임산

磁	**자석 자** 石 14획
	磁極 자극 磁性 자성 電磁 전자 磁針 자침

諮	**물을 자:** 言 16획 동 問(물을 문)
	諮謀 자모 諮問 자문 諮決 자결 諮議 자의

雌	**암컷 자** 隹 13획 반 雄(수컷 웅)
	雌雄 자웅 雌性 자성 雌伏 자복 雌犬 자견

蠶	**누에 잠** 虫 24획 약 蚕
	蠶食 잠식 蠶室 잠실 養蠶 양잠 蠶農 잠농

沮	**막을 저:** 水 8획
	沮喪 저상 沮害 저해 沮止 저지 沮澤 저택

呈	**드릴 정** 口 7획
	贈呈 증정 獻呈 헌정 呈露 정로 謹呈 근정

艇	**거룻배 정** 舟 13획
	輕艇 경정 競艇 경정 快速艇 쾌속정 救命艇 구명정

偵	**염탐할 정** 人 11획 동 探(찾을 탐)
	偵察 정찰 偵探 정탐 密偵 밀정 探偵 탐정

| 劑 | 약제 제 | 刀 16획 약 剤 |
| | 洗劑 세제 藥劑 약제 湯劑 탕제 調劑 조제 |

| 措 | 둘 조 | 手 11획 |
| | 措置 조치 措處 조처 措辭 조사 措語 조어 |

| 釣 | 낚시 조: | 金 11획 |
| | 釣針 조침 釣魚 조어 釣臺 조대 釣戶 조호 |

| 彫 | 새길 조 | 彡 11획 동 刻(새길 각) |
| | 彫琢 조탁 彫刻 조각 彫飾 조식 浮彫 부조 |

| 綜 | 모을 종 | 糸 14획 반 析(쪼갤 석) 동 合(합할 합) |
| | 綜合 종합 綜覽 종람 綜務 종무 綜析 종석 |

| 駐 | 머무를 주: | 馬 15획 동 留(머무를 류) |
| | 駐屯 주둔 駐在 주재 常駐 상주 駐車 주차 |

| 准 | 비준 준: | 冫 10획 |
| | 批准 비준 准將 준장 認准 인준 准可 준거 |

| 旨 | 뜻 지 | 日 6획 동 意(뜻 의) |
| | 敎旨 교지 論旨 논지 要旨 요지 趣旨 취지 |

| 脂 | 기름 지 | 肉 10획 동 油(기름 유) |
| | 脂質 지질 油脂 유지 乳脂 유지 脫脂 탈지 |

| 津 | 나루 진(:) | 水 9획 |
| | 津液 진액 松津 송진 天津 천진 港津 항진 |

診 | 진찰할 진 | 言 12획
診斷 진단　診脈 진맥　診察 진찰　檢診 검진

塵 | 티끌 진 | 土 14획
塵埃 진애　落塵 낙진　粉塵 분진　沙塵 사진

窒 | 막힐 질 | 穴 11획　동塞(막힐 색)
窒塞 질색　窒息 질식　窒素 질소　窒死 질사

輯 | 모을 집 | 車 16획
編輯 편집　特輯 특집　輯錄 집록　輯成 집성

遮 | 가릴 차(:) | 辶 15획
遮莫 차막　遮光 차광　遮斷 차단　遮陽 차양

餐 | 밥/먹을 찬 | 食 16획　동飯(밥 반)
晚餐 만찬　午餐 오찬　朝餐 조찬　聖餐 성찬

札 | 편지 찰 | 木 5획
書札 서찰　落札 낙찰　流札 유찰　應札 응찰

刹 | 절 찰 | 刀 9획
寺刹 사찰　刹那 찰나　古刹 고찰　名刹 명찰

斬 | 벨/매우 참(:) | 斤 11획
斬新 참신　斬殺 참살　斬刑 참형　處斬 처참

滄 | 찰/푸를 창 | 水 13획　동浪(물결 랑)
滄浪 창랑　滄江 창강　滄茫 창망　滄海 창해

彰	드러날 창: 彡 14획
	表彰 표창 彰德 창덕 彰明 창명 彰著 창저

悽	슬퍼할 처: 心 11획 동 慘(참혹할 참)
	悽絶 처절 悽慘 처참 悽戀 처련 悽然 처연

隻	외짝 척 隹 10획
	隻步 척보 隻眼 척안 隻句 척구 隻身 척신

撤	거둘 철 手 15획 동 收(거둘 수)
	撤收 철수 撤廢 철폐 撤回 철회 撤去 철거

諜	염탐할 첩 言 16획
	間諜 간첩 諜者 첩자 諜報 첩보 防諜 방첩

締	맺을 체 糸 15획 동 結(맺을 결)
	締結 체결 締約 체약 締構 체구 締盟 체맹

哨	망볼 초 口 10획
	哨所 초소 步哨 보초 哨戒 초계 哨兵 초병

焦	탈/그을릴 초 火 12획
	焦燥 초조 焦點 초점 焦眉 초미 焦勞 초로

趨	달아날 추 走 17획
	趨勢 추세 歸趨 귀추 趨進 추진 趨向 추향

軸	굴대 축 車 12획
	主軸 주축 地軸 지축 回轉軸 회전축 車軸 차축

蹴 | 찰 축 | 足 19획
蹴球 축구   先蹴 선축   始蹴 시축   一蹴 일축

衷 | 속마음 충 | 衣 10획
苦衷 고충   折衷 절충   衷情 충정   衷心 충심

炊 | 불땔 취: | 火 8획
炊事 취사   自炊 자취   炊飯 취반   炊婦 취부

託 | 부탁할 탁 | 言 10획
託宣 탁선   結託 결탁   依託 의탁   預託 예탁

琢 | 다듬을 탁 | 玉 12획
琢磨 탁마   琢器 탁기   琢玉 탁옥   抽琢 추탁

胎 | 아이밸 태 | 肉 9획
胎夢 태몽   胎盤 태반   奪胎 탈태   胎兒 태아

颱 | 태풍 태 | 風 14획
颱風 태풍

霸 | 으뜸 패: | 雨 21획
霸王 패왕   霸權 패권   制霸 제패   爭霸 쟁패

坪 | 넓이단위 평 | 土 8획
坪數 평수   建坪 건평

怖 | 두려워할 포: | 心 8획   동 懼(두려워할 구)
恐怖 공포   怖苦 포고   怖懼 포구   怖畏 포외

抛
던질 **포**: 手 8획 (동)棄(버릴 기)
抛棄 포기 抛車 포거 抛物線 포물선 抛置 포치

鋪
펼/가게 **포** 金 15획
店鋪 점포 鋪道 포도 鋪裝 포장 鋪陳 포진

虐
모질/사나울 **학** 虍 9획
虐待 학대 虐殺 학살 殘虐 잔학 虐政 학정

翰
편지 **한**: 羽 16획
書翰 서한 翰池 한지 翰林 한림 翰札 한찰

艦
큰배 **함**: 舟 20획 (동)船(배 선) (약)艦
艦隊 함대 艦船 함선 潛水艦 잠수함 艦艇 함정

弦
활시위 **현** 弓 8획
上弦 상현 下弦 하현 弦管 현관 弦琴 현금

峽
골짜기 **협** 山 10획 (동)谷(골 곡) (약)峡
峽谷 협곡 峽雨 협우 海峽 해협 峽路 협로

型
모형 **형** 土 9획
鑄型 주형 模型 모형 原型 원형 類型 유형

濠
호주 **호** 水 17획
濠洲 호주 濠橋 호교 外濠 외호 空濠 공호

酷
심할 **혹** 酉 14획
酷毒 혹독 冷酷 냉혹 酷寒 혹한 慘酷 참혹

抛(포) — 姬(희)

靴
신 화   革 13획
軍靴 군화   製靴 제화   短靴 단화   洋靴 양화

幻
헛보일 환: 幺 4획
幻影 환영   幻滅 환멸   幻想 환상   幻廳 환청

滑
미끄러울 활/익살스러울 골   水 13획
滑降 활강   圓滑 원활   滑走 활주   潤滑 윤활

廻
돌 회   廴 9획
巡廻 순회   輪廻 윤회   廻顧 회고   廻避 회피

喉
목구멍 후   口 12획
喉頭 후두   喉門 후문   喉舌 후설   喉音 후음

勳
공 훈   力 16획   (동) 功(공 공)
勳爵 훈작   勳章 훈장   功勳 공훈   勳階 훈계

熙
빛날 희   火 13획
熙笑 희소   熙隆 희륭   熙怡 희이   光熙門 광희문

噫
한숨쉴 희   口 16획
噫嗚 희오   噫乎 희호   歎噫 탄희

姬
계집 희   女 9획
舞姬 무희   美姬 미희   姬娘 희랑   姬妾 희첩

2급

2급 성명·지명용 한자 350자

伽 절 **가**　　人　7획
伽倻 가야　伽藍 가람　伽倻琴 가야금　僧伽 승가

柯 가지 **가**　　木　9획　동 條(가지 조)
柯葉 가엽　柯條 가조　交柯 교가　庭柯 정가

軻 수레/사람이름 **가**　車　12획
孟軻 맹가　丘軻 구가

賈 성 **가**/장사 **고**　貝　13획
賈島 가도　賈傅 가부　賈船 고선　賈人 고인

迦 부처이름 **가**　辶　9획
迦葉 가섭　釋迦 석가　迦維 가유　迦藍 가람

珏 쌍옥 **각**　　玉　9획

杆 몽둥이 **간**　木　7획
杆太 간태　欄杆 난간　杆城邑 간성읍

艮 괘이름/머무를 **간**　艮　6획　동 止(그칠 지)
艮峴 간현　艮方 간방　艮坐 간좌　艮止 간지

鞨 오랑캐이름 **갈**　革　18획
靺鞨 말갈

邯	사람이름 감/조나라 서울 한　邑　8획	
	邯鄲 한단　姜邯贊 강감찬	
岬	곶(串) 갑　山　8획	
	岬寺 갑사　岬角 갑각	
鉀	갑옷 갑　金　13획	
	被鉀 피갑　皮鉀 피갑	
姜	성(姓) 강　女　9획	
	姜希顔 강희안　姜太公 강태공	
彊	굳셀 강　弓　16획	
	屈彊 굴강　力彊 역강	
疆	지경 강　田　19획　동 境(지경 경)/界(지경 계)	
	疆域 강역　疆宇 강우　無疆 무강　新疆省 신강성	
岡	산등성이 강　山　8획	
	福岡 복강　岡阜 강부　岡陵 강릉　高岡 고강	
崗	언덕 강　山　11획	
	花崗岩 화강암　※岡(강)의 俗字	
价	클 개:　人　6획	
	价人 개인　使价 사개　价川郡 개천군	
塏	높은 땅 개:　土　13획	
	李塏 이개　塏塏 개개　勝塏 승개	

2급

鍵
열쇠/자물쇠 건: 金 17획 동 關(문빗장 관)
關鍵 관건   施鍵 시건   鍵盤 건반   鍵閉 건폐

杰
뛰어날 걸 木 8획
※ 傑(걸)의 俗字

桀
하왕이름 걸 木 10획
桀紂 걸주   夏桀 하걸   桀步 걸보   桀俊 걸준

甄
질그릇 견 瓦 14획 동 陶(질그릇 도)
甄萱 견훤   甄陶 견도   甄拔 견발   甄工 견공

炅
빛날 경 火 8획
炅烈 경렬   寒炅 한경

儆
경계할 경: 人 15획 동 戒(경계할 계)
儆戒 경계   儆備 경비

璟
옥빛 경: 玉 16획
宋璟 송경

瓊
구슬 경: 玉 19획 동 玉(구슬 옥)
瓊姿 경자   瓊團 경단   瓊館 경관   瓊玉 경옥

皐
언덕 고 白 11획 약 皋
皐鼓 고고   皐陶 고요   皐蘭寺 고란사   皐復 고복

串
땅이름 곶/꿸 관 | 7획
親串 친관   甲串 갑곶   長山串 장산곶   石串洞 석관동

— 226 —

琯	옥피리 **관**　玉　12획 玉琯 옥관
槐	회화나무 **괴**　木　14획 槐山 괴산　槐田 괴전　槐位 괴위　槐亭 괴정
邱	언덕 **구**　邑　8획 大邱 대구　邱濬 구준　杜邱 두구
玖	옥돌 **구**　玉　7획 李玖 이구　瓊玖 경구
鞠	성/국문할 **국**　革　17획 鞠育 국육　鞠塵 국진　鞠問 국문　蹴鞠 축국
圭	서옥/쌍토 **규**　土　6획 圭角 규각　圭表 규표　圭田 규전　刀圭 도규
奎	별 **규**　大　9획 奎星 규성　任奎 임규　奎章閣 규장각　李奎報 이규보
揆	헤아릴 **규**　手　12획　**동** 度(헤아릴 탁) 揆度 규탁　揆敍 규서　一揆 일규　揆策 규책
珪	홀 **규**　玉　10획 珪石 규석　珪璋 규장　趙英珪 조영규　夏珪 하규
槿	무궁화 **근:**　木　15획 槿域 근역　槿花 근화

瑾 아름다운옥 근: 玉 15획
細瑾 세근　　懷瑾 회근

兢 떨릴 긍: 儿 14획
兢戒 긍계　兢懼 긍구　戰兢 전긍　兢畏 긍외

冀 바랄 기 八 16획 동望(바랄 망)/願(원할 원)
冀願 기원　冀圖 기도　冀望 기망　冀州 기주

岐 갈림길 기 山 7획
岐路 기로　燕岐 연기　分岐 분기　多岐 다기

淇 물이름 기 水 11획
淇水 기수　淇河 기하

琦 옥이름 기 玉 12획
琦行 기행　琦辭 기사　宋相琦 송상기　田琦 전기

琪 아름다운 옥 기 玉 12획
琪樹 기수　琪花 기화

璣 구슬 기 玉 16획
珠璣 주기　璣衡 기형

箕 키 기 竹 14획
箕子 기자　箕準 기준　箕子朝鮮 기자조선

耆 늙은이 기 老 10획 동老(늙을 로)
耆老 기로　耆蒙 기몽　耆年 기년　耆儒 기유

— 228 —

騏	준마 **기** 馬 18획
	騏驥 기기　騏麟 기린

麒	기린 **기** 鹿 19획　동麟(기린 린)
	麒麟 기린　麒麟兒 기린아

沂	물이름 **기** 水 7획
	沂水 기수　沂河 기하

驥	천리마 **기** 馬 27획
	驥尾 기미　驥馬 기마　鄭尙驥 정상기　驥足 기족

湍	여울 **단** 水 12획
	湍怒 단노　湍流 단류　湍水 단수　湍深 단심

塘	못 **당** 土 13획
	盆塘 분당　塘池 당지　龍塘 용당　金塘寺 금당사

悳	큰 **덕** 心 12획
	※德의 古字

燾	비칠 **도** 火 18획　약焘
	燾育 도육　燾載 도재

惇	도타울 **돈** 心 11획
	惇敍 돈서　惇惠 돈혜　惇德 돈덕　惇信 돈신

燉	불빛 **돈** 火 16획

頓	조아릴 돈: 　　　頁　13획
	異次頓 이차돈　頓舍 돈사　頓悟 돈오　頓然 돈연

乭	이름 돌 　　　　　乙　6획
	孫乭 손돌　申乭石 신돌석

董	바를 동: 　　　　艸　13획　동 正(바를 정)
	董督 동독　董卓 동탁　骨董 골동　董役 동역

杜	막을 두　　　　　木　7획
	杜甫 두보　杜詩 두시　杜牧 두목　錢杜 전두

鄧	나라이름 등: 　　　邑　15획
	鄧小平 등소평　鄧艾 등애

萊	명아주 래 　　　　艸　12획
	東萊 동래　萊蒸 내증　老萊子 노래자　萊婦 내부

亮	밝을 량　　　　　亠　9획
	諸葛亮 제갈량　淸亮 청량　亮察 양찰　亮許 양허

樑	들보 량　　　　　木　15획
	※ 梁의 俗字

呂	성씨/법칙 려: 　　　口　7획
	呂運亨 여운형　呂尙 여상　呂律 여율　呂后 여후

廬	농막집 려　　　　广　19획　약 庐
	廬幕 여막　廬山 여산　廬舍 여사　草廬 초려

驪	검은말 려/검은말 리　　馬　29획
	驪州 여주　　驪姬 여희　　驪龍 이룡　　驪珠 이주

礪	숫돌 려:　　　　　　石　20획
	礪山 여산　　礪石 여석　　礪行 여행　　磨礪 마려

漣	잔물결 련　　　　　水　14획　동 波(물결 파)
	漣川 연천　　漣落 연락　　細漣 세련　　漣漣 연련

濂	물이름 렴　　　　　水　16획
	濂溪 염계　　宋奎濂 송규렴

玲	옥소리 령　　　　　玉　9획
	玲玲 영령

醴	단술 례:　　　　　酉　20획
	醴泉 예천　　醴酒 예주　　甘醴 감례　　酒醴 주례

魯	노나라 로　　　　　魚　15획
	魯迅 노신　　魯鈍 노둔　　魯谷 노곡　　魯院 노원

盧	성 로　　　　　　皿　16획
	盧天命 노천명　　盧布 노포

蘆	갈대 로　　　　　艹　20획
	蘆原 노원　　蘆笛 노적　　蘆邊 노변

鷺	해오라기/백로 로　　鳥　23획
	鷺梁津 노량진　　鷺羽 노우　　鷺鷗 노구　　白鷺 백로

遼	멀 료 　　　　　走 16획　동遠(멀 원)
	遼東 요동　遼隔 요격　遼寧 요령　遼遠 요원

劉	죽일 류　　　　　刀 15획
	劉備 유비　劉邦 유방　劉向 유향　劉項 유항

崙	산이름 륜　　　　山 11획
	崑崙山 곤륜산　河崙 하륜

楞	네모질 릉　　　　木 13획
	楞嚴經 능엄경　楞角 능각

麟	기린 린　　　　　鹿 23획
	麟經 인경　麟孫 인손　玉麟夢 옥린몽　麟角寺 인각사

靺	말갈족 말　　　　革 14획
	靺鞨 말갈

貊	맥국 맥　　　　　豸 13획
	貊族 맥족　九貊 구맥　蠻貊 만맥

覓	찾을 멱　　　　　見 11획　동索(찾을 색)　약覔
	覓得 멱득　覓來 멱래　木覓山 목멱산

冕	면류관 면:　　　　冂 11획
	冕服 면복　冠冕 관면

沔	물이름 면:　　　　水 7획
	沔川 면천　沔水 면수

俛	구푸릴 면: 人 9획 (반)仰(우러를 앙)	俛仰亭 면앙정 俛勉 면면 俛仰 면앙
牟	성/보리 모 牛 6획 (동)麥(보리 맥)	牟利 모리 牟然 모연 牟尼 모니 牟食 모식
茅	띠 모 艸 9획	茅屋 모옥 茅廬 모려 茅草 모초 茅軒 모헌
謨	꾀 모 言 18획	謨訓 모훈 鬼謨 귀모 洪義謨 홍의모
穆	화목할 목 禾 16획	仁穆大妃 인목대비 穆公 목공 穆宗 목종
昴	별이름 묘: 日 9획	昴宿 묘수 昴畢 묘필
汶	물이름 문 水 7획	汶山 문산 汶水 문수 龍汶 용문
彌	미륵/오랠 미 弓 17획 (동)久(오랠 구)	彌阿里 미아리 彌滿 미만 都彌 도미
旻	하늘 민 日 8획 (동)天(하늘 천)	旻天 민천 蒼旻 창민
旼	화할 민 日 8획	

2급

| 玟 | 아름다운돌 민　　玉　8획 |

| 珉 | 옥돌 민　　玉　9획
刻珉 각민　　徐珉濠 서민호 |

| 閔 | 성 민　　門　12획
閔泳煥 민영환　　閔妃 민비　　閔哀王 민애왕 |

| 磻 | 반계 반/번　　石　17획
磻溪 반계　　碌磻洞 녹번동 |

| 潘 | 성/뜨물 반　　水　15획
潘沐 반목　　潘岳 반악 |

| 鉢 | 바리때 발　　金　13획
佛鉢 불발　　托鉢 탁발　　衣鉢 의발　　內鉢山 내발산 |

| 渤 | 바다이름 발　　水　12획
渤海 발해 |

| 旁 | 곁 방:　　方　10획
旁求 방구　　旁註 방주　　旁系 방계　　旁國 방국 |

| 龐 | 높은집 방　　龍　19획
龐錯 방착　　龐統 방통 |

| 裵 | 성 배　　衣　14획
裵克廉 배극렴　　裵度 배도 |

성명・지명용 한자 : 玫(민) — 甫(보)

筏	뗏목 **벌** 竹 12획	
	筏橋 벌교　筏夫 벌부	
范	성 **범**: 艸 9획	
	范鎔 범용　范增 범증	
卞	성/조급할 **변**: 卜 4획	
	卞季良 변계량　卞急 변급	
弁	고깔 **변**: 廾 5획	
	弁韓 변한　弁冕 변면	
昞	밝을 **병**: 日 9획	
	※昺과 同字	
昺	밝을 **병**: 日 9획	
	※昞과 同字	
柄	자루 **병**: 木 9획	
	柄用 병용　柄授 병수　斗柄 두병　權柄 권병	
炳	불꽃 **병**: 火 9획	
	炳淵 병연　炳燭 병촉　趙炳玉 조병옥	
秉	잡을 **병**: 禾 8획	
	秉權 병권　秉政 병정　孫秉熙 손병희	
甫	클 **보**: 用 7획	
	甫甫 보보　皇甫仁 황보인　徐日甫 서왈보	

漢字	訓音	部首/획수	용례
潽	물이름 보:	水 15획	尹潽善 윤보선
輔	도울 보:	車 14획 동助(도울 조)	輔弼 보필 輔佐 보좌 輔翊 보익 輔相 보상
馥	향기 복	香 18획	馥郁 복욱 馥氣 복기
蓬	쑥 봉	艸 15획	蓬萊山 봉래산 蓬艾 봉애 蓬頭 봉두
阜	언덕 부:	阜 8획	曲阜 곡부 阜康 부강 高阜 고부 丘阜 구부
釜	가마 부	金 10획	釜山 부산 釜庾 부유
傅	스승 부:	人 12획	太傅 태부 師傅 사부 傅佐 부좌 傅說 부열
芬	향기 분	艸 8획 동香(향기 향)	芬皇寺 분황사 芬香 분향 芬蘭 분란
鵬	새 붕	鳥 19획	鵬鳥 붕조 鵬翼 붕익 鵬擧 붕거 周世鵬 주세붕
丕	클 비	一 5획	丕祚 비조 丕顯 비현 丕圖 비도 丕業 비업

성명·지명용 한자 : 潽(보) ― 瑄(선)

毖
도울 비   比 9획
毗盧峯 비로봉   毗益 비익   毗翼 비익   毗補 비보

毖
삼갈 비   比 9획
懲毖錄 징비록   毖勞 비로

彬
빛날 빈   彡 11획
彬彬 빈빈   彬蔚 빈울

泗
물이름 사: 水 8획
泗川 사천   泗上 사상   泗水 사수   泗河 사하

庠
학교 상   广 9획   동 校(학교 교)
庠序 상서   庠校 상교

舒
펼 서: 舌 12획
舒川 서천   舒懷 서회   舒緩 서완   舒情 서정

奭
클/쌍백 석   大 15획
李範奭 이범석   洪奭周 홍석주

晳
밝을 석   日 12획
明晳 명석

錫
주석 석   金 16획
朱錫 주석   錫鑛 석광   宋錫夏 송석하   池錫永 지석영

瑄
도리옥 선   玉 13획
薛瑄 설선

璇
옥 **선**　　玉　15획
璇室 선실　璇珠 선주

璿
옥 **선**　　玉　18획
璿宮 선궁　璿璣 선기　宋秉璿 송병선

卨
사람이름 **설**　卜　11획
李相卨 이상설

薛
성/대쑥 **설**　艸　17획
薛聰 설총　薛景成 설경성　薛仁貴 설인귀

陝
땅이름 **섬**　阜　10획
陝西省 섬서성　陝輸 섬수

蟾
두꺼비 **섬**　虫　19획
蟾蛇 섬사　玉蟾 옥섬　蟾津江 섬진강

暹
햇살 오를/나라이름 **섬**　日　16획
暹羅 섬라

燮
불꽃 **섭**　　火　17획　**약** 変
燮理 섭리　鄭燮 정섭　李仲燮 이중섭

晟
밝을 **성**　　日　11획

巢
새집 **소**　　巛　11획
巢窟 소굴　巢居 소거　黃巢 황소　卵巢 난소

— 238 —

성명・지명용 한자 : 璇(선) — 舜(순)

沼 못 소　　水　8획
德沼 덕소　沼澤 소택　九沼 구소　沼上 소상

邵 성/땅이름 소　　邑　8획
邵雍 소옹　邵康節 소강절

宋 성/송나라 송:　　宀　7획
宋時烈 송시열　北宋 북송　宋學 송학　南宋 남송

洙 물가 수　　水　9획
洙水 수수　洙泗 수사　洙泗學 수사학　鄭春洙 정춘수

銖 저울눈 수　　金　14획
銖兩 수량　銖分 수분

隋 수나라 수　　阜　12획
隋文帝 수문제　隋苑 수원

洵 참으로 순　　水　9획

淳 순박할 순　　水　11획
淳朴 순박　淳昌 순창　陳淳 진순　洪淳學 홍순학

珣 옥이름 순　　玉　10획

舜 순임금 순　　舛　12획
李舜臣 이순신　舜禹 순우　孫舜孝 손순효

2급

| 荀 | 풀이름 순 艹 10획 |
| | 荀子 순자   荀況 순황 |

| 瑟 | 큰거문고 슬 玉 13획 |
| | 琴瑟 금슬   膠瑟 교슬 |

| 繩 | 노끈/줄 승 糸 19획 |
| | 沖繩 충승   繩戲 승희   捕繩 포승   繩墨 승묵 |

| 柴 | 섶 시: 木 9획 |
| | 柴毀 시훼   柴木 시목   柴門 시문   柴草 시초 |

| 湜 | 물맑을 식 水 12획 |
| | 湜湜 식식   清湜 청식 |

| 軾 | 수레가로나무 식 車 13획 |
| | 蘇軾 소식   伏軾 복식   金富軾 김부식 |

| 瀋 | 즙/물이름 심: 水 18획 |
| | 瀋陽 심양   墨瀋 묵심 |

| 閼 | 막을 알 門 16획 |
| | 閼英 알영   閼塞 알색   金閼智 김알지 |

| 鴨 | 오리 압 鳥 16획 |
| | 鴨爐 압로   鴨村 압촌   鴨綠江 압록강   雁鴨池 안압지 |

| 埃 | 티끌 애 土 10획 |
| | 埃及 애급   埃塵 애진   埃滅 애멸   黃埃 황애 |

성명·지명용 한자: 荀(순) — 暎(영)

| 艾 | 쑥 애 | 艸 6획 |
| | 艾年 애년 艾葉 애엽 艾老 애노 蘭艾 난애 |

| 倻 | 가야 야 | 人 11획 |
| | 伽倻山 가야산 倻溪集 야계집 |

| 襄 | 도울 양: | 衣 17획 |
| | 襄陽 양양 襄岸 양안 趙襄子 조양자 |

| 彦 | 선비 언: | 彡 9획 |
| | 李彦迪 이언적 彦士 언사 彦聖 언성 |

| 姸 | 고울 연: | 女 9획 동 麗(고울 려) |
| | 姸人 연인 姸華 연화 姸麗 연려 姸粧 연장 |

| 淵 | 못 연 | 水 14획 동 潭(못 담) 약 渊 |
| | 淵蓋蘇文 연개소문 淵谷 연곡 陶淵明 도연명 |

| 衍 | 넓을 연: | 行 9획 |
| | 衍衍 연연 衍盈 연영 紛衍 분연 衍字 연자 |

| 閻 | 마을 염 | 門 16획 |
| | 閻羅大王 염라대왕 閻浮 염부 |

| 燁 | 빛날 엽 | 火 16획 |
| | 燁燁 엽엽 燁然 엽연 |

| 暎 | 비칠 영: | 日 13획 |
| | ※映과 同字 |

2급

瑛	옥빛 **영**　　　　　玉　13획
	赤瑛 적영　　藍瑛 남영

盈	찰 **영**　　　　　皿　9획　（반）虛(빌 허)　（동）滿(찰 만)
	盈德 영덕　　盈滿 영만　　盈月 영월　　盈虛 영허

瑩	옥돌 **영**/밝을 **형**　玉　15획
	崔瑩 최영　　瑩然 영연　　瑩鏡 영경　　未瑩 미형

芮	성 **예**:　　　　　艸　8획
	芮芮 예예

睿	슬기 **예**:　　　　目　14획
	睿宗 예종　　睿旨 예지　　司馬睿 사마예　　睿智 예지

濊	종족이름 **예**:　　水　16획
	濊貊 예맥　　東濊 동예

吳	성/나라 **오**　　　口　7획
	吳世昌 오세창　　吳兒 오아　　吳吟 오음

墺	물가 **오**:　　　　土　16획
	墺地利 오지리

沃	기름질 **옥**　　　　水　7획
	沃川 옥천　　沃畓 옥답　　沃土 옥토　　沃沮 옥저

鈺	보배 **옥**　　　　　金　13획

성명·지명용 한자 : 瑛(영) — 耀(요)

邕	**막힐/화할 옹** 邑 10획	邕睦 옹목　邕邕 옹옹　邕穆 옹목　蔡邕 채옹
雍	**화할 옹** 隹 13획 동 和(화할 화)	雍容 옹용　雍和 옹화　雍防 옹방　雍蔽 옹폐
甕	**독 옹:** 瓦 18획	甕津 옹진　甕算 옹산　甕城 옹성　鐵甕 철옹
莞	**왕골 완** 艸 11획	莞島 완도　莞然 완연　莞田 완전　水莞 수완
旺	**왕성할 왕:** 日 8획 동 盛(성할 성)/興(일 흥)	儀旺 의왕　旺盛 왕성　天旺 천왕　興旺 흥왕
汪	**넓을 왕(:)** 水 7획 동 洋(큰바다 양)	汪洋 왕양　汪汪 왕왕
倭	**왜나라 왜** 人 10획	倭國 왜국　倭亂 왜란　倭兵 왜병　倭政 왜정
堯	**요임금 요** 土 12획	堯舜 요순　堯堯 요요　梅堯臣 매요신
姚	**예쁠 요** 女 9획	姚遠 요원　姚崇 요숭
耀	**빛날 요** 羽 20획	誇耀 과요　晶耀 정요　胡耀邦 호요방　輝耀 휘요

2급

— 243 —

溶	녹을 용 　　水　13획 溶媒 용매　　溶液 용액　　溶解 용해　　溶溶 용용
瑢	패옥소리 용 　　玉　14획
鎔	쇠녹일 용 　　金　18획 鎔巖 용암　　鎔接 용접　　鎔鑛爐 용광로　　鎔解 용해
鏞	쇠북 용 　　金　19획 丁若鏞 정약용
佑	도울 우: 　　人　7획 佑啓 우계　　佑命 우명　　保佑 보우　　佑助 우조
祐	복 우: 　　示　10획 祐助 우조　　天祐 천우
禹	성 우(:) 　　內　9획 禹王 우왕　　禹域 우역　　宋鎭禹 송진우
旭	아침해 욱 　　日　6획 旭日 욱일　　張旭 장욱　　旭光 욱광　　旭旦 욱단
頊	삼갈 욱 　　頁　13획 頊頊 욱욱
昱	햇빛밝을 욱 　　日　9획 昱昱 욱욱　　晃昱 황욱

성명·지명용 한자 : 溶(용) — 韋(위)

煜 | 빛날 **욱**　火 13획
煜煜 욱욱

郁 | 성할 **욱**　邑 9획
郁郁 욱욱　郁烈 욱렬　郁馥 욱복　郁文 욱문

芸 | 향풀 **운**　艸 8획
芸香 운향　芸窓 운창　芸閣 운각　芸夫 운부

蔚 | 고을이름 **울**　艸 15획
蔚山 울산　蔚藍 울람　蔚珍 울진　蔚然 울연

熊 | 곰 **웅**　火 14획
熊津 웅진　熊膽 웅담　熊女 웅녀　熊掌 웅장

媛 | 계집 **원**　女 12획
才媛 재원　媛妃 원비　李媛 이원　媛女 원녀

瑗 | 구슬 **원**　玉 13획
安玉瑗 안옥원

袁 | 성 **원**　衣 10획
袁紹 원소　袁安 원안

渭 | 물이름 **위**　水 12획
渭水 위수　渭濁 위탁

韋 | 가죽 **위**　韋 9획
韋編 위편　韋帶 위대　韋衣 위의　韋革 위혁

魏	성/위나라 위 鬼 18획
	魏書 위서 魏闕 위궐 魏相 위상 北魏 북위

庾	곳집/노적가리 유 广 12획
	金庾信 김유신 庾積 유적

兪	성/대답할 유 人 9획
	兪應孚 유응부 兪允 유윤 兪音 유음

楡	느릅나무 유 木 13획
	楡岾寺 유점사 楡柳 유류

踰	넘을 유 足 16획
	水踰里 수유리 踰年 유년 踰越 유월 踰限 유한

允	맏 윤: 儿 4획
	允可 윤가 允許 윤허 允納 윤납 允當 윤당

尹	성/다스릴 윤: 尸 4획
	尹奉吉 윤봉길 官尹 관윤 尹祭 윤제 判尹 판윤

胤	자손 윤 肉 9획
	胤玉 윤옥 胤子 윤자 車胤 차윤 令胤 영윤

鈗	창/병기 윤 金 12획

殷	은나라 은 殳 10획
	殷鑑 은감 殷盛 은성 殷富 은부 殷憂 은우

성명・지명용 한자 : 魏(위) — 滋(자)

| 垠 | 지경 **은** 土 9획
李垠 이은　垠際 은제 |

| 誾 | 향기 **은** 言 15획
南誾 남은　誾誾 은은 |

| 鷹 | 매 **응** 鳥 24획
鷹岩洞 응암동　鷹犬 응견　鷹師 응사　鷹視 응시 |

| 伊 | 저 **이** 人 6획
伊時 이시　亡伊 망이　伊太利 이태리　黃眞伊 황진이 |

| 珥 | 귀거리 **이:** 玉 10획
李珥 이이　珠珥 주이 |

| 怡 | 기쁠 **이** 心 8획　동 悅(기쁠 열)
南怡 남이　怡悅 이열　怡色 이색　怡顔 이안 |

| 翊 | 도울 **익** 羽 11획
翊贊 익찬　翊成 익성 |

| 鎰 | 무게이름 **일** 金 18획
萬鎰 만일 |

| 佾 | 줄춤 **일** 人 8획　동 舞(춤출 무)
佾舞 일무　八佾 팔일 |

| 滋 | 불을 **자** 水 13획
滋養 자양　滋漫 자만　滋煩 자번　滋茂 자무 |

2급

庄	전장 장 　　　广　6획
	庄家 장가　　故庄 고장　　※莊의 俗字

獐	노루 장 　　　犭　14획
	獐角 장각　　獐肝 장간　　獐血 장혈　　獐足 장족

璋	홀/반쪽 장 　　　玉　15획
	弄璋 농장　　圭璋 규장

蔣	성/줄 장(:) 　　　艹　15획
	蔣介石 장개석

甸	경기 전 　　　田　7획
	畿甸 기전　　甸服 전복　　甸地 전지　　甸役 전역

鄭	나라 정: 　　　邑　15획
	鄭重 정중　　鄭夢周 정몽주　　鄭道傳 정도전　　鄭仲夫 정중부

晶	맑을/수정 정 　　　日　12획
	水晶 수정　　晶光 정광　　結晶 결정　　鮮晶 선정

珽	옥이름 정 　　　玉　11획

旌	기/표할 정 　　　方　11획　　동 旗(깃발 기)
	旌善 정선　　旌旗 정기　　旌銘 정명　　旌鼓 정고

楨	광나무 정 　　　木　13획
	楨幹 정간　　基楨 기정

성명 · 지명용 한자 : 庄(장) — 峻(준)

汀 　물가 정　　　水 5획
汀沙 정사　汀線 정선　松汀 송정　汀岸 정안

禎 　상서로울 정　　示 14획　동祥(상서 상)
禎瑞 정서　禎祥 정상　孫基禎 손기정　徐禎卿 서정경

鼎 　솥 정　　　鼎 13획
鼎談 정담　鼎足 정족　鼎冠 정관　石鼎 석정

趙 　성/나라 조:　　走 14획
趙光祖 조광조　趙岐 조기　趙高 조고

曺 　성 조　　　日 10획
曺植 조식　曺晩植 조만식　※曹와 同字

祚 　복 조　　　示 10획　동慶(경사 경)
溫祚 온조　祚命 조명　大祚榮 대조영　黃永祚 황영조

琮 　옥홀/서옥 종　玉 12획
琮花 종화

疇 　밭이랑 주　　田 19획
範疇 범주　疇昔 주석

埈 　높을 준:　　土 10획
埈嶺 준령　※峻과 同字

峻 　높을/준엄할 준　山 10획　동嚴(엄할 엄)/險(험할 험)
峻嚴 준엄　險峻 험준　峻嶺 준령　峻峯 준봉

— 249 —

| 晙 | 밝을 준: | 日 11획 |

| 浚 | 깊게할 준: | 水 10획 |
許浚 허준　　浚井 준정　　浚照 준조　　趙浚 조준

| 駿 | 준마 준: | 馬 17획 |
駿馬 준마　　駿足 준족　　駿桀 준걸　　駿敏 준민

| 濬 | 깊을 준: | 水 17획 |
濬水 준수　　濬哲 준철　　濬源 준원　　濬池 준지

| 址 | 터 지 | 土 7획 |
故址 고지　　城址 성지　　舊址 구지　　遺址 유지

| 芝 | 지초 지 | 艸 8획 |
靈芝 영지　　芝蘭 지란　　張芝 장지　　芝山 지산

| 稙 | 올벼 직 | 禾 13획 |
稙禾 직화

| 稷 | 피 직 | 禾 15획 |
稷山 직산　　稷神 직신　　社稷 사직　　后稷 후직

| 秦 | 성/나라 진 | 禾 10획 |
秦始皇 진시황　　秦聲 진성　　秦淮 진회　　秦律 진율

| 晋 | 성/나라 진: | 日 10획 |
晋州 진주　　晋書 진서　　趙錫晋 조석진　　東晋 동진

| 燦 | 빛날 **찬:** 火 17획 **동**爛(빛날 란) |
| | 燦爛 찬란 燦然 찬연 |

| 鑽 | 뚫을 **찬** 金 27획 |
| | 研鑽 연찬 鑽具 찬구 鑽空 찬공 鑽木 찬목 |

| 璨 | 옥빛 **찬:** 玉 17획 |
| | 璨璨 찬찬 |

| 瓚 | 옥잔/제기 **찬** 玉 23획 |
| | 圭瓚 규찬 玉瓚 옥찬 |

| 敞 | 시원할 **창:** 攴 12획 |
| | 高敞 고창 敞麗 창려 通敞 통창 敞然 창연 |

| 昶 | 해길 **창:** 日 9획 |
| | 金基昶 김기창 |

| 采 | 풍채 **채:** 采 8획 |
| | 風采 풍채 采飾 채식 趙泰采 조태채 神采 신채 |

| 埰 | 사패지 **채:** 土 11획 |
| | ※賜牌地(사패지): 임금이 하사한 땅 |

| 蔡 | 성/나라 **채:** 艸 15획 |
| | 蔡濟恭 채제공 蔡倫 채륜 |

| 陟 | 오를 **척** 阜 10획 **반**降(내릴 강) |
| | 三陟 삼척 進陟 진척 鄭陟 정척 陟降 척강 |

2급

釧	팔찌 천　　　金　11획
	釧臂 천비　　寶釧 보천

喆	밝을/쌍길 철　　　口　12획
	※哲과 同字

澈	맑을 철　　　水　15획
	鄭澈 정철　　淸澈 청철

瞻	볼/성 첨　　　目　18획
	瞻星臺 첨성대　瞻敬 첨경　瞻戴 첨대　瞻仰 첨앙

楚	초나라 초　　　木　13획
	楚漢 초한　楚辭 초사　楚切 초절　楚痛 초통

蜀	나라이름 촉　　　虫　13획
	蜀漢 촉한　蜀道 촉도　蜀鷄 촉계　蜀魂 촉혼

崔	성/높을 최　　　山　11획
	崔致遠 최치원　崔沖 최충　崔北 최북

楸	가래 추　　　木　13획
	楸子 추자　楸皮 추피

鄒	추나라 추　　　邑　13획
	鄒魯之鄕 추로지향　鄒魯 추로　味鄒王 미추왕

椿	참죽나무 춘　　　木　13획
	椿堂 춘당　椿丈 춘장　椿府丈 춘부장　椿壽 춘수

| 沖 | 화할 **충** 　　水 7획 　동 和(화할 화) |
| | 崔沖 최충　沖淡 충담　沖融 충융　趙沖 조충 |

| 聚 | 모을 **취:** 　　耳 14획 　반 散(흩을 산) 　동 集(모을 집) |
| | 聚落 취락　聚合 취합　聚穀 취곡　聚散 취산 |

| 峙 | 언덕 **치** 　　山 9획 |
| | 大峙洞 대치동　峙積 치적 |

| 雉 | 꿩 **치** 　　隹 13획 |
| | 雉岳山 치악산　雉經 치경 |

| 灘 | 여울 **탄** 　　水 22획 |
| | 金灘 금탄　灘上 탄상　新灘津 신탄진　漢灘江 한탄강 |

| 耽 | 즐길 **탐** 　　耳 10획 　동 樂(즐길 락) |
| | 耽羅 탐라　耽讀 탐독　耽味 탐미　耽美 탐미 |

| 兌 | 바꿀/기쁠 **태** 　　儿 7획 　동 換(바꿀 환) |
| | 兌卦 태괘　兌換 태환 |

| 台 | 별 **태** 　　口 5획 |
| | 天台宗 천태종　台位 태위　台監 태감 |

| 坡 | 언덕 **파** 　　土 8획 |
| | 坡州 파주　坡岸 파안　洪蘭坡 홍난파　松坡 송파 |

| 阪 | 언덕 **판** 　　阜 7획 |
| | 大阪 대판　阪路 판로 |

2급

彭	성 **팽** 彡 12획	
	彭祖 팽조　彭德懷 팽덕회	
扁	작을 **편** 戶 9획	
	扁鵲 편작　扁額 편액　扁舟 편주　扁題 편제	
葡	포도 **포** 艸 13획	
鮑	절인물고기 **포:** 魚 16획	
	鮑石亭 포석정　鮑淑牙 포숙아	
杓	북두자루 **표** 木 7획	
	斗杓 두표	
馮	성 **풍**/탈 **빙** 馬 12획	
	馮夷 풍이　馮虛 빙허　馮氣 빙기	
弼	도울 **필** 弓 12획	
	弼佐 필좌　弼寧 필녕　徐載弼 서재필　弼雲 필운	
泌	스며흐를 **필**/분비할 **비:** 水 8획	
	分泌 분비　泌尿器科 비뇨기과	
陜	땅이름 **합**/좁을 **협** 阜 10획	
	陜川 합천	
亢	높을 **항** 亠 4획	
	亢進 항진　亢滿 항만　亢星 항성　高亢 고항	

— 254 —

沆	넓을 **항**	水	7획

沆茫 항망

杏	살구 **행**:	木	7획

銀杏 은행 杏林 행림 杏堂 행당 杏花 행화

赫	빛날 **혁**	赤	14획

朴赫居世 박혁거세 赫赫 혁혁 謝赫 사혁

爀	불빛 **혁**	火	18획

峴	고개/재 **현**:	山	10획

阿峴 아현 葛峴 갈현 論峴 논현 仁峴 인현

炫	밝을 **현**:	火	9획

炫耀 현요 炫怪 현괴

鉉	솥귀 **현**	金	13획

鉉席 현석 鉉台 현태

瀅	물맑을 **형**:	水	18획

瀅瀅 형형 汀瀅 정형

炯	빛날 **형**	火	9획

炯眼 형안 炯朗 형랑 炯心 형심 炯炯 형형

邢	성 **형**	邑	7획

| 馨 | 꽃다울 형 香 20획
馨氣 형기   馨香 형향   柳馨遠 유형원

| 昊 | 하늘 호: 日 8획   동 天(하늘 천)
昊天 호천   蒼昊 창호

| 晧 | 밝을 호: 日 11획
晧月 호월

| 皓 | 흴 호: 白 12획
皓髮 호발   皓首 호수   皓齒 호치   皓雪 호설

| 澔 | 넓을 호: 水 15획
※浩와 同字

| 壕 | 해자 호 土 17획
防空壕 방공호

| 扈 | 따를 호: 戶 11획
扈衛 호위   扈從 호종

| 鎬 | 호경 호: 金 18획
鎬京 호경   鎬鎬 호호   鄭鎬冕 정호면

| 祜 | 복 호 示 10획
徐天祜 서천호   天祜 천호

| 泓 | 물깊을 홍 水 8획
深泓 심홍   泓量 홍량

| 嬅 | 탐스러울 화 女 15획 |

| 樺 | 자작나무 화 木 16획
樺太 화태 |

| 桓 | 굳셀 환 木 10획
桓雄 환웅　桓桓 환환　桓公 환공　桓因 환인 |

| 煥 | 빛날 환: 火 13획
煥麗 환려　煥曜 환요　煥爛 환란　煥炳 환병 |

| 晃 | 밝을 황 日 10획
姜世晃 강세황　晃朗 황랑　晃晃 황황 |

| 滉 | 깊을 황 水 13획
李滉 이황 |

| 檜 | 전나무 회: 木 17획
檜巖寺 회암사　檜皮 회피　秦檜 진회 |

| 淮 | 물이름 회 水 11획
淮陽 회양　淮水 회수　淮南子 회남자 |

| 后 | 임금/왕후 후: 口 6획
王后 왕후　皇后 황후　太后 태후　母后 모후 |

| 熏 | 불길 훈 火 14획
熏蒸 훈증　熏燒 훈소　熏夕 훈석　熏風 훈풍 |

燻	질나팔 **훈**	土	17획

薰 향풀 **훈**　艸　18획
薰氣 훈기　薰陶 훈도　趙芝薰 조지훈　薰風 훈풍

徽 아름다울 **휘**　彳　17획
徽章 휘장　徽宗 휘종　徽文高 휘문고　徽言 휘언

烋 아름다울 **휴**　火　10획
金烋 김휴

匈 오랑캐 **흉**　勹　6획
匈奴族 흉노족　匈匈 흉흉

欽 공경할 **흠**　欠　12획　동 敬(공경할 경)
欽仰 흠앙　欽慕 흠모　欽宗 흠종　欽念 흠념

嬉 아름다울 **희**　女　15획
嬉遊 희유　嬉樂 희락　嬉怡 희이　嬉戱 희희

熹 빛날 **희**　火　16획
朱熹 주희　熹娛 희오

憙 기뻐할 **희**　心　16획

禧 복 **희**　示　17획
禧年 희년　新禧 신희　韓繼禧 한계희　洪啓禧 홍계희

羲

사람이름 희 羊 16획

伏羲 복희   羲農 희농   王羲之 왕희지

改過遷善
고칠개 | 허물과 | 옮길천 | 착할선

지난 허물을 고치고 착하게 된다는 말이다.

진(晋)나라 혜제(惠帝) 때, 양흠 태수의 아들인 주처(周處)는 열 살 때 아버지가 세상을 떠난 후로 할 일 없이 방랑 생활을 하며 나쁜 짓이라고는 안 하는 짓이 없었다. 그러다 보니 사람들로부터 남산의 호랑이, 장교(長橋)의 교룡(蛟龍)과 함께 '삼해(三害)'라는 평을 듣게 되었다.

어느 날 문득 깨달은 바가 있어 새사람이 되겠다는 각오를 한 그는, 남산의 호랑이, 장교의 교룡을 죽이고 마을로 갔다. 그러나 그를 반기는 사람은 아무도 없었다.

주처는 실망하여 마을을 떠나 동오로 갔는데, 거기서 대학자 육기(陸機)와 육운(陸雲)을 만났다.

그가 지난 일을 털어놓자, 두 사람이 격려하듯 말했다.

"자네의 앞날은 '지난 허물을 깨닫고 굳은 각오로 착하게 된다면(改過遷善)', 훤히 트일 걸세."

주처는 그 말에 힘을 얻어, 그로부터 10여 년 동안 열심히 학문과 덕을 갈고 닦아 결국 대학자가 되었다.

1급 한자능력검정시험

• 배정한자 : 1145자(1급 고유한자)+2355자(2급)

哥	소리/노래 **가** 口 10획	
	哥哥 가가　鸚哥 앵가　哥薩克 가살극	

呵　꾸짖을 **가:** 口 8획　동喝(외칠 갈)
呵譴 가견　呵叱 가질　呵責 가책　呵凍 가동

苛　가혹할 **가:** 艸 9획　동虐(모질 학)
苛癢 가양　苛酷 가혹　苛虐 가학　苛政 가정

嘉　아름다울 **가** 口 14획
嘉禮 가례　嘉慶 가경　嘉賞 가상　嘉釀 가양

嫁　시집갈 **가** 女 13획　반娶(장가들 취)
改嫁 개가　嫁粧 가장　出嫁 출가　嫁期 가기

稼　심을 **가** 禾 15획
稼動 가동　苗稼 묘가　稼器 가기　晩稼 만가

袈　가사 **가** 衣 11획
錦袈 금가　袈裟 가사　※裟는 1급 外字

駕　멍에/탈것 **가** 馬 15획
御駕 어가　凌駕 능가　駕洛 가락　玉駕 옥가

恪　삼갈 **각** 心 9획　동愼(삼갈 신)
恪虔 각건　恪敏 각민　恪別 각별　恪愼 각신

| 殼 | 껍질 각 | 殳 12획 (동) 皮(가죽 피) |
| | 貝殼 패각 殼果 각과 甲殼 갑각 地殼 지각 |

| 奸 | 간사할 간 | 女 6획 (반) 忠(충성 충) (동) 邪(간사할 사) |
| | 奸巧 간교 奸謀 간모 奸詐 간사 奸慝 간특 |

| 竿 | 낚싯대/장대 간 | 竹 9획 |
| | 竿頭 간두 旌竿 정간 旗竿 기간 稻竿 도간 |

| 墾 | 개간할 간 | 土 16획 (동) 耕(밭갈 경) |
| | 開墾 개간 墾田 간전 墾耕 간경 墾植 간식 |

| 艱 | 어려울 간 | 艮 17획 (반) 易(쉬울 이) (동) 難(어려울 난) |
| | 艱棘 간극 艱虞 간우 艱澁 간삽 艱難 간난 |

| 諫 | 간할 간: | 言 16획 (동) 諭(깨우칠 유) |
| | 諫疏 간소 諫言 간언 司諫 사간 直諫 직간 |

| 揀 | 가릴 간: | 手 12획 (동) 擇(가릴 택) |
| | 揀擇 간택 揀選 간선 分揀 분간 汰揀 태간 |

| 澗 | 산골물 간 | 水 15획 |
| | 澗谷 간곡 澗聲 간성 澗壑 간학 碧澗 벽간 |

| 癎 | 간질 간: | 疒 17획 |
| | 癎疾 간질 癎病 간병 |

| 竭 | 다할 갈 | 立 14획 (동) 盡(다할 진) |
| | 竭盡 갈진 竭力 갈력 衰竭 쇠갈 竭誠 갈성 |

喝	꾸짖을 갈　　口　12획
	喝采 갈채　　喝破 갈파　　喝取 갈취　　恐喝 공갈

褐	갈색/굵은 베 갈　　衣　14획
	褐色 갈색　　褐夫 갈부　　褐炭 갈탄　　褐衣 갈의

勘	헤아릴 갈　　力　11획　(동)檢(검사할 검)
	勘案 감안　　勘校 감교　　磨勘 마감　　勘檢 감검

堪	견딜/하늘 감　　土　12획　(동)耐(견딜 내)
	堪耐 감내　　堪輿 감여　　難堪 난감　　不堪 불감

柑	귤 감　　木　9획　(동)橘(귤나무 귤)
	柑子 감자　　蜜柑 밀감　　金柑 금감　　黃柑 황감

疳	감질 감　　疒　10획
	疳疾 감질　　疳瘡 감창　　疳病 감병　　疳積 감적

紺	감색/연보라 감　　糸　11획
	紺色 감색　　紺靑 감청　　紺碧 감벽　　紺園 감원

瞰	굽어볼 감　　目　17획
	俯瞰 부감　　鳥瞰 조감　　瞰臨 감림　　瞰視 감시

匣	갑 갑　　匚　7획
	文匣 문갑　　手匣 수갑　　紙匣 지갑　　鏡匣 경갑

閘	수문 갑　　門　13획
	閘門 갑문　　水閘 수갑　　閘頭 갑두　　閘夫 갑부

1급

慷	슬플 강: 心 14획 동慨(슬퍼할 개)
	慷慨 강개 慨慷 개강

糠	겨 강 米 17획
	糠秕 강비

腔	속빌 강 肉 12획 동腸(창자 장)
	腹腔 복강 口腔 구강 腔腸 강장 體腔 체강

薑	생강 강 艸 17획
	生薑 생강 片薑 편강 乾薑 건강 灸薑 구강

箇	낱 개(:) 竹 14획
	箇箇 개개 箇數 개수 箇中 개중 箇條 개조

凱	개선할 개: 几 12획
	凱旋 개선 凱歌 개가 凱歸 개귀 凱陣 개진

愾	성낼 개: 心 13획 동憤(분할 분)
	憤愾 분개 敵愾 적개 愾憤 개분

漑	물댈 개: 水 14획 동灌(물댈 관)
	漑汲 개급 漑灌 개관 漑糞 개분 漑田 개전

芥	겨자 개 艸 8획
	芥子 개자 草芥 초개 芥塵 개진 芥舟 개주

羹	국 갱: 羊 19획
	羹湯 갱탕 羹汁 갱즙 羹墻 갱장 羹獻 갱헌

慷(강) — 覡(격)

渠 개천 거   水 12획
渠帥 거수   渠魁 거괴   暗渠 암거   渠輩 거배

倨 거만할 거: 人 10획   동 慢(거만할 만)
倨慢 거만   倨傲 거오   倨侮 거모   驕倨 교거

醵 추렴할 거/갹   酉 20획
醵金 거금/갹금   醵出 거출/갹출

巾 수건 건   巾 3획
巾櫛 건즐   網巾 망건   葛巾 갈건   頭巾 두건

腱 힘줄 건: 肉 13획
腱反射 건반사   腱膜 건막   腱索 건삭

虔 공경할 건   虍 10획   동 敬(공경할 경)/恭(공손할 공)
敬虔 경건   虔鞏 건공   虔虔 건건   恭虔 공건

劫 위협할 겁   力 7획   동 迫(핍박할 박)
劫迫 겁박   劫奪 겁탈   億劫 억겁   劫年 겁년

怯 겁낼 겁   心 8획   동 怖(두려워할 포)
怯懦 겁나   卑怯 비겁   怯劣 겁렬   生怯 생겁

偈 중의 귀글 게   人 11획   동 頌(기릴 송)
偈頌 게송   梵偈 범게   佛偈 불게   寶偈 보게

覡 남자무당 격   見 14획   반 巫(무당 무)
巫覡 무격

1급

檄	격문 **격**　　　木　17획
	檄文 격문　檄召 격소　飛檄 비격　羽檄 우격

膈	가슴 **격**　　　肉　14획
	胸膈 흉격　膈膜 격막

譴	꾸짖을 **견:**　　言　21획　**동** 責(꾸짖을 책)
	譴責 견책　譴告 견고　怒譴 노견　加譴 가견

鵑	두견새 **견**　　鳥　18획
	杜鵑 두견　鵑花 견화

繭	고치 **견**　　　糸　19획
	繭蠶 견잠　繭紬 견주　繭絲 견사　繭紙 견지

憬	깨달을 **경**　　心　15획　**동** 悟(깨달을 오)
	憬悟 경오　憧憬心 동경심

鯨	고래 **경**　　　魚　19획
	捕鯨 포경　鯨油 경유　鯨魚 경어　鯨浪 경랑

梗	줄기/막힐 **경**　木　11획　**동** 塞(막힐 색)
	梗槪 경개　梗塞 경색　梗正 경정　梗梗 경경

磬	경쇠 **경:**　　　石　16획
	鍾磬 종경　特磬 특경　編磬 편경　石磬 석경

莖	줄기 **경**　　　艸　11획　**동** 幹(줄기 간)　**약** 茎
	陰莖 음경　包莖 포경　根莖 근경　細莖 세경

頸	목 경 　　頁 16획	
	頸椎 경추　刎頸 문경　頸骨 경골　頸血 경혈	
脛	정강이 경 　　肉 11획	
	脛巾 경건　脛骨 경골	
勁	굳셀 경 　　力 9획　동 健(굳셀 건)	
	勁健 경건　勁直 경직　勁捷 경첩　勁悍 경한	
痙	경련 경 　　疒 12획	
	痙症 경증　痙風 경풍　傷痙 상경　鎭痙 진경	
悸	두근거릴 계: 　　心 11획　동 慄(두려워할 률)	
	警悸 경계　慙悸 참계　恐悸 공계　惶悸 황계	
呱	울 고 　　口 8획	
	呱呱 고고	
拷	칠 고 　　手 9획　동 打(칠 타)	
	拷問 고문　拷打 고타　拷訊 고신　拷掠 고략	
敲	두드릴 고 　　攴 14획　동 擊(칠 격)	
	推敲 퇴고　敲擊 고격	
叩	두드릴 고 　　口 5획	
	叩頭 고두　叩謝 고사　叩首 고수　叩門 고문	
辜	허물 고 　　辛 12획　반 功(공 공)　동 罪(허물 죄)	
	辜負 고부　無辜 무고　辜罪 고죄　不辜 불고	

痼	고질병 고　　疒 13획
	痼疾 고질　痼癖 고벽　痼弊 고폐　根痼 근고

錮	막을 고　　金 16획
	錮送 고송　禁錮 금고

股	넓적다리 고　　肉 8획
	股肱 고굉　股慄 고율　股掌 고장　股間 고간

膏	기름 고　　肉 14획　동 油(기름 유)
	膏藥 고약　膏血 고혈　膏汗 고한　軟膏 연고

袴	바지 고　　衣 11획
	袴衣 고의　弊袴 폐고　單袴 단고　短袴 단고

鵠	고니/과녁 곡　　鳥 18획　동 的(과녁 적)
	鴻鵠 홍곡　正鵠 정곡　鵠髮 곡발　白鵠 백곡

梏	수갑 곡　　木 11획
	梏亡 곡망

昆	맏/많을 곤　　日 8획　반 弟(아우 제)
	昆鳴 곤명　昆蟲 곤충　昆布 곤포　昆孫 곤손

棍	몽둥이 곤　　木 12획　동 棒(몽둥이 봉)
	棍棒 곤봉　棍杖 곤장

袞	곤룡포 곤:　　衣 11획
	袞裳 곤상　袞冕 곤면　袞龍袍 곤룡포

汩(고) — 顴(관)

汩
골몰할 골 / 물이름 멱   水 7획   동 沒(빠질 몰)
汩董 골동   汩沒 골몰   奔汩 분골   汩篤 골독

拱
팔짱낄 공   手 9획
拱手 공수   拱揖 공읍   垂拱 수공   拱押 공압

鞏
묶을/굳을 공   革 15획   동 固(굳을 고)
鞏固 공고   鞏膜 공막

顆
낱알 과   頁 17획   동 粒(알갱이 립)
顆粒 과립   飯顆 반과

廓
둘레 곽 / 클 확   广 14획   동 大(큰 대)
外廓 외곽   輪廓 윤곽   城廓 성곽   廓然 확연

槨
덧널 곽   木 15획
棺槨 관곽   石槨墓 석곽묘

藿
콩잎/미역 곽   艸 20획
藿亂 곽란   藿羹 곽갱

灌
물댈 관   水 21획   동 漑(물댈 개)
灌漑 관개   灌水 관수   灌域 관역   浸灌 침관

棺
널 관   木 12획   동 柩(널 구)
棺柩 관구   入棺 입관   石棺 석관   下棺 하관

顴
광대뼈 관   頁 27획
顴骨 관골   顴骨筋 관골근

| 刮 | 긁을/비빌 괄　　刀　8획　동 磨(갈 마) |
| | 刮目 괄목　　刮摩 괄마　　刮削 괄삭　　刮刷 괄쇄 |

| 括 | 묶을 괄　　手　9획　동 結(맺을 결) |
| | 概括 개괄　　總括 총괄　　包括 포괄　　一括 일괄 |

| 匡 | 바로잡을 광　　匚　6획　동 矯(바로잡을 교) |
| | 匡輔 광보　　匡濟 광제　　匡諫 광간　　匡救 광구 |

| 壙 | 뫼구덩이 광:　　土　18획　동 穴(굴 혈) |
| | 壙內 광내　　壙穴 광혈　　壙中 광중　　壙僚 광료 |

| 曠 | 빌/넓을 광:　　日　19획 |
| | 曠茫 광망　　曠野 광야　　曠達 광달　　曠年 광년 |

| 胱 | 오줌통 광　　肉　10획 |
| | 膀胱炎 방광염 |

| 卦 | 점괘 괘　　卜　8획 |
| | 卦爻 괘효　　占卦 점괘　　吉卦 길괘　　上卦 상괘 |

| 罫 | 줄 괘　　网　13획 |
| | 罫線 괘선　　罫紙 괘지 |

| 乖 | 어그러질 괴　　丿　8획　동 悖(거스를 패)/戾(어그러질 려) |
| | 乖悖 괴패　　乖離 괴리　　乖亂 괴란　　乖隔 괴격 |

| 拐 | 후릴 괴　　手　8획　동 騙(속일 편) |
| | 誘拐 유괴　　拐仗 괴장　　拐騙 괴편　　拐帶 괴대 |

刮(괄) — 咬(교)

魁 우두머리 괴 鬼 14획
魁首 괴수   魁奇 괴기   首魁 수괴   魁頭 괴두

轟 울릴/수레소리 굉 車 21획
轟雷 굉뢰   轟笛 굉적   轟音 굉음   轟笑 굉소

宏 클 굉 宀 7획 동 大(큰 대)
宏壯 굉장   宏闊 굉활   宏傑 굉걸   宏敞 굉창

肱 팔뚝 굉 肉 8획
曲肱 곡굉   枕肱 침굉

喬 높을 교 口 12획
喬木 교목   喬松 교송   喬幹 교간   遷喬 천교

嬌 아리따울 교 女 15획 동 艶(고울 염)
嬌態 교태   嬌艶 교염   嬌聲 교성   愛嬌 애교

轎 가마 교 車 19획
轎夫 교부   轎子 교자   轎丁 교정   轎輿 교여

驕 교만할 교 馬 22획 동 倨(거만할 거)/傲(거만할 오)
驕慢 교만   驕奢 교사   驕兒 교아   淫驕 음교

攪 흔들 교 手 23획 동 搖(흔들 요)
攪亂 교란   亂攪 난교

咬 새소리 교 口 9획
咬咬 교교   咬傷 교상

1급

| 狡 | 교활할 교 | 犬 9획 동 獪(교활할 활) |
| | 狡猾 교활 狡詐 교사 狡童 교동 狡惡 교악 |

| 皎 | 달 밝을/흴 교 | 白 11획 |
| | 皎潔 교결 皎鏡 교경 皎月 교월 皎麗 교려 |

| 蛟 | 교룡 교 | 虫 12획 |
| | 蛟龍 교룡 蛟蛇 교사 |

| 仇 | 원수 구 | 人 4획 동 讎(원수 수) |
| | 仇隙 구극 仇怨 구원 仇恨 구한 仇家 구가 |

| 鳩 | 비둘기 구 | 鳥 13획 |
| | 鳩首 구수 鳩聚 구취 鳩尾 구미 鳩合 구합 |

| 枸 | 구기자 구 | 木 9획 동 杞(구기자 기) |
| | 枸杞 구기 枸木 구목 枸橘 구귤 枸骨 구골 |

| 駒 | 망아지 구 | 馬 15획 |
| | 駒隙 구극 駒馬 구마 白駒 백구 龍駒 용구 |

| 鉤 | 갈고리 구 | 金 13획 |
| | 鉤曲 구곡 單鉤 단구 吞鉤 탄구 垂鉤 수구 |

| 嘔 | 게울 구 | 口 14획 약 呕 |
| | 嘔逆 구역 嘔吐 구토 |

| 嶇 | 험할 구 | 山 14획 약 岖 |
| | 嶇路 구로 崎嶇 기구 |

狡(교) — 廐(구)

毆	때릴 구 　殳 15획 　동擊(칠 격)/打(칠 타) 　약 殴
	毆殺 구살　 毆打 구타　 毆擊 구격　 毆繫 구계
謳	노래 구 　言 18획 　동歌(노래 가)/謠(노래 요) 　약 謳
	謳儺 구나　 謳歌 구가　 謳吟 구음　 謳頌 구송
軀	몸 구 　身 18획 　동體(몸 체) 　약 躯
	巨軀 거구　 體軀 체구　 軀命 구명　 形軀 형구
垢	때 구 　土 9획 　동滓(찌끼 재)
	垢穢 구예　 無垢 무구　 垢面 구면　 汚垢 오구
寇	도둑 구 　宀 11획 　동賊(도둑 적)/盜(도적 도)
	倭寇 왜구　 寇賊 구적　 寇盜 구도　 窮寇 궁구
柩	널/관 구 　木 9획
	運柩 운구　 靈柩車 영구차
灸	뜸 구: 　火 7획
	艾灸 애구　 鍼灸 침구　 灸士 구사　 灸刺 구자
溝	도랑 구 　水 13획 　동渠(개천 거)
	溝壑 구학　 怨溝 원구　 溝渠 구거　 溝瀆 구독
矩	곱자/법 구 　矢 10획 　동度(법도 도)
	規矩 규구　 矩度 구도　 矩步 구보　 矩尺 구척
廐	마구간 구 　广 14획
	馬廐 마구　 廐肥 구비　 廐舍 구사　 廐人 구인

1급

| 臼 | 절구 **구** 　　臼 6획 |
| | 臼杵 구저　　踏臼 답구　　臼齒 구치　　臼磨 구마 |

| 舅 | 시아비/외삼촌 **구** 　　臼 13획　　**반** 姑(시어미 고) |
| | 舅姑 구고　　外舅 외구　　伯舅 백구　　叔舅 숙구 |

| 衢 | 네거리 **구** 　　行 24획　　**동** 街(거리 가) |
| | 康衢 강구　　街衢 가구　　衢路 구로　　四衢 사구 |

| 窘 | 막힐 **군:** 　　穴 12획　　**동** 塞(막힐 색)/窮(궁할 궁) |
| | 窘塞 군색　　窘乏 군핍　　窘困 군곤　　窘境 군경 |

| 穹 | 하늘 **궁** 　　穴 8획 |
| | 穹蒼 궁창　　穹靈 궁령　　穹壤 궁양　　靑穹 청궁 |

| 躬 | 몸 **궁** 　　身 10획 |
| | 躬稼 궁가　　躬行 궁행　　聖躬 성궁　　躬耕 궁경 |

| 倦 | 게으를 **권:** 　　人 10획　　**반** 勤(부지런할 근)　**동** 怠(게으를 태) |
| | 倦厭 권염　　倦怠 권태　　倦憩 권게　　倦罷 권파 |

| 眷 | 돌볼 **권:** 　　目 11획　　**동** 顧(돌아볼 고) |
| | 眷率 권솔　　眷顧 권고　　親眷 친권　　垂眷 수권 |

| 捲 | 거둘/말 **권:** 　　手 11획 |
| | 捲握 권악　　席捲 석권　　捲手 권수　　捲勇 권용 |

| 蹶 | 일어설/넘어질 **궐** 　　足 19획　　**동** 起(일어날 기) |
| | 蹶起 궐기　　蹶然 궐연　　蹶失 궐실　　顚蹶 전궐 |

几	**안석 궤:** 几 2획	
	几筵 궤연　几杖 궤장　几案 궤안　書几 서궤	
机	**책상 궤:** 木 6획　동 案(책상 안)	
	机上 궤상　机案 궤안　机下 궤하	
櫃	**궤짝 궤:** 木 18획	
	櫃封 궤봉　書櫃 서궤	
潰	**무너질 궤:** 水 15획　동 崩(무너질 붕)	
	潰滅 궤멸　潰瘍 궤양　潰亂 궤란　潰裂 궤열	
詭	**속일 궤:** 言 13획　동 詐(속일 사)/僞(거짓 위)	
	詭辯 궤변　詭策 궤책　詭計 궤계　詭言 궤언	
硅	**규소 규** 石 11획	
	硅酸 규산　硅素 규소	
逵	**길거리 규** 辵 12획　동 路(길 로)	
	八逵 팔규　逵路 규로　九逵 구규	
窺	**엿볼 규** 穴 16획	
	窺間 규간　窺視 규시　潛窺 잠규　管窺 관규	
葵	**아욱/해바라기 규** 艸 13획	
	葵傾 규경　葵藿 규곽　葵花 규화　露葵 노규	
橘	**귤 귤** 木 16획	
	橘顆 귤과　柑橘 감귤　金橘 금귤　橘餠 귤병	

1급

剋	이길 극	刀 9획	동 勝(이길 승)	
	相剋 상극	剋定 극정	下剋上 하극상	

戟	창 극	戈 12획	반 盾(방패 순)	
	刺戟 자극	持戟 지극	電戟 전극	戟盾 극순

棘	가시 극	木 12획	
	棘籬 극리	棘刺 극자	蒙棘 몽극	棘針 극침

隙	틈 극	阜 13획	동 間(사이 간)	
	隙駒 극구	間隙 간극	門隙 문극	邊隙 변극

覲	뵐 근	見 18획	동 見(뵈올 현)/謁(뵐 알)	
	覲親 근친	覲見 근현	覲禮 근례	朝覲 조근

饉	주릴 근	食 20획	
	饑饉 기근	凶饉 흉근	飢饉 기근

衾	이불 금	衣 10획	
	衾枕 금침	衾具 금구	被衾 피금	單衾 단금

擒	사로잡을 금	手 16획	동 捉(잡을 착)	
	擒縛 금박	擒捉 금착	擒生 금생	擒縱 금종

襟	옷깃 금:	衣 18획	약 衿	
	襟帶 금대	胸襟 흉금	衣襟 의금	開襟 개금

扱	거둘 급/꽂을 삽	手 7획
	取扱 취급	

— 276 —

汲	**물길을 급** 水 7획	
	汲汲 급급　汲水 급수　汲路 급로　汲索 급삭	

矜	**자랑할 긍:** 矛 9획　동 誇(자랑할 과)	
	矜持 긍지　矜恤 긍휼　自矜 자긍　哀矜 애긍	

亘	**뻗칠 긍:/베풀 선** 二 6획	
	亘古 긍고　綿亘 면긍　延亘 연긍　亘長 긍장	

嗜	**즐길 기** 口 13획　동 好(좋을 호)	
	嗜好 기호　嗜愛 기애　嗜癖 기벽　嗜眠 기면	

伎	**재간 기** 人 6획　동 倆(재주 량)/藝(재주 예)	
	伎巧 기교　伎倆 기량　伎藝 기예　伎術 기술	

妓	**기생 기:** 女 7획	
	妓生 기생　娼妓 창기　妓女 기녀　妓房 기방	

朞	**돌 기** 月 12획	
	朞年服 기년복　朞年祭 기년제	

杞	**구기자 기** 木 7획	
	杞憂 기우　杞柳 기류	

崎	**험할 기** 山 11획　동 嶇(험할 구)/險(험할 험)	
	崎嶇 기구　崎險 기험	

綺	**비단 기** 糸 14획　동 絹(비단 견)	
	綺媚 기미　綺麗 기려　綺羅星 기라성	

畸	뙈기밭 **기** 田 13획
	畸人 기인 畸形 기형

羈	굴레/나그네 **기** 网 24획
	羈旅 기려 羈絆 기반 繫羈 계기 羈維 기유

肌	살 **기** 肉 6획 (반) 骨(뼈 골) (동) 肉(고기 육)
	肌液 기액 肌骨 기골 肌膏 기고 肌肉 기육

譏	비웃을 **기** 言 19획 (동) 嘲(비웃을 조)
	譏弄 기롱 譏察 기찰 譏謗 기방 譏刺 기자

拮	일할 **길** 手 9획
	拮据 길거 拮抗 길항

喫	먹을 **끽** 口 12획
	喫煙 끽연 喫茶 끽다 滿喫 만끽 喫怯 끽겁

儺	푸닥거리 **나**(:) 人 21획
	儺禮 나례 儺者 나자 驅儺 구나

懦	나약할 **나:** 心 17획 (동) 弱(약할 약)
	懦怯 나겁 懦弱 나약 柔懦 유나 庸懦 용나

拏	잡을 **나:** 手 9획 (동) 捕(잡을 포)
	拏捕 나포 紛拏 분나 漢拏山 한라산

拿	잡을 **나:** 手 10획 (동) 捕(잡을 포)
	拿鞠 나국 拿獲 나획 拿捕 나포 拿引 나인

畸(기) — 膿(농)

煖
더울 난: 火 13획
煖爐 난로 煖房 난방 煖氣 난기 煖室 난실

捏
꾸밀 날 手 10획
捏造 날조 捏詞 날사

捺
누를 날 手 11획
捺印 날인 捺染 날염 捺章 날장 捺靈 날령

衲
기울 납 衣 9획
衲衣 납의 衲子 납자 老衲 노납 梵衲 범납

囊
주머니 낭 口 22획
囊乏 낭핍 背囊 배낭 寢囊 침낭 行囊 행낭

撚
비빌 년 手 15획
撚斷 연단 撚絲 연사 撚紙 연지 撚撥 연발

涅
개흙 녈 水 10획
涅槃 열반 涅髮 열발 涅汚 열오 涅墨 열묵

弩
쇠뇌 노 弓 8획
弩砲 노포 弓弩 궁노 弩手 노수 伏弩 복노

駑
둔한 말 노 馬 15획 **반** 驥(천리마 기) **동** 鈍(둔할 둔)
駑驥 노기 駑鈍 노둔 駑馬 노마 罷駑 파노

膿
고름 농 肉 17획
膿漏 농루 膿瘍 농양 膿血 농혈 化膿 화농

1급

撓
휠 뇨 手 15획 동屈(굽힐 굴)
撓改 요개 撓敗 요패 撓屈 요굴 撓折 요절

訥
말 더듬거릴 눌 言 11획 동澁(떫을 삽)
訥澁 눌삽 訥辯 눌변 訥言 눌언 口訥 구눌

紐
맺을 뉴 糸 10획
紐帶 유대 結紐 결뉴 紐情 유정 龜紐 귀뉴

匿
숨길 닉 匚 11획
隱匿 은닉 匿名 익명 藏匿 장닉 避匿 피닉

簞
소쿠리 단 竹 18획
簞食 단사 一簞 일단

緞
비단 단 糸 15획 동絹(비단 견)
采緞 채단 緞子 단자

蛋
새알 단: 虫 11획
蛋殼 단각 蛋白 단백 蛋黃 단황 蛋民 단민

撻
때릴 달 手 16획 동笞(볼기칠 태)
鞭撻 편달 撻楚 달초 撻笞 달태 撻罰 달벌

疸
황달 달 疒 10획
黃疸 황달 疸症 달증 黑疸 흑달 胎疸 태달

痰
가래 담: 疒 13획
去痰 거담 痰涎 담연 血痰 혈담 痰唾 담타

憺	참담할 담	心 16획
憺畏 담외   慘憺 참담

| 澹 | 맑을 담 | 水 16획 |
澹澹 담담   暗澹 암담   澹泊 담박   慘澹 참담

| 譚 | 클/말씀 담 | 言 19획 |
譚叢 담총   民譚 민담   奇譚 기담   譚詩 담시

| 曇 | 흐릴 담 | 日 16획   반 晴(갤 청) |
曇徵 담징   曇天 담천   晴曇 청담   悉曇 실담

| 遝 | 몰릴 답 | 辵 14획 |
遝至 답지

| 撞 | 칠 당 | 手 15획   동 突(부딪칠 돌) |
撞球 당구   撞突 당돌   撞着 당착   撞木 당목

| 棠 | 아가위 당 | 木 12획 |
棠梨 당리   海棠 해당

| 螳 | 사마귀 당 | 虫 17획 |
螳斧 당부

| 擡 | 들 대 | 手 17획   동 擧(들 거)   약 抬 |
擡擧 대거   擡頭 대두

| 袋 | 자루 대 | 衣 11획 |
包袋 포대   麻袋 마대

掉	흔들 도	手 11획

掉尾 도미   掉舌 도설

堵	담 도	土 12획	동墻(담 장)

堵列 도열   堵牆 도장   堵塞 도색   安堵 안도

屠	죽일 도	尸 12획	동戮(죽일 륙)/殺(죽일 살)

屠戮 도륙   屠殺 도살   屠腹 도복   屠割 도할

睹	볼 도	目 14획

睹聞 도문   目睹 목도   逆睹 역도

賭	내기 도	貝 16획

賭博 도박   賭租 도조   賭場 도장   賭錢 도전

搗	찧을 도	手 13획

搗精 도정   搗衣 도의

淘	쌀 일 도	水 11획	동汰(씻을 태)

淘淘 도도   淘汰 도태   淘金 도금   淘洗 도세

葡	포도 도	艹 12획

葡萄 포도   葡萄糖 포도당

滔	물넘칠 도	水 13획

滔滔 도도   滔天 도천   滔蕩 도탕   滔乎 도호

蹈	밟을 도	足 17획	동踐(밟을 천)

蹈襲 도습   舞蹈 무도   蹈踐 도천   高蹈 고도

濤 | 물결 도 | 水 17획 | 동 瀾(물결 란)/波(물결 파)
怒濤 노도   波濤 파도   濤瀾 도란   濤灣 도만

禱 | 빌 도 | 示 19획 | 동 祈(빌 기)/祝(빌 축)
祈禱 기도   默禱 묵도   祝禱 축도   禱祀 도사

鍍 | 도금할 도: | 金 17획
鍍金 도금

瀆 | 도랑/더럽힐 독 | 水 18획 | 동 汚(더러울 오)
瀆職 독직   冒瀆 모독   汚瀆 오독   溝瀆 구독

禿 | 대머리 독 | 禾 7획
禿頭 독두   禿毫 독호   禿翁 독옹   禿巾 독건

沌 | 엉길 돈 | 水 7획
混沌 혼돈   渾沌 혼돈

憧 | 그리워할 동: | 心 15획
憧憬 동경   憧憧 동동

瞳 | 눈동자 동: | 目 17획 | 동 睛(눈동자 정)
瞳孔 동공   瞳子 동자   靑瞳 청동   重瞳 중동

疼 | 아플 동: | 疒 10획 | 동 痛(아플 통)
疼痛 동통

胴 | 큰창자/몸통 동 | 肉 10획
胴體 동체

— 283 —

兜	투구 두/도솔천 도　儿 11획
	兜率 도솔　兜轎 두교　兜籠 두롱　兜侵 두침

痘	천연두 두　疒 12획
	水痘 수두　牛痘 우두　天然痘 천연두

臀	볼기 둔　肉 17획
	臀部 둔부　臀腫 둔종

遁	숨을 둔:　辶 13획　동 避(피할 피)
	遁甲 둔갑　隱遁 은둔　遁避 둔피　遁世 둔세

橙	귤/걸상 등　木 16획
	橙子 등자

懶	게으를 라:　心 19획　동 慢(게으를 만)/怠(게으를 태)
	懶怠 나태　懶慢 나만　懶性 나성　懶婦 나부

癩	문둥이 라:　疒 21획
	癩病 나병　癩菌 나균　癩患者 나환자

邏	순라 라　辶 23획
	邏卒 나졸　巡邏 순라

螺	소라 라　虫 17획
	螺旋 나선　螺絲 나사　旋螺 선라　吹螺 취라

烙	지질 락　火 10획
	烙印 낙인　烙刑 낙형

酪	쇠젖 락　　　酉　13획
	酪農 낙농　　酪漿 낙장　　酪酸菌 낙산균

駱	낙타 락　　　馬　16획　 동 駝(낙타 타)
	駱駝 낙타

鸞	난새 란　　　鳥　30획
	鸞鳥 난조　　鸞殿 난전　　鸞駕 난가　　鸞旗 난기

瀾	물결 란　　　水　20획　 동 濤(물결 도)/波(물결 파)
	狂瀾 광란　　波瀾 파란　　驚瀾 경란　　碧瀾 벽란

剌	발랄할 랄/수라 라　　　刀　9획
	潑剌 발랄　　水剌 수라

辣	매울 랄　　　辛　14획
	辣腕 날완　　辛辣 신랄　　酷辣 혹랄　　惡辣 악랄

籃	대바구니 람　　　竹　20획　 약 篮
	搖籃 요람　　伽藍 가람　　魚籃 어람　　籃輿 남여

臘	섣달 랍　　　肉　19획
	臘月 납월　　舊臘 구랍　　臘享 납향　　法臘 법랍

蠟	밀 랍　　　虫　21획
	蜜蠟 밀랍　　蠟燭 납촉　　白蠟 백랍　　蠟淚 납루

狼	이리 랑:　　　犬　10획
	狼藉 낭자　　狼虎 낭호　　狼貪 낭탐　　餓狼 아랑

1급

倆	재주 량　　人　10획
	技倆 기량

粱	기장 량　　米　13획
	粱米 양미　粱肉 양육　高粱 고량　膏粱 고량

侶	짝 려　　人　9획　동 伴(짝 반)
	伴侶 반려　僧侶 승려　法侶 법려　同侶 동려

閭	마을 려　　門　15획　동 里(마을 리)/閻(마을 염)
	閭閻 여염　旌閭 정려　閭巷 여항　村閭 촌려

戾	어그러질 려　　戶　8획
	返戾 반려　悖戾 패려　戾蟲 여충　背戾 배려

濾	거를 려:　　水　18획
	濾過 여과

黎	검을 려　　黍　15획　동 黑(검을 흑)
	黎民 여민　黎明 여명　群黎 군려　黎杖 여장

瀝	스밀 력　　水　19획
	瀝懇 역간　瀝瀝 역력　滴瀝 적력　餘瀝 여력

礫	조약돌 력　　石　20획
	沙礫 사력　瓦礫 와력　石礫 석력　礫石 역석

輦	가마 련　　車　15획　동 車(수레 차)
	扈輦 호련　輦轂 연곡　京輦 경련　大輦 대련

斂

거둘 렴 攴 17획 반 散(흩을 산) 동 聚(모을 취)

斂膝 염슬 苛斂 가렴 聚斂 취렴 收斂 수렴

殮

염할 렴: 歹 17획

殮襲 염습 殮葬 염장 殮布 염포 殮匠 염장

簾

발 렴 竹 19획

垂簾 수렴 珠簾 주렴 翠簾 취렴 竹簾 죽렴

囹

옥 령 囗 8획 동 圄(옥 어)

囹圄 영어

鈴

방울 령 金 13획 동 鐸(방울 탁)

搖鈴 요령 電鈴 전령 懸鈴 현령 鈴鐸 영탁

齡

나이 령 齒 20획 약 齢

年齡 연령 適齡 적령 高齡 고령 老齡 노령

逞

쾌할 령 辵 11획

不逞 불령

撈

건질 로 手 15획

撈救 노구 漁撈 어로 曳撈 예로 把撈 파로

虜

사로잡을 로 虍 12획 동 獲(얻을 획)

虜獲 노획 捕虜 포로 守錢虜 수전로

擄

노략질할 로 手 16획 동 掠(노략질할 략)

擄掠 노략 侵擄 침노

1급

碌	푸른 돌 록　　　　石　13획
	碌碌 녹록　　碌靑 녹청

麓	산기슭 록　　　　鹿　19획
	山麓 산록　　林麓 임록

壟	밭두둑 롱:　　　　土　19획　**동** 畔(두둑 반)
	壟斷 농단　　壟畔 농반　　丘壟 구롱　　先壟 선롱

聾	귀먹을 롱　　　　耳　22획
	聾盲 농맹　　聾啞 농아　　聾昧 농매　　耳聾 이롱

瓏	옥소리 롱　　　　玉　20획　**동** 玲(옥소리 령)
	玲瓏 영롱　　瓏瓏 농롱

磊	돌무더기 뢰　　　　石　15획
	磊落 뇌락　　磊塊 뇌괴

牢	우리 뢰　　　　牛　7획　**동** 獄(옥 옥)
	牲牢 생뢰　　牢獄 뇌옥　　牢落 뇌락　　獄牢 옥뢰

儡	꼭두각시 뢰　　　　人　17획
	傀儡 괴뢰　　儡身 뇌신

賂	뇌물 뢰　　　　貝　13획
	賂物 뇌물　　受賂 수뢰　　賂遺 뇌유　　納賂 납뢰

寮	동관 료　　　　宀　15획
	同寮 동료　　寮舍 요사　　下寮 하료　　學寮 학료

燎	횃불 료　火 16획
	燎亂 요란　燎原 요원　燎火 요화　望燎 망료

瞭	밝을 료　目 17획
	明瞭 명료　瞭然 요연　瞭確 요확　瞭瞭 요료

寥	쓸쓸할 료　宀 14획　동 寂(고요할 적)
	寥寥 요요　寥闊 요활　荒寥 황료　寥亮 요량

聊	애오라지 료　耳 11획　동 賴(의뢰할 뢰)
	聊息 요식　聊賴 요뢰　無聊 무료　聊爾 요이

陋	더러울 루:　阜 9획　동 鄙(더러울 비)
	固陋 고루　陋名 누명　陋醜 누추　陋賤 누천

壘	보루 루　土 18획　동 堡(작은성 보)　약 塁
	壘壁 누벽　進壘 진루　滿壘 만루　出壘 출루

溜	처마물 류　水 13획
	溜槽 유조　蒸溜 증류　乾溜 건류　溜飮 유음

瘤	혹 류　疒 15획　동 贅(혹 췌)
	瘤腫 유종　赤瘤 적류

琉	유리 류　玉 10획
	琉璃 유리　※璃는 1급 外字

戮	죽일 륙　戈 15획
	戮屍 육시　殺戮 살육　屠戮 도륙　刑戮 형륙

綸	벼리 **륜**	糸 14획		
	經綸 경륜	綸旨 윤지	垂綸 수륜	綸音 윤음

淪	빠질 **륜**	水 11획	동 沒(빠질 몰)/陷(빠질 함)	
	淪落 윤락	淪塞 윤색	沈淪 침륜	隱淪 은륜

慄	떨릴 **률**	心 13획		
	悸慄 계율	戰慄 전율	凜慄 늠률	悚慄 송률

肋	갈빗대 **륵**	肉 6획		
	肋木 늑목	肋骨 늑골	鷄肋 계륵	肋膜 늑막

勒	굴레 **륵**	力 11획		
	羈勒 기륵	彌勒 미륵	勒銘 늑명	勒葬 늑장

凜	찰 **름**	冫 15획		
	凜然 늠연	凜凜 늠름	凜烈 늠렬	凜秋 늠추

凌	업신여길 **릉**	冫 10획	동 蔑(업신여길 멸)	
	凌蔑 능멸	凌駕 능가	凌辱 능욕	凌逼 능핍

稜	모날 **릉**	禾 13획	동 角(뿔 각)	
	稜角 능각	稜線 능선	稜威 능위	稜疊 능첩

綾	비단 **릉**	糸 14획	동 綺(비단 기)	
	綾衾 능금	綾羅 능라	綾扇 능선	綾文 능문

菱	마름 **릉**	艸 12획		
	菱形 능형	菱池 능지	菱荷 능하	菱花 능화

綸(륜) ― 燐(린)

俚　속될 리　人 9획　**동** 鄙(더러울 비)
俚謠 이요　俚諺 이언　俚歌 이가　俚言 이언

釐　다스릴 리　里 18획
釐分 이분　釐正 이정　釐革 이혁　毫釐 호리

裡　속 리:　衣 12획
表裡 표리　裡里 이리　暗暗裡 암암리

悧　영리할 리　心 10획
怜悧 영리　※怜(영리할 령)←1급 外字

痢　설사 리　疒 12획
痢疾 이질　下痢 하리　疫痢 역리　赤痢 적리

籬　울타리 리　竹 25획　**동** 藩(울타리 번)
籬藩 이번　籬菊 이국　竹籬 죽리　短籬 단리

罹　걸릴 리　网 16획
罹病 이병　罹災民 이재민

吝　아낄 린　口 7획　**동** 嗇(아낄 색)
吝嗇 인색　吝愛 인애　儉吝 검린　貪吝 탐린

鱗　비늘 린　魚 23획
片鱗 편린　魚鱗 어린　鱗鱗 인린　常鱗 상린

燐　도깨비불 린　火 16획
燐光 인광　燐火 인화　燐酸鹽 인산염

躪	짓밟을 린 足 27획 蹂躪 유린
淋	임질/물뿌릴 림 水 11획 淋疾 임질　淋瀝 임력　淋巴腺 임파선
笠	삿갓 립 竹 11획 草笠 초립　笠子 입자　絲笠 사립　笠帽 입모
粒	낟알 립 米 11획 粒子 입자　微粒 미립　粒米 입미　粒食 입식
寞	고요할 막 宀 14획 寞寞 막막　索寞 삭막　寂寞 적막　落寞 낙막
卍	만자 만: 十 6획 卍字 만자
彎	굽을 만 弓 22획　동 曲(굽을 곡)/屈(굽힐 굴) 彎曲 만곡　彎月 만월　彎弓 만궁　彎環 만환
挽	당길 만 手 10획　반 推(밀 추)　동 引(끌 인) 挽留 만류　挽引 만인　挽回 만회　挽歌 만가
輓	끌/애도할 만 車 14획　반 推(밀 추) 輓歌 만가　輓章 만장　輓詞 만사　輓近 만근
瞞	속일 만 目 16획 欺瞞 기만　瞞然 만연　瞞着 만착　瞞瞞 만만

饅	만두 만 　　食　20획 饅頭 만두
鰻	뱀장어 만 　　魚　22획 養鰻 양만　　海鰻 해만
蔓	덩굴 만 　　艸　15획　동延(뻗칠 연) 蔓衍 만연　　蔓草 만초　　蔓生 만생　　蔓延 만연
抹	지울 말 　　手　8획 抹殺 말살　　抹消 말소　　抹去 말거　　抹擦 말찰
沫	물거품 말 　　水　8획 浮沫 부말　　泡沫 포말　　飛沫 비말　　水沫 수말
襪	버선 말 　　衣　20획 襪繫 말계　　洋襪 양말
芒	까끄라기 망 　　艸　7획 芒履 망리　　芒角 망각　　芒刺 망자　　芒種 망종
惘	멍할 망 　　心　11획 惘惘 망망　　惘然 망연
昧	어두울 매 　　日　9획　동冥(어두울 명) 三昧 삼매　　愚昧 우매　　蒙昧 몽매　　暗昧 암매
寐	잘 매 　　宀　12획　반寤(깰 오) 夢寐 몽매　　寤寐 오매　　假寐 가매　　寐息 매식

煤	그을음 매 火 13획 동煙(연기 연)
	煤煙 매연 煤炭 매탄 煤氣 매기 煤埃 매애

罵	꾸짖을 매: 网 15획 동譏(나무랄 기)
	罵倒 매도 唾罵 타매 罵辱 매욕 侮罵 모매

邁	갈 매: 辵 17획 동進(나아갈 진)
	高邁 고매 邁進 매진 英邁 영매 雄邁 웅매

呆	어리석을 매 口 7획
	癡呆 치매

萌	싹 맹 艸 12획 동芽(싹 아)
	萌隸 맹례 萌芽 맹아 萌動 맹동 萌乎 맹호

棉	목화 면 木 12획
	棉布 면포 棉花 면화

緬	멀 면(:) 糸 15획
	緬奉 면봉 緬羊 면양 緬甸 면전 緬禮 면례

眄	곁눈질할 면: 目 9획
	眄視 면시 顧眄 고면 仰眄 앙면 流眄 유면

麪	국수 면 麥 15획
	麪類 면류 冷麪 냉면 ※麵과 同字

酩	술취할 명: 酉 13획 동酊(술취할 정)
	酩酊 명정

皿	**그릇 명** 皿 5획
	器皿 기명

溟	**바다 명** 水 13획 (동)海(바다 해)
	溟州 명주　溟海 명해　四溟 사명　鴻溟 홍명

暝	**저물 명** 日 14획
	暝暝 명명　闇暝 암명　暝帆 명범　暝投 명투

螟	**멸구 명** 虫 16획
	螟蟲 명충

袂	**소매 메** 衣 9획
	連袂 연메　揮袂 휘메　衣袂 의메　袂口 메구

摸	**더듬을 모** 手 14획 (동)擬(흉내낼 의)
	摸索 모색　摸擬 모의　摸寫 모사　摸繪 모회

糢	**도호할 모** 米 17획 (동)糊(모호할 호)
	糢糊 모호　※模의 俗字

牡	**수컷 모** 牛 7획
	牡丹 모란　牡牛 모우　牡痔 모치　牡荊 모형

耗	**소모할 모** 耒 10획
	磨耗 마모　消耗 소모　耗盡 모진　損耗 손모

歿	**죽을 몰** 歹 8획
	戰歿 전몰　盡歿 진몰

描	그릴 묘: 手 12획 동寫(베낄 사)
	描寫 묘사 素描 소묘 描畫 묘화 點描 점묘

猫	고양이 묘: 犬 12획
	猫兒 묘아 猫柔 묘유

杳	어두울 묘: 木 8획 동冥(어두울 명)
	杳然 묘연 杳冥 묘명 杳杳 묘묘 杳乎 묘호

渺	아득할 묘: 水 12획 동茫(아득할 망)
	渺然 묘연 渺漫 묘만 渺茫 묘망 浩渺 호묘

畝	이랑 무:/묘: 田 10획
	田畝 전묘

毋	말/없을 무 母 4획
	毋論 무론 毋害 무해

拇	엄지손가락 무: 手 8획
	拇印 무인 拇指 무지

巫	무당 무: 工 7획
	巫女 무녀 巫俗 무속 巫祝 무축 巫呪 무주

誣	속일 무: 言 14획 동欺(속일 기)
	誣告 무고 誣陷 무함 誣欺 무기 誣報 무보

憮	어루만질 무: 心 15획
	憮然 무연 懷憮 회무

撫	어루만질 무(:) 手 15획
	撫摩 무마 愛撫 애무 撫育 무육 撫恤 무휼

蕪	거칠 무 艸 16획 동荒(거칠 황)
	荒蕪 황무 平蕪 평무 靑蕪 청무 綠蕪 녹무

蚊	모기 문 虫 10획
	蚊煙 문연 蚊帳 문장 蚊雷 문뢰 蚊群 문군

媚	아첨할 미 女 12획
	媚態 미태 媚笑 미소 媚附 미부 阿媚 아미

薇	장미 미 艸 17획
	薇蕨 미궐 薇蕪 미무

靡	쓰러질 미 非 19획
	靡然 미연 風靡 풍미 草靡 초미 淫靡 음미

悶	답답할 민 心 12획
	苦悶 고민 煩悶 번민 憂悶 우민 排悶 배민

謐	고요할 밀 言 17획
	靜謐 정밀 謐然 밀연 寧謐 영밀 安謐 안밀

剝	벗길 박 刀 10획 동削(깎을 삭)/割(벨 할)
	剝製 박제 剝奪 박탈 剝落 박락 剝蝕 박식

撲	칠 박 手 16획 동打(칠 타)
	撲滅 박멸 撲殺 박살 打撲 타박 相撲 상박

樸	순박할 **박** 木 16획 동 素(본디 소)/質(바탕 질)
	樸鈍 박둔 素樸 소박 淳樸 순박 質樸 질박

珀	호박 **박** 玉 9획
	明珀 명박 琥珀色 호박색

箔	발 **박** 竹 14획
	金箔 금박 蠶箔 잠박 銀箔 은박 珠箔 주박

粕	지게미 **박** 米 11획
	酒粕 주박 糟粕 조박

搏	두드릴 **박** 手 13획 동 擊(칠 격)
	搏動 박동 脈搏 맥박 搏殺 박살 搏擊 박격

縛	얽을 **박** 糸 16획
	結縛 결박 束縛 속박 捕縛 포박 劫縛 겁박

膊	팔뚝 **박** 肉 14획
	上膊 상박 下膊 하박 二頭膊筋 이두박근

駁	논박할 **박** 馬 14획
	雜駁 잡박 論駁 논박 反駁 반박 駁論 박론

攀	더위 잡을 **반** 手 19획
	登攀 등반 攀附 반부 攀緣 반연 攀戀 반련

礬	백반 **반** 石 20획
	明礬 명반 白礬 백반 礬紅 반홍 膽礬 담반

斑	아롱질 반　文 12획	
	斑禿 반독　白斑 백반　斑點 반점　斑駁 반박	

蟠	서릴 반　虫 18획	
	蟠據 반거　蟠龍 반룡　龍蟠 용반　蟠桃 반도	

拌	버릴 반　手 8획	
	攪拌 교반	

畔	밭두둑 반　田 10획　동 畝(이랑 묘)/疇(밭이랑 주)	
	畔界 반계　湖畔 호반　江畔 강반　海畔 해반	

絆	얽어맬 반　糸 11획　동 羈(굴레 기)	
	脚絆 각반　絆瘡膏 반창고	

頒	나눌 반　頁 13획　동 布(펼 포)	
	頒賜 반사　頒布 반포　頒給 반급　頒祿 반록	

槃	쟁반 반　木 14획	
	槃木 반목　槃散 반산	

勃	노할 발　力 9획	
	勃發 발발　勃興 발흥　勃起 발기　蓬勃 봉발	

潑	물뿌릴 발　水 15획	
	活潑 활발　潑剌 발랄　潑皮 발피　潑寒 발한	

撥	다스릴 발　手 15획	
	反撥 반발　撥條 발조　撥亂 발란　支撥 지발	

醱	술괼 발　　　酉　19획　동酵(술밑 효)
	醱酵 발효

跋	밟을 발　　　足　12획
	跋扈 발호　跋文 발문　跋涉 발섭　序跋 서발

魃	가물 발　　　鬼　15획
	旱魃 한발　炎魃 염발

尨	삽살개 방　　尢　7획
	尨犬 방견　尨狗 방구　尨然 방연　尨雜 방잡

幇	도울 방　　　巾　12획　동助(도울 조)
	幇助 방조　幇間 방간　※ 幫과 同字

坊	동네 방　　　土　7획　동閭(마을 려)/里(마을 리)
	坊間 방간　坊本 방본　桂坊 계방　京坊 경방

彷	헤맬 방(:)　　彳　7획　동徨(노닐 황)
	彷徨 방황　彷彿 방불

枋	다목 방　　　木　8획
	枋底 방저　蘇枋 소방

昉	밝을 방　　　日　8획
	申昉 신방　神昉 신방

肪	기름 방　　　肉　8획
	脂肪 지방　松肪 송방

— 300 —

| 榜 | 방붙일 방: 木 14획 |
| | 紙榜 지방   標榜 표방   板榜 판방   榜目 방목 |

| 膀 | 오줌통 방   肉 14획   동 胱(방광 광) |
| | 膀胱 방광 |

| 謗 | 헐뜯을 방   言 17획   동 譏(비웃을 기)/罵(욕할 매) |
| | 毁謗 훼방   謗言 방언   造謗 조방   怨謗 원방 |

| 徘 | 어정거릴 배   彳 11획   동 徊(노닐 회) |
| | 徘徊 배회 |

| 湃 | 물결칠 배   水 12획 |
| | 洶湧澎湃 흉용팽배 |

| 胚 | 아기밸 배   肉 9획   동 孕(아이밸 잉)/胎(아이밸 태) |
| | 胚囊 배낭   胚芽 배아   胚孕 배잉   胚胎 배태 |

| 陪 | 모실 배: 阜 11획   동 隨(따를 수)/侍(모실 시) |
| | 陪席 배석   陪審 배심   陪賓 배빈   陪乘 배승 |

| 帛 | 비단 백   巾 8획 |
| | 帛巾 백건   幣帛 폐백   帛書 백서   布帛 포백 |

| 魄 | 넋 백   鬼 15획 |
| | 氣魄 기백   魂魄 혼백   魄散 백산   死魄 사백 |

| 蕃 | 우거질 번   艸 16획   동 茂(무성할 무)/盛(성할 성) |
| | 蕃盛 번성   蕃殖 번식   蕃酋 번추   蕃界 번계 |

1급

藩	울타리 번 　艸　19획　동 籓(울타리 리)
	阜藩 부번　　藩車 번거　　藩籬 번리　　藩國 번국

帆	돛 범:　　巾　6획
	帆船 범선　　出帆 출범　　征帆 정범　　滿帆 만범

梵	불경 범:　　木　11획
	梵磬 범경　　梵鍾 범종　　梵偈 범게　　梵書 범서

氾	넘칠 범:　　水　5획　동 濫(넘칠 람)/溢(넘칠 일)
	氾濫 범람　　氾溢 범일　　氾論 범론　　氾博 범박

泛	뜰 범:　　水　8획
	泛溢 범일　　泛浸 범침　　泛舟 범주　　泛看 범간

劈	쪼갤 벽　　刀　15획
	劈頭 벽두　　劈破 벽파　　劈開 벽개　　劈碎 벽쇄

擘	엄지손가락 벽　手　17획
	擘指 벽지　　擘裂 벽렬　　手擘 수벽

璧	구슬 벽　　玉　18획　동 玉(구슬 옥)
	完璧 완벽　　雙璧 쌍벽　　璧門 벽문　　璧月 벽월

癖	버릇 벽　　疒　18획
	潔癖 결벽　　盜癖 도벽　　酒癖 주벽　　奇癖 기벽

闢	열 벽　　門　21획
	開闢 개벽　　闢土 벽토

藩(번) — 輻(복)

瞥 눈깜짝할 **별** 目 17획
瞥見 별견   一瞥 일별   瞥眼間 별안간

鼈 자라 **별** 黽 25획
鼈盞 별잔   龜鼈 귀별   鼈主簿 별주부

瓶 병 **병** 瓦 11획
花瓶 화병   酒瓶 주병   金瓶梅 금병매

餠 떡 **병** 食 17획
酒餠 주병   火餠 화병   畫餠 화병   湯餠 탕병

堡 작은성 **보:** 土 12획   동 壘(진 루)
堡壘 보루   堡障 보장   橋頭堡 교두보

洑 보 **보**/스며흐를 **복** 水 9획
湍洑 단복   洑流 복류   洑稅 보세   洑主 보주

菩 보리수 **보** 艸 12획
菩薩 보살   菩提 보제   菩提樹 보제수/보리수

僕 종 **복** 人 14획   동 奴(종 노)/隷(종 례)
公僕 공복   忠僕 충복   奴僕 노복   婢僕 비복

匐 길 **복** 勹 11획
匐枝 복지   扶匐 부복

輻 바퀿살 **복/폭** 車 16획
輻射 복사

鰒	전복 복	魚 20획

鰒魚 복어　全鰒 전복　鰒卵 복란　甘鰒 감복

捧	받들 봉	手 11획

捧納 봉납　拜捧 배봉　收捧 수봉　高捧 고봉

棒	막대 봉	木 12획　동 杖(지팡이 장)

鐵棒 철봉　痛棒 통봉　指揮棒 지휘봉

烽	봉화 봉	火 11획

烽臺 봉대　烽火 봉화　烽煙 봉연　烽警 봉경

鋒	칼날 봉	金 15획　동 刃(칼날 인)

先鋒 선봉　銳鋒 예봉　鋒刃 봉인　藏鋒 장봉

俯	구부릴 부:	人 10획　반 仰(우러를 앙)

俯仰 부앙　俯觀 부관　俯伏 부복　俯察 부찰

咐	분부할 부	口 8획

吩咐 부촉

腑	육부 부	肉 12획　동 臟(오장 장)

肺腑 폐부　六腑 육부　臟腑 장부　腑臟 부장

駙	부마 부:	馬 15획

駙馬 부마

剖	쪼갤 부:	刀 10획　동 判(가를 판)/割(벨 할)

剖檢 부검　解剖 해부　剖決 부결　剖折 부절

埠 | 부두 부 　　土 11획
埠頭 부두　船埠 선부

孵 | 알깔 부 　　子 14획
孵卵 부란　孵化 부화

斧 | 도끼 부 　　斤 8획　동 斤(도끼 근)
斧木 부목　鬼斧 귀부　雷斧 뇌부　斧斤 부근

芙 | 부용 부 　　艹 8획　동 蓉(연꽃 용)
芙蓉 부용

訃 | 부고 부: 　　言 9획
訃告 부고　訃音 부음　訃報 부보　訃聞 부문

賻 | 부의 부: 　　貝 17획
賻儀 부의　賻助 부조　弔賻 조부　賻祭 부제

噴 | 뿜을 분 　　口 15획
噴霧 분무　噴射 분사　噴水 분수　噴火 분화

吩 | 분부할 분: 　　口 7획　동 咐(분부할 부)
吩咐 분부

忿 | 성낼 분: 　　心 8획　동 怒(성낼 노)
忿怒 분노　激忿 격분　忿爭 분쟁　忿隙 분극

扮 | 꾸밀 분 　　手 7획　동 裝(꾸밀 장)/飾(꾸밀 식)
扮飾 분식　扮裝 분장

— 305 —

1급

盆	동이 분	皿 9획

盆栽 분재   花盆 화분   盆景 분경   盆地 분지

雰	눈날릴 분	雨 12획

雰雰 분분   雰虹 분홍   雰圍氣 분위기

焚	불사를 분	火 12획 동 燒(불사를 소)

焚身 분신   焚香 분향   焚火 분화   焚溺 분닉

糞	똥 분	米 17획 반 尿(오줌 뇨)

糞尿 분뇨   鷄糞 계분   人糞 인분   嘗糞 상분

彿	비슷할 불	亻 8획

彷彿 방불

棚	사다리 붕	木 12획 동 棧(사다리 잔)

棚棧 붕잔   山棚 산붕   大陸棚 대륙붕

硼	붕사 붕	石 13획

硼酸 붕산   硼素 붕소

繃	묶을 붕	糸 17획

繃帶 붕대

憊	고단할 비:	心 16획 동 困(곤할 곤)

困憊 곤비   疲憊 피비   憊色 비색   倦憊 권비

妣	죽은어미 비:	女 7획 반 考(죽은아버지 고)

祖妣 조비   顯妣 현비   考妣 고비   先妣 선비

匕	비수 비: 匕 2획 (반)箸(젓가락 저)	
	匕首 비수　匕箸 비저	

| 庇 | 덮을 비: 广 7획 (동)蔭(그늘 음) |
| | 庇護 비호　補庇 보비　蔭庇 음비　曲庇 곡비 |

| 琵 | 비파 비 玉 12획 (동)琶(비파 파) |
| | 琵琶 비파 |

| 砒 | 비상 비 石 9획 |
| | 砒霜 비상　砒素 비소　砒酸 비산　砒石 비석 |

| 秕 | 쭉정이 비: 禾 9획 |
| | 秕糠 비강　秕政 비정 |

| 沸 | 끓을 비:/용솟음할 불 水 8획 (동)涌(샘솟을 용)/湯(끓을 탕) |
| | 沸騰 비등　沸水 불수　沸騰點 비등점 |

| 扉 | 사립문 비 戶 12획 |
| | 柴扉 시비　竹扉 죽비　石扉 석비　鐵扉 철비 |

| 緋 | 비단 비(:) 糸 14획 (동)緞(비단 단) |
| | 緋緞 비단　緋甲 비갑　緋衲 비납　緋綠 비록 |

| 蜚 | 바퀴/날 비 虫 14획 |
| | 蜚騰 비등　蜚語 비어 |

| 誹 | 헐뜯을 비 言 15획 (반)譽(기릴 예) (동)謗(헐뜯을 방) |
| | 誹謗 비방　誹毀 비훼　腹誹 복비　怨誹 원비 |

1급

翡	물총새 비: 羽 14획 반 翠(비취빛 취)
	翡翠 비취

臂	팔 비: 肉 17획 반 脚(다리 각) 동 膊(어깨 박)
	臂環 비환 臂力 비력 肩臂痛 견비통

脾	지라 비: 肉 12획
	脾胃 비위 脾臟 비장 脾泄 비설

痺	저릴 비 疒 13획
	麻痺 마비 周痺 주비 冷痺 냉비 頑痺 완비

裨	도울 비(:) 衣 13획 동 補(도울 보)/助(도울 조)
	裨補 비보 裨益 비익 裨將 비장 裨助 비조

譬	비유할 비: 言 20획 동 喩(비유할 유)
	譬喩 비유

鄙	더러울 비: 邑 14획 동 陋(더러울 루)/穢(더러울 예)
	鄙劣 비열 野鄙 야비 鄙淺 비천 鄙願 비원

嚬	찡그릴 빈 口 19획
	效嚬 효빈 嚬笑 빈소 ※ 矉과 同字

瀕	물가/가까울 빈 水 19획
	瀕死 빈사 瀕海 빈해

嬪	궁녀 빈 女 17획
	嬪宮 빈궁 嬪妾 빈첩 妃嬪 비빈 嬪從 빈종

殯	빈소 빈　　歹 18획
	殯所 빈소　殯殿 빈전

濱	물가 빈　　水 17획
	濱塞 빈새　濱涯 빈애　水濱 수빈　海濱 해빈

憑	기댈 빙　　心 16획　동 依(의지할 의)
	憑藉 빙자　憑虛 빙허　憑據 빙거　證憑 증빙

蓑	도롱이 사　　艸 14획
	蓑笠 사립　蓑衣 사의

些	적을 사　　二 7획　동 微(작을 미)/少(적을 소)
	些少 사소　些事 사사　些末 사말　些細 사세

嗣	이을 사　　口 13획　반 絶(끊을 절)　동 續(이을 속)
	嗣者 사자　後嗣 후사　嗣續 사속　國嗣 국사

祠	사당 사　　示 10획　동 廟(사당 묘)
	祠堂 사당　祠院 사원　顯忠祠 현충사

奢	사치할 사　　大 12획　동 侈(사치할 치)
	奢侈 사치　豪奢 호사　奢麗 사려　驕奢 교사

娑	춤출/사바세상 사　女 10획
	娑婆世界 사바세계

紗	비단 사　　糸 10획　동 絹(비단 견)/緞(비단 단)
	紗帽 사모　羅紗 나사　窓紗 창사　素紗 소사

| 徙 | 옮길 사 | 彳 11획 |
| 移徙 이사 轉徙 전사 |

| 瀉 | 쏟을 사 | 水 18획 (동) 痢(설사 리) |
| 吐瀉 토사 瀉痢 사리 瀉出 사출 瀉下 사하 |

| 獅 | 사자 사 | 犬 13획 |
| 獅子 사자 獅子吼 사자후 |

| 麝 | 사향노루 사: | 鹿 21획 |
| 麝香 사향 麝墨 사묵 |

| 刪 | 깎을 산 | 刀 7획 (반) 增(더할 증) (동) 削(깎을 삭) |
| 刪削 산삭 刪改 산개 刪修 산수 刪略 산략 |

| 珊 | 산호 산 | 玉 9획 (동) 瑚(산호 호) |
| 珊瑚 산호 |

| 疝 | 산증 산 | 疒 8획 |
| 疝症 산증 疝氣 산기 |

| 撒 | 뿌릴 살 | 手 15획 |
| 撒布 살포 撒水 살수 撒袋 살대 撒壞 살괴 |

| 煞 | 죽일 살 | 火 13획 |
| 急煞 급살 驛馬煞 역마살 ※殺과 同字 |

| 薩 | 보살 살 | 艸 18획 |
| 布薩 포살 薩水大捷 살수대첩 |

— 310 —

滲	스밀 삼 — 水 14획 동 透(꿰뚫을 투) 약 渗			
	滲透 삼투	滲入 삼입	滲出 삼출	滲泄 삼설

澁	떫을 삽 — 水 15획			
	澁滯 삽체	難澁 난삽	澁苦 삽고	澁語 삽어

孀	홀어미 상 — 女 20획 반 鰥(홀아비 환)			
	孀婦 상부	孀閨 상규	靑孀寡婦 청상과부	

爽	시원할 상: — 爻 11획 동 快(쾌할 쾌)			
	爽快 상쾌	爽然 상연	爽氣 상기	淸爽 청상

翔	날 상 — 羽 12획 반 踊(뛸 용)			
	飛翔 비상	回翔 회상	雲翔 운상	高翔 고상

觴	잔 상 — 角 18획			
	觴酌 상작	濫觴 남상	觴詠 상영	交觴 교상

璽	옥새 새 — 玉 19획			
	玉璽 옥새	璽寶 새보	國璽 국새	璽書 새서

嗇	아낄 색 — 口 13획		
	節嗇 절색	嗇夫 색부	

牲	희생 생 — 牛 9획		
	牲殺 생살	牲酒 생주	

甥	생질 생 — 生 12획 반 舅(외숙 구) 동 姪(조카 질)			
	舅甥 구생	甥姪 생질	外甥 외생	甥館 생관

1급

嶼	섬 서	山	17획

島嶼 도서   洲嶼 주서

抒	토로할 서	手	7획

抒情 서정   抒情詩 서정시

曙	새벽 서:	日	18획 (반) 昏(어두울 혼)

曙光 서광   曙星 서성   曙天 서천   曙景 서경

薯	감자 서	艹	18획

薯童 서동   甘薯 감서   薯童謠 서동요

棲	깃들일 서:	木	12획

兩棲 양서   棲息 서식   棲遲 서지   水棲 수서

犀	무소 서:	牛	12획

犀角 서각   犀利 서리   木犀 목서   犀甲 서갑

胥	서로 서:	肉	9획

胥吏 서리   胥匡 서광   象胥 상서   胥徒 서도

壻	사위 서:	土	12획 (반) 翁(장인 옹)

翁壻 옹서   壻郎 서랑   同壻 동서   姪壻 질서

黍	기장 서:	黍	12획

黍粟 서속   黍穀 서곡   黍稷 서직   黍酒 서주

鼠	쥐 서:	鼠	13획

鼠盜 서도   鼠狼 서랑   鼠生員 서생원

潟	개펄 석 　　水　15획
	潟流 석류　干潟地 간석지

扇	부채 선 　　戶　10획
	羅扇 나선　扇形 선형　扇狀地 선상지

煽	부채질할 선 　　火　14획
	煽動 선동　煽情 선정　煽惑 선혹　煽熾 선치

羨	부러워할 선:/무덤길 연:　羊　13획
	羨望 선망　欽羨 흠선　羨慕 선모　仰羨 앙선

膳	선물/반찬 선:　肉　16획
	膳物 선물　珍膳 진선　饗膳 향선　魚膳 어선

腺	샘 선 　　肉　13획
	腺病 선병　汗腺 한선　甲狀腺 갑상선

銑	무쇠 선 　　金　14획
	銑鐵 선철

屑	가루 설 　　尸　10획
	屑塵 설진　屑鐵 설철　碎屑 쇄설　玉屑 옥설

洩	샐 설/퍼질 예　水　9획　동 漏(샐 루)
	漏洩 누설　露洩 노설

泄	샐 설 　　水　8획
	泄瀉 설사　排泄 배설　漏泄 누설　泄氣 설기

渫	파낼 **설**	水 12획

浚渫 준설   渫慢 설만

殲	다 죽일 **섬**	歹 21획 (동) 滅(멸할 멸)

殲滅 섬멸   殲撲 섬박   剋殲 극섬   殲夷 섬이

閃	번쩍일 **섬**	門 10획

閃光 섬광   閃影 섬영   閃火 섬화   閃電 섬전

醒	깰 **성**	酉 16획 (반) 醉(취할 취) (동) 寤(깰 오)

覺醒 각성   醉醒 취성   醒然 성연   醒悟 성오

塑	흙 빚을 **소:**	土 13획

泥塑 이소   彫塑 조소   塑像 소상   繪塑 회소

遡	거스를 **소**	辵 14획

遡及 소급   遡流 소류

宵	밤 **소**	宀 10획 (반) 晨(새벽 신)/晝(낮 주)

宵宴 소연   晝宵 주소   宵半 소반   宵晨 소신

逍	노닐 **소**	辵 11획

逍遙 소요   逍風 소풍

疏	성길 **소**	疋 12획 (반) 密(빽빽할 밀) (동) 隔(사이뜰 격)

疏薄 소박   疏脫 소탈   疏忽 소홀   親疏 친소

搔	긁을 **소**	手 13획 (동) 爬(긁을 파)

搔爬 소파   搔頭 소두   隔搔 격소   搔擾 소요

澩(설) — 碎(쇄)

瘙	피부병 소　疒 15획	
	風瘙 풍소	

梳	얼레빗 소　木 11획　동櫛(빗 즐)	
	梳櫛 소즐　梳沐 소목　梳洗 소세　梳髮 소발	

甦	깨어날 소　生 12획	
	甦生 소생　甦息 소식　※蘇와 同字	

簫	통소 소　竹 18획　동管(대롱 관)	
	簫鼓 소고　簫笛 소적　簫管 소관　簫郞 소랑	

蕭	쓸쓸할 소　艸 16획　동廖(쓸쓸할 료)/寂(고요할 적)	
	蕭灑 소쇄　蕭瑟 소슬　蕭森 소삼　蕭散 소산	

贖	속죄할 속　貝 22획	
	贖罪 속죄　贖刑 속형　赦贖 사속　贖錢 속전	

遜	겸손할 손　辶 14획　동恭(공손할 공)	
	謙遜 겸손　恭遜 공손　遜讓 손양　不遜 불손	

悚	두려워할 송:　心 10획　동懼(두려워할 구)/惶(두려울 황)	
	悚悸 송계　悚懼 송구　罪悚 죄송　戰悚 전송	

灑	뿌릴 쇄:　水 22획	
	灑掃 쇄소　灑泣 쇄읍　掃灑 소쇄　灑落 쇄락	

碎	부술 쇄:　石 13획　동破(깨뜨릴 파)	
	粉碎 분쇄　碎鑛 쇄광　碎身 쇄신　細碎 세쇄	

1급

嫂	형수 수	女 13획
	舅嫂 구수 兄嫂 형수 季嫂 계수 嫂叔 수숙	

瘦	여윌 수	疒 15획 (반) 肥(살찔 비) (동) 瘠(여마를 척)
	瘦瘠 수척 瘦削 수삭 瘦軀 수구 瘦身 수신	

戍	수자리 수	戈 6획
	戍兵 수병 衛戍 위수 戍人 수인 謫戍 적수	

狩	사냥할 수	犬 9획 (동) 獵(사냥 렵)
	狩獵 수렵 狩人 수인 巡狩碑 순수비	

穗	이삭 수	禾 17획
	落穗 낙수 拾穗 습수 麥穗 맥수 禾穗 화수	

竪	세울 수	立 13획 (반) 橫(가로 횡) (동) 立(설 립)
	竪宦 수환 竪立 수립 竪童 수동 竪子 수자	

粹	순수할 수	米 14획 (약) 粋
	粹美 수미 純粹 순수 精粹 정수 粹白 수백	

繡	수놓을 수:	糸 18획 (약) 繍
	錦繡 금수 繡衾 수금 刺繡 자수 繡像 수상	

羞	부끄러울 수	羊 11획 (동) 愧(부끄러울 괴)/恥(부끄러울 치)
	羞恥 수치 羞愧 수괴 慙羞 참수 珍羞 진수	

蒐	모을 수	艸 14획 (동) 集(모을 집)/輯(모을 집)
	蒐集 수집 蒐羅 수라 蒐補 수보 茅蒐 모수	

嫂(수) — 馴(순)

讎
원수 수 言 23획 동 仇(원수 구)
復讎 복수   怨讎 원수   讎仇 수구   國讎 국수

袖
소매 수 衣 10획
領袖 영수   袖手 수수   袖口 수구   衣袖 의수

酬
갚을 수 酉 13획 동 報(갚을 보)
酬酌 수작   報酬 보수   獻酬 헌수   應酬 응수

髓
골수 수 骨 23획 약 髄
髓腦 수뇌   骨髓 골수   精髓 정수   眞髓 진수

塾
글방 숙 土 14획
塾舍 숙사   私塾 사숙   塾生 숙생   塾堂 숙당

夙
이를 숙 夕 6획
夙成 숙성   夙志 숙지   夙敏 숙민   夙起 숙기

菽
콩 숙 艸 12획
菽麥 숙맥   菽粟 숙속   菽水 숙수   菽醬 숙장

筍
죽순 순 竹 12획
蔬筍 소순   竹筍 죽순   稚筍 치순   石筍 석순

醇
전국술 순 酉 15획
醇化 순화   醇厚 순후   醇朴 순박   醇醴 순례

馴
길들일 순 馬 13획
馴致 순치   馴鹿 순록   調馴 조순   馴良 순량

膝	무릎 슬　　　　　　肉　15획
	膝下 슬하　　容膝 용슬　　膝蓋骨 슬개골

丞	도울/정승 승　　　　一　6획
	丞相 승상　　政丞 정승

匙	숟가락 시:　　　　匕　11획　(반)箸(젓가락 저)
	挿匙 삽시　　匙箸 시저　　飯匙 반시　　茶匙 다시

媤	시집 시　　　　女　12획
	媤家 시가　　媤叔 시숙　　媤宅 시댁

弑	윗사람 죽일 시　　弋　12획　(동)戮(죽일 륙)
	弑殺 시살　　弑害 시해

柿	감 시:　　　　木　9획
	柿雪 시설　　紅柿 홍시　　霜柿 상시　　乾柿 건시

猜	시기할 시　　　犬　11획　(동)忌(꺼릴 기)/妬(투기할 투)
	猜妬 시투　　猜憚 시탄　　猜忌 시기　　猜畏 시외

諡	시호 시:　　　　言　16획
	諡號 시호　　賜諡 사시　　諡法 시법　　追諡 추시

豺	승냥이 시:　　　豸　10획
	豺狼 시랑　　豺虎 시호

拭	씻을 식　　　　手　9획
	拭淸 식청　　拂拭 불식　　拭目 식목　　拭淨 식정

熄	불꺼질 식　　火 14획	熄滅 식멸　終熄 종식
蝕	좀먹을 식　　虫 15획	腐蝕 부식　侵蝕 침식　蝕旣 식기　雨蝕 우식
呻	읊조릴 신　　口 8획　(동)吟(읊을 음)	呻吟 신음
娠	아이밸 신　　女 10획	姙娠 임신
蜃	큰조개 신:　　虫 13획　(동)蛤(대합조개 합)	蜃蛤 신합　蜃市 신시　蜃氣樓 신기루
宸	대궐 신　　宀 10획　(동)闕(대궐 궐)	宸宴 신연　宸襟 신금　宸衷 신충　宸鑑 신감
燼	불탄 끝 신　　火 18획	灰燼 회신　燼滅 신멸　餘燼 여신　煙燼 연신
薪	섶 신　　艸 17획　(동)柴(섶 시)	薪柴 신시　薪樵 신초　薪炭 신탄　薪木 신목
訊	물을 신:　　言 10획　(동)問(물을 문)	訊問 신문　訊責 신책　訊檢 신검　拷訊 고신
迅	빠를 신　　辵 7획　(동)速(빠를 속)/疾(빠를 질)	迅雷 신뢰　迅速 신속　迅急 신급　迅雨 신우

悉	다 실　　　心 11획　동 皆(다 개)/盡(다할 진)
	悉盡 실진　　知悉 지실　　悉皆 실개　　詳悉 상실

俄	아까 아　　　人 9획
	俄館 아관　　俄然 아연　　俄頃 아경　　俄刻 아각

訝	의심할 아　　言 11획　동 惑(미혹할 혹)
	驚訝 경아　　疑訝 의아　　訝惑 아혹　　怪訝 괴아

啞	벙어리 아　　口 11획　약 唖
	盲啞 맹아　　嘔啞 구아　　啞子 아자　　啞咽 아열

衙	마을/관청 아　　行 13획　동 府(마을 부)/署(관청 서)
	衙前 아전　　衙隷 아례　　官衙 관아　　殿衙 전아

顎	턱 악　　　頁 18획
	顎骨 악골　　上顎 상악　　下顎 하악

愕	놀랄 악　　　心 12획
	驚愕 경악　　嗟愕 차악　　錯愕 착악　　駭愕 해악

堊	흰흙 악　　　土 11획
	堊室 악실　　丹堊 단악　　白堊館 백악관

按	누를/살필 안：　手 9획　동 撫(어루만질 무)/察(살필 찰)
	按撫 안무　　按摩 안마　　按手 안수　　按擦 안찰

晏	늦을 안：　　日 10획
	晏駕 안가　　晏眠 안면　　晏起 안기　　晏然 안연

鞍	안장 **안:** 革 15획	
	鞍馬 안마　鞍裝 안장　鞍橋 안교　鞍傷 안상	
軋	삐걱거릴 **알** 車 8획	
	軋轢 알력　嘔軋 구알	
斡	돌 **알** 斗 14획　동 旋(돌 선)	
	斡旋 알선　斡流 알류	
庵	암자 **암** 广 11획　동 廬(농막집 려)	
	庵子 암자　禪庵 선암　草庵 초암　庵廬 암려	
闇	숨을 **암:** 門 17획　동 冥(어두울 명)	
	闇鈍 암둔　闇蔽 암폐　闇昧 암매　闇冥 암명	
怏	원망할 **앙** 心 8획	
	怏宿 앙숙　怏心 앙심　怏鬱 앙울　怏怏 앙앙	
秧	모 **앙** 禾 10획　동 苗(모 묘)	
	秧板 앙판　移秧 이앙　秧稻 앙도　秧苗 앙묘	
鴦	원앙 **앙** 鳥 16획	
	鴦錦 앙금　鴦衾 앙금	
昂	높을 **앙** 日 8획	
	昂騰 앙등　激昂 격앙　昂貴 앙귀　低昂 저앙	
曖	희미할 **애** 日 17획　동 昧(어두울 매)	
	曖昧 애매　曖然 애연	

崖	언덕 애	山 11획		
	斷崖 단애	絕崖 절애	懸崖 현애	崖脚 애각

隘	좁을 애	阜 13획	동 陋(좁을 루)/狹(좁을 협)	
	隘路 애로	隘險 애험	陋隘 누애	隘狹 애협

靄	아지랑이 애	雨 24획		
	靄靄 애애	彩靄 채애	曉靄 효애	靄然 애연

扼	누를 액	手 7획		
	扼腕 액완	扼殺 액살	扼喉 액후	扼據 액거

縊	목맬 액	糸 16획		
	縊死 액사	縊殺 액살	縊刑 액형	絞縊 교액

腋	겨드랑이 액	肉 12획		
	腋氣 액기	腋汗 액한	腋毛 액모	腋臭 액취

櫻	앵두 앵	木 21획		
	櫻桃 앵도	櫻脣 앵순	櫻花 앵화	山櫻 산앵

鶯	꾀꼬리 앵	鳥 21획		
	鶯聲 앵성	鶯歌 앵가	鶯舌 앵설	鶯遷 앵천

冶	풀무 야:	冫 7획	동 鎔(쇠녹일 용)/鑄(쇠불릴 주)	
	鍛冶 단야	陶冶 도야	冶金 야금	冶坊 야방

揶	야유할 야:	手 12획	동 揄(야유할 유)	
	揶揄 야유	※ 捓와 同字		

| 爺 | 아비 **야** | 父 13획 (반)孃(아가씨 양) |

老爺 노야   爺孃 야양   好好爺 호호야

| 药 | 꽃밥 **약** | 艸 13획 |

葯胞 약포   去葯 거약

| 瘍 | 헐 **양** | 疒 14획 |

潰瘍 궤양   腫瘍 종양   瘡瘍 창양   瘍醫 양의

| 攘 | 물리칠 **양:** | 手 20획 |

攘臂 양비   攘夷 양이   攘伐 양벌   攘斥 양척

| 釀 | 술빚을 **양:** | 酉 24획 (약)醸 |

釀造 양조   釀酒 양주   釀母 양모   家釀 가양

| 恙 | 병/근심할 **양** | 心 10획 (동)憂(근심 우) |

恙病 양병   微恙 미양   無恙 무양   疹恙 진양

| 癢 | 가려울 **양** | 疒 20획 |

搔癢 소양   癢痛 양통

| 圄 | 옥 **어** | 口 10획 (동)圇(감옥 령) |

獄圄 옥어   圄圇 어령

| 瘀 | 어혈질 **어:** | 疒 13획 |

瘀血 어혈   瘀熱 어열   瘀肉 어육   逐瘀 축어

| 禦 | 막을 **어:** | 示 16획 |

防禦 방어   守禦 수어   禦侮 어모   禦寒 어한

臆	가슴 억	肉 17획
	臆說 억설 臆測 억측 臆決 억결 臆斷 억단	

堰	둑 언	土 12획 동堤(둑 제)
	堰堤 언제 海堰 해언	

諺	언문/속담 언:	言 16획
	諺解 언해 俗諺 속언 諺文 언문 諺譯 언역	

儼	엄연할 엄	人 22획
	儼然 엄연 儼存 엄존 儼恪 엄각 儼雅 엄아	

奄	문득 엄:	大 8획 동忽(갑자기 홀)
	奄然 엄연 奄忽 엄홀 奄棄 엄기 奄遲 엄지	

掩	가릴 엄:	手 11획 동蔽(덮을 폐)
	掩襲 엄습 掩蔽 엄폐 掩護 엄호 掩匿 엄닉	

繹	풀 역	糸 19획
	絡繹 낙역 演繹 연역 繹騷 역소 繹史 역사	

捐	버릴 연:	手 10획 동棄(버릴 기)
	出捐 출연 捐館 연관 義捐 의연 捐軀 연구	

椽	서까래 연	木 13획
	椽木 연목 椽端 연단 附椽 부연 屋椽 옥연	

鳶	솔개 연	鳥 14획
	鳶鵲 연작 飛鳶 비연 防牌鳶 방패연	

臆(억) — 悟(오)

筵 대자리 연 | 竹 13획 | 동 席(자리 석)
筵席 연석　酒筵 주연　經筵 경연　講筵 강연

焰 불꽃 염 | 火 12획
氣焰 기염　火焰 화염　光焰 광염　勢焰 세염

艶 고울 염: | 色 19획 | 동 美(아름다울 미)
妖艶 요염　麗艶 여염　艶聞 염문　濃艶 농염

嬰 어린아이 영 | 女 17획
嬰兒 영아　嬰孩 영해　嬰禍 영화　退嬰 퇴영

裔 후손 예 | 衣 13획 | 동 孫(손자 손)/冑(자손 주)
裔孫 예손　冑裔 주예　後裔 후예　遐裔 하예

曳 끌 예 | 曰 6획 | 동 引(끌 인)
曳引 예인　牽曳 견예　曳光彈 예광탄

穢 더러울 예: | 禾 18획 | 반 淨(깨끗할 정) 동 汚(더러울 오)
穢德 예덕　穢慾 예욕　穢濁 예탁　汚穢 오예

詣 이를 예: | 言 13획
詣闕 예궐　造詣 조예　參詣 참예　馳詣 치예

寤 잠깰 오: | 宀 14획 | 반 寐(잠잘 매)
寤寐 오매　覺寤 각오　寤境 오경　寤夢 오몽

伍 대오 오: | 人 6획
落伍 낙오　隊伍 대오　伍列 오열　編伍 편오

奧	깊을 오(:)	大 13획	반淺(얕을 천)
	奧妙 오묘 深奧 심오 奧藏 오장 奧地 오지		

懊	한할 오:	心 16획	동恨(한할 한)
	懊惱 오뇌 懊悔 오회		

蘊	쌓을 온:	艸 20획	동蓄(모을 축)
	蘊結 온결 蘊蓄 온축 蘊奧 온오 蘊藉 온자		

壅	막을 옹:	土 16획	동塞(막힐 색)/滯(막힐 체)
	壅拙 옹졸 壅塞 옹색 壅劫 옹겁 壅滯 옹체		

渦	소용돌이 와	水 12획	
	渦流 와류 渦紋 와문 渦旋 와선 盤渦 반와		

蝸	달팽이 와	虫 15획	
	蝸角 와각 蝸牛 와우 蝸牛殼 와우각		

訛	그릇될 와:	言 11획	동謬(그르칠 류)
	訛謬 와류 訛傳 와전 訛言 와언 浮訛 부와		

婉	순할/아름다울 완:	女 11획	동麗(고울 려)/美(아름다울 미)
	婉曲 완곡 婉娩 완만 婉麗 완려 婉弱 완약		

宛	완연할 완:	宀 8획	
	宛丘 완구 宛然 완연 宛轉 완전 宛妙 완묘		

腕	팔뚝 완:	肉 12획	
	敏腕 민완 腕章 완장 腕力 완력 鐵腕 철완		

玩	즐길 **완:** 玉 8획 **동** 弄(희롱할 롱)	玩具 완구　玩弄 완롱　嗜玩 기완　遊玩 유완
頑	완고할 **완** 頁 13획	頑强 완강　頑固 완고　頑慢 완만　頑守 완수
阮	성(姓) **완:** 阜 7획	阮翁 완옹　阮元 완원　阮籍 완적　阮咸 완함
枉	굽을 **왕:** 木 8획 **동** 曲(굽을 곡)/撓(휠 뇨)	枉駕 왕가　枉臨 왕림　枉告 왕고　枉法 왕법
矮	난쟁이 **왜** 矢 13획 **동** 短(짧을 단)	矮軀 왜구　矮小 왜소　矮陋 왜루　矮林 왜림
猥	외람할 **외:** 犬 12획	猥濫 외람　猥雜 외잡　猥俗 외속　淫猥 음외
巍	높고 클 **외** 山 21획	巍然 외연　巍巍 외외
僥	요행 **요** 人 14획	僥倖 요행　※倖은 1급 外字
饒	넉넉할 **요** 食 21획	饒富 요부　豊饒 풍요　饒居 요거　饒貸 요대
凹	오목할 **요** 凵 5획 **반** 凸(볼록할 철)	凹凸 요철　凹面 요면　凹處 요처　凹地 요지

| 拗 | 우길 요　　　手 8획
執拗 집요　　拗體 요체

| 窈 | 고요할 요:　　穴 10획　동寞(쓸쓸할 막)
窈窕 요조　　窈冥 요명　　窈然 요연　　窈糾 요규

| 夭 | 일찍 죽을 요:　　大 4획　반壽(목숨 수)
夭折 요절　　夭死 요사　　夭桃 요도　　夭逝 요서

| 擾 | 시끄러울 요　　手 18획　동亂(어지러울 란)
騷擾 소요　　擾亂 요란　　擾擾 요요　　紛擾 분요

| 窯 | 가마 요　　穴 15획
陶窯 도요　　窯址 요지　　窯業 요업　　瓦窯 와요

| 邀 | 맞을 요:　　辶 17획　동招(부를 초)
邀擊 요격　　邀請 요청　　邀招 요초　　奉邀 봉요

| 聳 | 솟을 용:　　耳 17획
聳出 용출　　聳起 용기　　聳空 용공　　聳立 용립

| 茸 | 우거질 용　　艸 10획
鹿茸 녹용　　蒙茸 몽용　　家茸 가용　　鼻茸 비용

| 蓉 | 연꽃 용　　艸 14획
芙蓉劍 부용검

| 涌 | 샘솟을 용:　　水 10획
涌泉 용천　　涌出 용출　　涌起 용기　　涌沫 용말

拗(요) ― 冤(원)

踊 뛸 용: 足 14획 반 飛(날 비) 동 躍(뛸 약)
舞踊 무용 踊貴 용귀 踊躍 용약 踊塔 용탑

嵎 산굽이 우 山 12획
嵎嵎 우우 嵎夷 우이

寓 부칠 우: 宀 12획
寓意 우의 寓話 우화 寓居 우거 寓言 우언

隅 모퉁이 우: 阜 12획 동 奧(속 오)
隅角 우각 隅谷 우곡 邊隅 변우 四隅 사우

虞 염려할/나라이름 우 虍 13획
虞犯 우범 虞祭 우제 虞人 우인 虞侯 우후

迂 에돌 우 辵 7획 동 遠(멀 원)/廻(돌 회)
迂廻 우회 迂路 우로 迂遠 우원 迂疏 우소

殞 죽을 운: 歹 14획 동 死(죽을 사)
殞命 운명 殞泣 운읍 殞死 운사 殞霜 운상

隕 떨어질 운: 阜 13획
隕石 운석 隕星 운성 隕潰 운궤 隕淚 운루

耘 김맬 운 耒 10획
耘培 운배 耘耘 운운 耕耘機 경운기

冤 원통할 원(:) 冖 10획 동 痛(원망할 통)
伸冤 신원 冤痛 원통 冤魂 원혼 冤鬼 원귀

1급

― 329 ―

| 猿 | 원숭이 **원**　　　犬　13획　**동** 狙(원숭이 저) |
| | 猿臂 원비　犬猿 견원　類人猿 유인원 |

| 鴛 | 원앙 **원**　　　鳥　16획　**반** 鴦(원앙 앙) |
| | 鴛鴦 원앙　鴛侶 원려　※鴛(수컷), 鴦(암컷) |

| 萎 | 시들 **위**　　　艸　12획　**동** 凋(시들 조) |
| | 萎落 위락　萎縮 위축　萎靡 위미　衰萎 쇠위 |

| 宥 | 너그러울 **유**　　　宀　9획 |
| | 寬宥 관유　宥和 유화　宥免 유면　宥恕 유서 |

| 喩 | 깨우칠 **유**　　　口　12획 |
| | 比喩 비유　隱喩 은유　直喩 직유　引喩 인유 |

| 愉 | 즐거울 **유**　　　心　12획　**동** 樂(즐길 락)/悅(기쁠 열) |
| | 愉樂 유락　愉愉 유유　愉逸 유일　愉色 유색 |

| 揄 | 야유할 **유**　　　手　12획 |
| | 揄揚 유양　揄袂 유메 |

| 鍮 | 놋쇠 **유**　　　金　17획 |
| | 鍮器 유기　眞鍮 진유 |

| 諭 | 타이를 **유**　　　言　16획　**동** 曉(깨달을 효) |
| | 訓諭 훈유　諭旨 유지　諭示 유시　宣諭 선유 |

| 癒 | 병나을 **유**　　　疒　18획 |
| | 癒着 유착　治癒 치유　快癒 쾌유　全癒 전유 |

猿(원) — 擬(의)

柚 유자 유 　　木 9획
柚子 유자　柚酒 유주

諛 아첨할 유 　　言 16획　동諂(아첨할 첨)/媚(아첨할 미)
諛言 유언　阿諛 아유　諛辭 유사　諛媚 유미

蹂 밟을 유 　　足 16획　동躪(짓밟을 린)/踐(밟을 천)
蹂踐 유천　蹂若 유약

游 헤엄칠 유 　　水 12획
游泳 유영　回游 회유　游泛 유범　游蕩 유탕

戎 병장기/오랑캐 융 　　戈 6획　동兵(병사 병)
戎狄 융적　戎夷 융이　戎虜 융로　蒙戎 몽융

絨 가는 베 융 　　糸 12획
絨緞 융단　絨衣 융의　石絨 석융　製絨 제융

蔭 그늘 음 　　艸 15획　동庇(덮을 비)　약蔭
蔭德 음덕　蔭補 음보　蔭官 음관　樹蔭 수음

揖 읍할 읍 　　手 12획
揖禮 읍례　揖讓 읍양　揖遜 읍손　拱揖 공읍

膺 가슴 응: 　　肉 17획
膺受 응수　膺懲 응징

擬 비길 의 　　手 17획
擬聲 의성　模擬 모의　擬態 의태　擬作 의작

椅	의자 의　　木 12획
	椅子 의자　　交椅 교의

毅	굳셀 의　　殳 15획　동 勇(날랠 용)
	剛毅 강의　　毅然 의연　　忠毅 충의　　嚴毅 엄의

誼	정 의　　言 15획
	友誼 우의　　厚誼 후의　　情誼 정의　　禮誼 예의

痍	상처 이　　疒 11획　동 傷(다칠 상)
	傷痍 상이　　創痍 창이

姨	이모 이　　女 9획
	姨從 이종　　姨姪 이질　　姨母 이모　　姨子 이자

弛	늦출 이　　弓 6획　동 緩(느릴 완)
	弛緩 이완　　解弛 해이　　弛惰 이타　　傾弛 경이

爾	너 이　　爻 14획　동 汝(너 여)
	爾時 이시　　爾汝 이여　　爾來 이래　　爾夕 이석

餌	미끼 이　　食 15획
	好餌 호이　　鉤餌 구이　　食餌 식이　　藥餌 약이

翌	다음날 익　　羽 11획
	翌年 익년　　翌月 익월　　翌日 익일　　翌朝 익조

咽	목구멍 인/목멜 열/삼킬 연　　口 9획
	咽喉 인후　　嗚咽 오열　　咽頭 인두　　感咽 감열

湮	묻힐 **인** 水 12획 통 沒(빠질 몰)/沈(잠길 침)
	湮滅 인멸 湮沒 인몰 湮淪 인륜 湮晦 인회

蚓	지렁이 **인** 虫 10획
	春蚓 춘인

靭	질길 **인** 革 12획
	靭帶 인대 强靭 강인 靭皮 인피 堅靭 견인

佚	편안 **일**/질탕 **질** 人 7획 통 蕩(방탕할 탕)
	佚失 일실 佚樂 일락 佚居 일거 佚蕩 질탕

溢	넘칠 **일** 水 13획
	海溢 해일 盈溢 영일 充溢 충일 溢血 일혈

剩	남을 **잉:** 刀 12획 통 餘(남을 여)
	剩餘 잉여 過剩 과잉 剩額 잉액 剩員 잉원

孕	아이밸 **잉:** 子 5획 통 胎(아이밸 태)
	孕胎 잉태 孕母 잉모 孕重 잉중 懷孕 회잉

仔	자세할 **자** 人 5획 통 詳(자세할 상)
	仔詳 자상 仔細 자세 仔蟲 자충 仔肩 자견

炙	구울 **자/적** 火 8획 반 膾(어회 회)
	膾炙 회자 散炙 산적 炙鐵 적철 魚炙 어적

煮	삶을 **자:** 火 13획
	煮沸 자비 熏煮 훈자 煮乾 자건 煮鹽 자염

瓷	사기그릇 자 瓦 11획
	瓷器 자기 白瓷 백자 靑瓷 청자 花瓷 화자

疵	허물 자 疒 10획 동 瑕(티 하)/痕(흉터 흔)
	瑕疵 하자 疵痕 자흔 疵病 자병 隱疵 은자

蔗	사탕수수 자 艸 15획
	蔗糖 자당 甘蔗 감자 蔗境 자경 蔗漿 자장

藉	깔/핑계할 자: 艸 18획
	藉口 자구 藉藉 자자 慰藉料 위자료

綽	너그러울 작 糸 14획
	綽約 작약 綽態 작태 綽號 작호 綽然 작연

勺	구기 작 勹 3획
	勺飮 작음

灼	불사를 작 火 7획
	灼熱 작열 熏灼 훈작 灼爛 작란 焦灼 초작

芍	함박꽃 작 艸 7획
	芍藥 작약

炸	터질 작 火 9획
	炸裂 작렬 炸發 작발 炸藥 작약 炸彈 작탄

嚼	씹을 작 口 21획
	嚼味 작미 嚼蠟 작랍

瓷(자) ― 漿(장)

鵲	까치 **작** 鳥 19획	
	鵲巢 작소　扁鵲 편작　烏鵲橋 오작교	
雀	참새 **작** 隹 11획	
	雀躍 작약　孔雀 공작　雀羅 작라　麻雀 마작	
棧	사다리 **잔** 木 12획　동 橋(다리 교)　약 桟	
	棧橋 잔교　棧道 잔도　棧閣 잔각　棧雲 잔운	
盞	잔 **잔** 皿 13획	
	燈盞 등잔　茶盞 차잔　單盞 단잔　酒盞 주잔	
箴	경계 **잠** 竹 15획　동 警(경계할 경)/戒(경계할 계)	
	箴諫 잠간　箴言 잠언　箴戒 잠계　酒箴 주잠	
簪	비녀 **잠** 竹 18획	
	簪笏 잠홀　玉簪 옥잠　珠簪 주잠　金簪 금잠	
仗	병장기 **장** 人 5획	
	兵仗 병장　儀仗 의장　器仗 기장　仗問 장문	
杖	지팡이 **장** 木 7획　동 棒(몽둥이 봉)	
	杖鼓 장고　杖罰 장벌　杖竹 장죽　訊杖 신장	
匠	장인 **장** 匚 6획　동 工(장인 공)	
	匠人 장인　意匠 의장　巨匠 거장　名匠 명장	
漿	즙 **장** 水 15획	
	漿果 장과　漿液 장액　腦漿 뇌장　血漿 혈장	

1급

醬	장 장: 酉 18획	
	醬油 장유　醬太 장태　魚醬 어장　肉醬 육장	

薔	장미 장 艸 17획 **동** 薇(장미 미)	
	薔薇 장미	

檣	돛대 장 木 17획	
	檣樓 장루　帆檣 범장　檣竿 장간　檣頭 장두	

齋	재계할/집 재 齊 17획 **동** 潔(깨끗할 결)/室(집 실)	
	齋戒 재계　書齋 서재　齋潔 재결　齋祈 재기	

滓	찌끼 재 水 13획	
	殘滓 잔재　沈滓 침재　泥滓 이재　塵滓 진재	

錚	쇳소리 쟁 金 16획	
	錚盤 쟁반　錚錚 쟁쟁	

咀	씹을 저: 口 8획 **동** 嚼(씹을 작)	
	咀嚼 저작　咀呪 저주	

狙	원숭이/엿볼 저: 犬 8획	
	猿狙 원저　狙擊 저격　狙害 저해　狙公 저공	

詛	저주할 저: 言 12획 **동** 呪(빌 주)	
	詛呪 저주　呪詛 주저	

箸	젓가락 저 竹 15획	
	箸筒 저통　匕箸 비저	

醬(장) — 煎(전)

豬	돼지 **저** 豕 16획
	豬突 저돌 山豬 산저 野豬 야저 豬肉 저육

躊	머뭇거릴 **저** 足 20획
	躊躇 주저

邸	집 **저:** 邑 8획 동 閣(집 각)/舍(집 사)
	邸宅 저택 官邸 관저 私邸 사저 潛邸 잠저

觝	씨름 **저** 角 12획
	觝觸 저촉 角觝 각저 觝排 저배 觝戱 저희

嫡	정실 **적** 女 14획 반 庶(서자 서)
	嫡庶 적서 嫡室 적실 嫡出 적출 嫡統 적통

謫	귀양갈 **적** 言 18획
	謫居 적거 謫所 적소 謫降 적강 遠謫 원적

狄	오랑캐 **적** 犬 7획
	夷狄 이적 胡狄 호적 北狄 북적 狄人 적인

迹	자취 **적** 辵 10획
	軌迹 궤적 形迹 형적 鳥迹 조적 戰迹 전적

剪	가위 **전(:)** 刀 11획
	剪斷 전단 剪枝 전지 剪刀 전도 剪伐 전벌

煎	달일 **전:** 火 13획
	煎茶 전다 煎餠 전병 煎藥 전약 煎油 전유

1급

箭
화살 전(:) 　　竹　15획
箭窓 전창　箭筒 전통　火箭 화전　毒箭 독전

塡
메울 전　　土　13획　동 塞(막힐 색)/充(채울 충)
充塡 충전　補塡 보전　塡塞 전색　裝塡 장전

奠
정할/제사 전:　大　12획　동 定(정할 정)
奠獻 전헌　祭奠 제전　奠都 전도　奠雁 전안

廛
가게 전:　广　15획　동 鋪(가게 포)
廛房 전방　廛鋪 전포　市廛 시전　廛案 전안

纏
얽을 전　　糸　21획
纏足 전족　纏結 전결　纏帶 전대　纏縛 전박

悛
고칠 전　　心　10획　동 改(고칠 개)/更(고칠 경)
悛容 전용　改悛 개전　悛心 전심　悛換 전환

栓
마개 전　　木　10획
消火栓 소화전　給水栓 급수전

銓
저울질할 전:　金　14획　동 衡(저울대 형)
銓衡 전형　銓考 전고　銓汰 전태　銓敍 전서

氈
모전 전:　毛　17획
氈笠 전립　毛氈 모전　氈帽 전모　氈匠 전장

顫
떨 전:　頁　22획
顫動 전동　顫聲 전성　手顫 수전　顫筆 전필

澱 앙금 전: 水 16획
澱粉 전분 沈澱 침전

癲 미칠 전 疒 24획 동癎(간질 간)/狂(미칠 광)
癲癎 전간 癲狂 전광 癲疾 전질 酒癲 주전

顚 엎드러질/이마 전 頁 19획 동倒(거꾸러질 도)
顚沛 전패 顚覆 전복 顚倒 전도 顚末 전말

箋 기록할 전 竹 14획 동釋(풀 석)/註(글뜻 풀 주)
箋文 전문 箋註 전주 處方箋 처방전

餞 보낼 전: 食 17획 반迎(맞을 영) 동送(보낼 송)
餞別 전별 餞送 전송 餞杯 전배 飮餞 음전

篆 전자 전: 竹 15획
篆刻 전각 篆書 전서 篆隸 전례 篆字 전자

輾 돌아누울 전: 車 17획
輾轉 전전

截 끊을 절 戈 14획 동斷(끊을 단)
截尾 절미 截片 절편 截斷 절단 截然 절연

粘 붙을 점 米 11획 동着(붙을 착)
粘膜 점막 粘液 점액 粘土 점토 粘着 점착

霑 젖을 점 雨 16획 동潤(윤택할 윤)
霑潤 점윤 均霑 균점 霑醉 점취 霑汗 점한

幀	그림족자 정	巾 12획	

影幀 영정　　裝幀 장정

挺	빼어날 정	手 10획	동 傑(뛰어날 걸)/秀(빼어날 수)

挺身 정신　　挺爭 정쟁　　挺秀 정수　　挺節 정절

町	밭두둑 정	田 7획	

町步 정보

酊	술취할 정	酉 9획	

酒酊 주정

釘	못 정	金 10획	

釘頭 정두　　押釘 압정　　隱釘 은정　　竹釘 죽정

睛	눈동자 정	目 13획	

眼睛 안정　　點睛 점정　　黑睛 흑정　　瞳睛 동정

靖	편안할 정	靑 13획	동 安(편안 안)

靖國 정국　　靖亂 정란　　靖難 정난　　靖邊 정변

碇	닻 정	石 13획	

碇泊 정박　　碇宿 정숙

錠	덩이 정	金 16획	

錠劑 정제　　糖衣錠 당의정

穽	함정 정	穴 9획	

陷穽 함정　　深穽 심정　　墜穽 추정　　虛穽 허정

悌	공손할 제	心 10획

悌友 제우   孝悌 효제   不悌 부제   悌弟 제제

梯	사다리 제	木 11획

梯田 제전   階梯 계제   雲梯 운제   梯索 제삭

啼	울 제	口 12획 동 哭(울 곡)/泣(울 읍)

啼泣 제읍   啼血 제혈   啼哭 제곡   悲啼 비제

蹄	굽 제	足 16획

馬蹄 마제   鐵蹄 철제   麟蹄郡 인제군

凋	시들 조	冫 10획 동 枯(마를 고)

枯凋 고조   凋落 조락   凋兵 조병   凋殘 조잔

稠	빽빽할 조	禾 13획 동 密(빽빽할 밀)

稠密 조밀   稠雜 조잡   粘稠 점조   稠林 조림

嘲	비웃을 조	口 15획 동 弄(희롱할 롱)/謔(희롱할 학)

嘲弄 조롱   嘲笑 조소   嘲罵 조매   嘲謔 조학

曹	무리 조	日 11획 동 輩(무리 배)

法曹 법조   刑曹 형조   曹溪宗 조계종

槽	구유 조	木 15획

浴槽 욕조   石槽 석조   酒槽 주조   齒槽 치조

漕	배저을 조	水 14획

漕船 조선   漕艇 조정   競漕 경조   漕運 조운

糟	지게미 조	米 17획 동 粕(지게미 박)
	糟糠 조강　糟粕 조박　糟客 조객　酒糟 주조	

遭	만날 조	辶 15획 동 逢(만날 봉)/遇(만날 우)
	遭難 조난　遭遇 조우　遭逢 조봉　遭禍 조화	

棗	대추 조	木 12획
	棗栗 조율　乾棗 건조　蜜棗 밀조　大棗 대조	

爪	손톱 조	爪 4획
	匿爪 익조　爪痕 조흔　爪角 조각　爪牙 조아	

眺	볼 조	目 11획 동 覽(볼 람)/望(바라볼 망)
	眺覽 조람　眺望 조망　眺臨 조림　眺聽 조청	

粗	거칠 조	米 11획 반 精(자세할 정)
	粗惡 조악　粗雜 조잡　粗米 조미　粗布 조포	

阻	막힐 조	阜 8획 반 疏(소통할 소) 동 塞(막힐 색)
	阻塞 조색　阻隘 조애　阻隔 조격　阻絶 조절	

詔	조서 조:	言 12획 동 勅(조서 칙)
	詔令 조령　詔書 조서　詔勅 조칙　詔册 조책	

繰	고치 켤 조/소	糸 19획
	繰綿 조면　繰繭 소견　繰絲 조사　繰出 조출	

躁	조급할 조	足 20획 동 急(급할 급)
	躁急 조급　躁妄 조망　躁擾 조요　躁忿 조분	

藻	**마름 조** 艸 20획
	浮藻 부조 海藻 해조 藻鑑 조감 藻翰 조한

肇	**비롯할 조:** 聿 14획 동 始(비로소 시)
	肇慶 조경 肇業 조업 肇國 조국 肇歲 조세

簇	**가는대 족** 竹 17획
	簇生 족생 簇子 족자 簇擁 족옹 簇酒 족주

猝	**갑자기 졸** 犬 11획
	猝富 졸부 猝地 졸지 猝然 졸연 猝死 졸사

慫	**권할 종** 心 15획
	慫慂 종용 慫搖 종요

腫	**종기 종:** 肉 13획 동 瘍(종기 양)
	腫氣 종기 浮腫 부종 水腫 수종 瘡腫 창종

踵	**발꿈치 종** 足 16획
	接踵 접종 踵至 종지 踵門 종문 擧踵 거종

踪	**자취 종** 足 15획 동 跡(발자취 적)
	踪迹 종적 失踪 실종 昧踪 매종

挫	**꺾을 좌:** 手 10획 동 折(꺾을 절)
	挫氣 좌기 挫折 좌절 挫北 좌배 挫辱 좌욕

做	**지을 주:** 人 11획 동 作(지을 작)
	看做 간주 做錯 주착 做恭 주공 做事 주사

| 呪 | 빌 주: 口 8획 동詛(저주할 저) |
| | 呪罵 주매 呪術 주술 呪辭 주사 呪文 주문 |

| 嗾 | 부추길 주: 口 14획 |
| | 唆嗾 사주 指嗾 지주 嗾囑 주촉 |

| 廚 | 부엌 주 广 15획 동庖(부엌 포) |
| | 廚房 주방 廚人 주인 廚下 주하 御廚 어주 |

| 胄 | 자손 주 肉 9획 동裔(후손 예)/胤(자손 윤) |
| | 胄胤 주윤 胄子 주자 國胄 국주 遠胄 원주 |

| 紬 | 명주 주 糸 11획 동緞(비단 단)/綾(비단 릉) |
| | 紬緞 주단 明紬 명주 紬績 주적 紬繹 주역 |

| 註 | 글뜻 풀/주 주 言 12획 동疏(주 소)/解(풀 해) |
| | 註釋 주석 註解 주해 脚註 각주 譯註 역주 |

| 誅 | 벨 주 言 13획 동戮(죽일 륙)/殺(죽일 살) |
| | 誅求 주구 誅殺 주살 誅滅 주멸 誅罰 주벌 |

| 躊 | 머뭇거릴 주 足 21획 동躇(머뭇거릴 저) |
| | 躊躇 주저 躊日 주일 |

| 輳 | 몰려들 주 車 16획 |
| | 輻輳 폭주 |

| 紂 | 주임금 주 糸 9획 |
| | 桀紂 걸주 紂王 주왕 |

樽	술통 준	木 16획	
	樽酒 준주 樽石 준석 芳樽 방준 瓦樽 와준		
蠢	꾸물거릴 준:	虫 21획	
	蠢動 준동 蠢爾 준이 蠢然 준연 蠢愚 준우		
竣	마칠 준:	立 12획	
	竣工 준공 竣役 준역		
櫛	빗 즐	木 19획	
	櫛比 즐비 櫛沐 즐목 櫛文土器 즐문토기		
汁	즙 즙	水 5획	동液(액체 액)
	汁液 즙액 膽汁 담즙 肉汁 육즙 乳汁 유즙		
葺	기울 즙	艸 13획	동繕(기울 선)
	葺茅 즙모 葺繕 즙선 修葺 수즙 草葺 초즙		
咫	여덟치 지	口 9획	
	咫尺 지척		
摯	잡을 지	手 15획	동拘(잡을 구)
	摯拘 지구 眞摯 진지 摯獸 지수 懇摯 간지		
祉	복 지	示 9획	동福(복 복)
	福祉 복지 祥祉 상지		
肢	팔다리 지	肉 8획	
	肢體 지체 四肢 사지 肢骨 지골 肢解 지해		

1급

枳
탱자 **지/기**　　木　9획
枳殼 지각　　枳實 지실　　枳塞 기색　　枳礙 기애

嗔
성낼 **진**　　口　13획　　**동** 怒(성낼 노)
嗔責 진책　　嗔怒 진노　　貪嗔痴 탐진치

疹
마마 **진**　　疒　10획
發疹 발진　　濕疹 습진　　痲疹 마진　　汗疹 한진

叱
꾸짖을 **질**　　口　5획　　**동** 呵(꾸짖을 가)/罵(꾸짖을 매)
叱責 질책　　叱呵 질가　　叱正 질정　　叱辱 질욕

桎
차꼬 **질**　　木　10획　　**반** 梏(수갑 곡)
桎梏 질곡　　桎檻 질함

膣
음도 **질**　　肉　15획
膣炎 질염　　膣頸 질경　　膣口 질구　　膣脫 질탈

帙
책갑 **질**　　巾　8획
書帙 서질　　全帙 전질　　卷帙 권질　　部帙 부질

跌
거꾸러질 **질**　　足　12획　　**동** 倒(거꾸러질 도)
跌宕 질탕　　跌倒 질도

迭
갈마들 **질**　　辶　9획
更迭 경질　　交迭 교질

嫉
미워할 **질**　　女　13획　　**동** 妬(투기할 투)
嫉視 질시　　嫉妬 질투　　憎嫉 증질　　嫉逐 질축

斟	짐작할 **짐**	斗 13획	
	斟酌 짐작		
朕	나 **짐:**	月 10획	
	兆朕 조짐 地朕 지짐		
什	세간 **집**/열사람 **십**	人 4획	(동) 器(그릇 기)/物(물건 물)
	什器 집기 什具 집구 什物 집물 什長 십장		
澄	맑을 **징**	水 15획	(동) 淸(맑을 청)
	澄水 징수 淸澄 청징 明澄 명징 澄潭 징담		
叉	갈래 **차**	又 3획	
	交叉 교차 叉路 차로 叉手 차수 三叉 삼차		
嗟	탄식할 **차**	口 13획	(동) 歎(탄식할 탄)
	嗟惜 차석 嗟歎 차탄 嗟傷 차상 嗟稱 차칭		
蹉	미끄러질 **차**	足 17획	(동) 跌(넘어질 질)
	蹉跌 차질		
窄	좁을 **착**	穴 10획	(동) 狹(좁을 협)
	窄袖 착수 狹窄 협착 窄小 착소 窄迫 착박		
搾	짤 **착**	手 13획	
	搾取 착취 壓搾 압착 搾乳 착유 搾油 착유		
鑿	뚫을 **착**	金 28획	
	掘鑿 굴착 穿鑿 천착 鑿開 착개 鑿空 착공		

1급

撰	지을 찬:	手 15획	동 述(지을 술)

撰錄 찬록   撰集 찬집   撰述 찬술   制撰 제찬

饌	반찬 찬:	食 21획	

饌盒 찬합   飯饌 반찬   饌具 찬구   盛饌 성찬

簒	빼앗을 찬:	竹 16획	동 奪(빼앗을 탈)

簒逆 찬역   簒奪 찬탈   簒立 찬립   簒位 찬위

纂	모을 찬:	糸 20획	동 輯(모을 집)/集(모을 집)

纂修 찬수   編纂 편찬   纂錄 찬록   撰纂 찬찬

擦	문지를 찰	手 17획	

摩擦 마찰   塗擦 도찰   擦過傷 찰과상

僭	참람할 참:	人 14획	동 濫(넘칠 람)

僭稱 참칭   凌僭 능참   僭濫 참람   僭竊 참절

塹	구덩이 참:	土 14획	동 坑(구덩이 갱)

塹壘 참루   塹壕 참호   複塹 복참   天塹 천참

懺	뉘우칠 참:	心 20획	동 悔(뉘우칠 회)

懺悔 참회   懺禮 참례   懺洗 참세   懺除 참제

讖	예언 참	言 24획	

讖言 참언   讖記 참기   圖讖 도참   讖緯 참위

站	역마을 참:	立 10획	

兵站 병참   驛站 역참   站路 참로   站役 참역

讒	참소할 참	言 24획 동 謗(헐뜯을 방)
	讒訴 참소 讒毁 참훼 毁讒 훼참 讒夫 참부	

倡	광대 창:	人 10획 동 優(광대 우)
	倡導 창도 倡夫 창부 倡道 창도 倡優 창우	

娼	창녀 창	女 11획
	娼女 창녀 娼婦 창부 娼妓 창기 名娼 명창	

猖	미쳐 날뛸 창	犬 11획
	猖獗 창궐 猖披 창피 猖狂 창광 猖悖 창패	

菖	창포 창	艸 12획 동 蒲(부들 포)
	菖蒲 창포 白菖 백창	

廠	공장 창	广 15획
	工廠 공창 兵器廠 병기창	

愴	슬플 창	心 13획 동 惻(슬퍼할 측)
	愴然 창연 悲愴 비창 愴囊 창낭 愴恨 창한	

槍	창 창	木 14획 동 矛(창 모)
	槍劍 창검 投槍 투창 鐵槍 철창 石槍 석창	

瘡	부스럼 창	疒 15획 동 瘍(헐 양)/腫(종기 종)
	瘡腫 창종 痘瘡 두창 瘡病 창병 瘡痍 창이	

艙	부두 창	舟 16획
	船艙 선창 艙口 창구	

漲	넘칠 창:	水 14획	동 溢(넘칠 일)

漲滿 창만   漲溢 창일   漲濤 창도   漲水 창수

脹	부을 창:	肉 12획	

脹滿 창만   脹症 창증   鼓脹 고창   腫脹 종창

寨	목책 채	宀 14획	

木寨 목채

柵	울타리 책	木 9획	

木柵 목책   鐵柵 철책   柵壘 책루   竹柵 죽책

凄	쓸쓸할 처	氵 10획	동 涼(서늘할 량)/寒(찰 한)

凄涼 처량   凄然 처연   凄切 처절   凄雨 처우

擲	던질 척	手 18획	

快擲 쾌척   擲柶 척사   投擲 투척   抛擲 포척

滌	씻을 척	水 14획	동 洗(씻을 세)/濯(씻을 탁)

洗滌 세척   滌除 척제   滌暑 척서   滌淨 척정

脊	등마루 척	肉 10획	

脊髓 척수   脊椎 척추   脊骨 척골   脊梁 척량

瘠	여윌 척	疒 15획	반 肥(살찔 비) 동 瘦(파리할 수)

瘠薄 척박   瘠土 척토   毁瘠 훼척   肥瘠 비척

喘	숨찰 천:	口 12획	

喘氣 천기   喘息 천식   喘急 천급   咳喘 해천

擅	멋대로할 천: 手 16획 (동)恣(방자할 자)
	擅斷 천단 擅橫 천횡 擅權 천권 獨擅 독천

穿	뚫을 천: 穴 9획 (동)鑿(뚫을 착)
	穿孔 천공 貫穿 관천 穿結 천결 穿刺 천자

闡	밝힐 천: 門 20획 (동)明(밝을 명)
	闡揚 천양 闡明 천명 闡究 천구 闡提 천제

凸	볼록할 철 凵 5획
	凸板 철판 凸面 철면 凸彫 철조 凸形 철형

綴	엮을 철 糸 14획
	綴字 철자 補綴 보철 分綴 분철 編綴 편철

轍	바퀴자국 철 車 19획
	軌轍 궤철 前轍 전철 轍迹 철적 覆轍 복철

僉	다/여러 첨 人 13획
	僉位 첨위 僉尊 첨존 僉知 첨지 僉意 첨의

籤	제비 첨 竹 23획
	抽籤 추첨 當籤 당첨 籤子 첨자 籤紙 첨지

諂	아첨할 첨 言 15획 (동)諛(아첨할 유)
	諂諛 첨유 阿諂 아첨 諂巧 첨교 諂事 첨사

帖	문서 첩 巾 8획
	書帖 서첩 手帖 수첩 揭帖 게첩 墨帖 묵첩

貼	붙일 첩　　貝　12획　동 付(부칠 부)
	貼付 첩부　　貼藥 첩약　　貼示 첩시　　貼用 첩용

捷	빠를 첩　　手　11획　동 速(빠를 속)/疾(빠를 질)
	捷徑 첩경　　大捷 대첩　　敏捷 민첩　　捷路 첩로

牒	편지 첩　　片　13획
	牒紙 첩지　　通牒 통첩　　請牒 청첩　　移牒 이첩

疊	거듭 첩　　田　22획　동 重(겹칠 중)
	重疊 중첩　　疊疊 첩첩　　疊峯 첩봉　　疊字 첩자

涕	눈물 체　　水　10획　동 淚(눈물 루)
	涕淚 체루　　涕泣 체읍　　涕泗 체사　　感涕 감체

諦	살필 체　　言　16획
	諦念 체념　　要諦 요체　　諦觀 체관　　諦聽 체청

憔	파리할 초　　心　15획　동 悴(파리할 췌)
	憔悴 초췌　　憔衰 초쇠　　憔熱 초열　　憔容 초용

樵	땔나무 초　　木　16획
	樵童 초동　　樵夫 초부　　樵逕 초경　　樵隱 초은

礁	암초 초　　石　17획
	暗礁 암초　　坐礁 좌초　　珊瑚礁 산호초

蕉	파초 초　　艸　16획
	蕉葉 초엽　　蕉布 초포　　甘蕉 감초　　綠蕉 녹초

梢	나무끝 **초** 木 11획 梢頭 초두 末梢 말초 梢溝 초구 枝梢 지초
硝	화약 **초** 石 12획 硝石 초석 硝煙 초연 硝藥 초약 硝酸 초산
稍	점점 **초** 禾 12획 稍食 초식 稍解 초해 稍事 초사 稍遠 초원
炒	볶을 **초** 火 8획 炒麵 초면 炒醬 초장
貂	담비 **초** 豸 12획 貂皮 초피 續貂 속초 黑貂 흑초 貂尾 초미
醋	초 **초**/잔 돌릴 **작** 酉 15획 동 酸(실 산) 醋酸 초산 醋醬 초장 醋母 초모 酬醋 수작
囑	부탁할 **촉** 口 24획 동 託(부탁할 탁) 囑望 촉망 委囑 위촉 囑託 촉탁 囑言 촉언
忖	헤아릴 **촌:** 心 6획 동 度(헤아릴 탁) 忖度 촌탁
叢	모일 **총** 又 18획 동 萃(모일 췌) 叢論 총론 叢書 총서 叢林 총림 叢挫 총좌
塚	무덤 **총** 土 13획 동 墓(무덤 묘) 石塚 석총 貝塚 패총 塚墓 총묘 疑塚 의총

寵	사랑할 **총:** ⺧ 19획 **동** 愛(사랑 애)/恩(은혜 은)
	寵愛 총애 隆寵 융총 恩寵 은총 寵兒 총아

撮	모을/사진 찍을 **촬** 手 15획
	撮影 촬영 撮土 촬토 撮要 촬요 一撮 일촬

墜	떨어질 **추** 土 15획 **동** 落(떨어질 락)
	墜落 추락 擊墜 격추 失墜 실추 傾墜 경추

樞	지도리 **추** 木 15획
	中樞 중추 樞密 추밀 樞機卿 추기경

芻	꼴 **추** 艸 10획
	芻狗 추구 反芻 반추 芻言 추언 芻議 추의

酋	우두머리 **추** 酉 9획 **동** 帥(장수 수)
	酋長 추장 酋領 추령 酋帥 추수 酋渠 추거

鰍	미꾸라지 **추** 魚 20획
	泥鰍 이추 鰍魚湯 추어탕

椎	쇠몽치/등골 **추** 木 12획
	椎骨 추골 椎擊 추격 椎體 추체 椎魯 추로

錐	송곳 **추** 金 16획
	方錐 방추 試錐 시추 立錐 입추 蘆錐 노추

錘	저울추 **추** 金 16획
	秤錘 칭추 鉛錘 연추 時計錘 시계추

鎚	쇠망치 **추** 金 18획	
	鎚殺 추살 鐵鎚 철추	
黜	내칠 **출** 黑 17획 **동** 斥(물리칠 척)	
	黜斥 출척 黜陟 출척 廢黜 폐출 放黜 방출	
悴	파리할 **췌:** 心 11획	
	悴顔 췌안 盡悴 진췌 悴容 췌용 傷悴 상췌	
萃	모을 **췌:** 艸 12획 **동** 聚(모을 취)	
	萃聚 췌취 拔萃 발췌 叢萃 총췌 出萃 출췌	
膵	췌장 **췌:** 肉 16획	
	膵臟 췌장 膵液 췌액 膵管 췌관 膵癌 췌암	
贅	혹 **췌:** 貝 18획	
	贅肉 췌육 贅論 췌론 贅辯 췌변 贅言 췌언	
娶	장가들 **취:** 女 11획 **반** 嫁(시집갈 가)	
	嫁娶 가취 婚娶 혼취 娶妻 취처 前娶 전취	
翠	푸를/물총새 **취:** 羽 14획 **동** 碧(푸를 벽)	
	翠玉 취옥 翠簾 취렴 翠樓 취루 晩翠 만취	
脆	연할 **취:** 肉 10획 **동** 弱(약할 약)/軟(연할 연)	
	脆薄 취박 脆怯 취겁 脆弱 취약 柔脆 유취	
惻	슬플 **측** 心 12획 **동** 愴(슬퍼할 창)	
	惻然 측연 惻隱 측은 惻心 측심 惻憫 측민	

侈	**사치할 치** 　　人 8획 　**동**奢(사치할 사)
	侈放 치방　侈端 치단　侈靡 치미　驕侈 교치

幟	**기 치** 　　巾 15획
	旗幟 기치　赤幟 적치　標幟 표치　疑幟 의치

熾	**성할 치** 　　火 16획
	熾盛 치성　熾烈 치열

痔	**치질 치** 　　疒 11획
	痔漏 치루　痔疾 치질　痔核 치핵　血痔 혈치

癡	**어리석을 치** 　　疒 19획 　**동**呆(어리석을 매)
	天癡 천치　癡情 치정　癡漢 치한　癡骨 치골

嗤	**비웃을 치** 　　口 13획
	嗤侮 치모　嗤笑 치소　嗤罵 치매　嗤點 치점

緻	**빽빽할 치** 　　糸 15획 　**동**密(빽빽할 밀)
	緻巧 치교　緻密 치밀　堅緻 견치　精緻 정치

馳	**달릴 치** 　　馬 13획 　**동**驅(몰 구)/走(달아날 주)
	馳詣 치예　驅馳 구치　馳突 치돌　馳走 치주

勅	**칙서 칙** 　　力 9획
	勅命 칙명　勅令 칙령　勅書 칙서　勅使 칙사

砧	**다듬잇돌 침:** 　　石 10획
	砧聲 침성　砧杵 침저　砧石 침석　搗砧 도침

侈(치) — 擢(탁)

鍼	침 **침**	金 17획	
	鍼灸 침구	鍼術 침술	鍼筒 침통	鍼工 침공

蟄	숨을 **칩**	虫 17획 (동) 藏(감출 장)	
	啓蟄 계칩	蟄居 칩거	驚蟄 경칩	蟄伏 칩복

秤	저울 **칭**	禾 10획 (동) 衡(저울대 형)	
	天秤 천칭	秤錘 칭추	秤板 칭판	秤量 칭량

唾	침 **타:**	口 11획	
	唾棄 타기	唾液 타액	唾具 타구	涕唾 체타

惰	게으를 **타:**	心 12획 (반) 勤(부지런할 근) (동) 怠(게으를 태)	
	惰性 타성	惰弱 타약	懶惰 나타	惰氣 타기

楕	길고 둥글 **타:**	木 13획	
	楕圓 타원	楕球 타구	※橢의 俗字	

舵	키 **타**	舟 11획	
	舵手 타수	舵機 타기	操舵手 조타수	

陀	비탈질/부처 **타**	阜 8획	
	佛陀 불타	伽陀 가타	阿彌陀 아미타	

駝	낙타 **타**	馬 15획	
	駝鳥 타조	駝峯 타봉	駝背 타배	駝魚 타어

擢	뽑을 **탁**	手 17획 (동) 擧(들 거)/拔(뽑을 발)	
	甄擢 견탁	拔擢 발탁	簡擢 간탁	選擢 선탁

1급

鐸	방울 **탁**　　　　金　21획　동 鈴(방울 령)
	鐸鈴 탁령　　木鐸 목탁　　風鐸 풍탁　　金鐸 금탁

吞	삼킬 **탄**　　　　口　7획　반 吐(토할 토)
	吞吐 탄토　　吞下 탄하　　竝吞 병탄　　鯨吞 경탄

坦	평탄할 **탄**:　　　土　8획　동 平(평평할 평)
	順坦 순탄　　平坦 평탄　　坦途 탄도　　坦腹 탄복

憚	꺼릴 **탄**　　　　心　15획　동 避(피할 피)
	敬憚 경탄　　忌憚 기탄　　憚服 탄복　　憚避 탄피

綻	터질 **탄**:　　　　糸　14획
	破綻 파탄　　綻露 탄로　　綻開 탄개　　綻裂 탄열

眈	노려볼 **탐**　　　目　9획
	眈眈 탐탐

搭	탈 **탑**　　　　手　13획　동 乘(탈 승)/載(실을 재)
	搭乘 탑승　　搭載 탑재　　搭船 탑선　　鐵搭 철탑

宕	호방할 **탕**:　　宀　8획
	宕巾 탕건　　豪宕 호탕　　跌宕 질탕　　宕子 탕자

蕩	방탕할 **탕**:　　艹　16획
	蕩減 탕감　　蕩盡 탕진　　放蕩 방탕　　掃蕩 소탕

汰	일 **태**　　　　水　7획
	沙汰 사태　　汰金 태금　　汰去 태거　　汰盤 태반

笞 볼기칠 태 竹 11획 (동) 撻(매질할 달)
笞杖 태장   笞刑 태형   笞罰 태벌   掠笞 약태

苔 이끼 태 艸 9획
靑苔 청태   海苔 해태   綠苔 녹태   苔餠 태병

跆 밟을 태 足 12획
跆籍 태적   跆拳道 태권도

撐 버틸 탱 手 15획 (동) 支(지탱할 지)
撐天 탱천   支撐 지탱   撐中 탱중   撐船 탱선

攄 펼 터: 手 18획
攄得 터득   攄懷 터회   攄抱 터포   攄破 터파

慟 서러워할 통: 心 14획 (동) 哭(울 곡)
慟哭 통곡   慟泣 통읍   哀慟 애통   感慟 감통

桶 통 통 木 11획
漆桶 칠통   水桶 수통   休紙桶 휴지통

筒 대통 통 竹 12획
筆筒 필통   算筒 산통   郵遞筒 우체통

堆 쌓을 퇴 土 11획 (동) 積(쌓을 적)
堆肥 퇴비   堆積 퇴적   堆疊 퇴첩   堆朱 퇴주

槌 칠/망치 퇴/추 木 14획 (동) 擊(칠 격)
槌碎 추쇄   鐵槌 철퇴   木槌 목퇴   槌擊 퇴격

| 褪 | 바랠 퇴: 衣 15획 |
| | 褪色 퇴색 褪紅 퇴홍 |

| 腿 | 넓적다리 퇴: 肉 14획 |
| | 腿骨 퇴골 大腿 대퇴 腿節 퇴절 下腿 하퇴 |

| 頹 | 무너질 퇴 頁 16획 |
| | 頹落 퇴락 頹弛 퇴이 頹廢 퇴폐 衰頹 쇠퇴 |

| 套 | 씌울 투 大 10획 |
| | 封套 봉투 常套 상투 語套 어투 外套 외투 |

| 妬 | 샘낼 투 女 8획 동忌(꺼릴 기) |
| | 妬忌 투기 妬心 투심 妬妻 투처 妬悍 투한 |

| 慝 | 사특할 특 心 15획 동邪(간사할 사) |
| | 姦慝 간특 邪慝 사특 淫慝 음특 慝惡 특악 |

| 婆 | 할미 파/범어 바 女 11획 |
| | 老婆 노파 産婆 산파 婆羅門 바라문 |

| 巴 | 꼬리/땅이름 파 己 4획 |
| | 巴蜀 파촉 巴戟 파극 巴豆 파두 巴人 파인 |

| 爬 | 긁을 파 爪 8획 동搔(긁을 소) |
| | 爬蟲 파충 爬行 파행 搔爬 소파 搜爬 수파 |

| 琶 | 비파 파 玉 12획 |
| | 琵琶別抱 비파별포 |

褪(퇴) — 澎(팽)

芭	파초 **파**　　艸　8획　　동 蕉(파초 초)
	芭蕉 파초

跛	절름발이 **파**/비스듬히 설 **피**: 足 12획
	跛行 파행　　偏跛 편파　　跛立 피립　　跛倚 피의

辦	힘쓸 **판**　　辛　16획
	辦償 판상　　總辦 총판　　辦公費 판공비

佩	찰 **패:**　　人　8획
	佩瓊 패경　　佩物 패물　　佩劍 패검　　佩服 패복

唄	염불 소리 **패:**　　口　10획
	梵唄 범패　　歌唄 가패　　唄音 패음　　唄讚 패찬

悖	거스를 **패:**　　心　10획　　동 逆(거스를 역)
	悖倫 패륜　　悖德 패덕　　悖說 패설　　悖謬 패류

沛	비 쏟아질 **패:**　　水　7획
	沛然 패연　　沛澤 패택　　顚沛 전패　　沛者 패자

牌	패 **패**　　片　12획
	門牌 문패　　位牌 위패　　賞牌 상패　　防牌 방패

稗	피 **패:**　　禾　13획
	稗官 패관　　稗說 패설　　稗史 패사　　稗飯 패반

澎	물소리 **팽**　　水　15획　　동 湃(물결칠 배)
	澎湃 팽배

1급

膨	불을 **팽**	肉 16획	(동)脹(배부를 창)
	膨脹 팽창 膨滿 팽만 膨大 팽대 膨潤 팽윤		

愎	강퍅할 **퍅**	心 12획	
	剛愎 강퍅 乖愎 괴퍅→괴팍		

鞭	채찍 **편**	革 18획	(동)撻(매질할 달)
	鞭芻 편추 鞭蹴 편축 鞭笞 편태 教鞭 교편		

騙	속일 **편**	馬 19획	(동)欺(속일 기)
	騙取 편취 欺騙 기편 騙馬 편마 騙財 편재		

貶	낮출 **폄:**	貝 12획	(동)降(내릴 강)/損(덜 손)
	貶下 폄하 貶毀 폄훼 貶降 폄강 貶辭 폄사		

萍	부평초 **평**	艸 12획	
	萍實 평실 流萍 유평 浮萍草 부평초		

斃	죽을 **폐:**	攴 18획	(동)死(죽을 사)
	斃死 폐사 疲斃 피폐 斃畜 폐축 病斃 병폐		

陛	대궐섬돌 **폐:**	阜 10획	
	陛下 폐하 納陛 납폐 天陛 천폐 殿陛 전폐		

匍	길 **포**	勹 9획	(동)匐(길 복)
	匍匐 포복 匍行 포행 匍球 포구		

哺	먹일 **포:**	口 10획	
	哺乳 포유 哺育 포육 反哺 반포 吐哺 토포		

圃(퐹) ― 褒(포)

圃 채마밭 포 　口　10획
圃田 포전　藥圃 약포　圃師 포사　園圃 원포

脯 포 포 　肉　11획
脯肉 포육　魚脯 어포　片脯 편포　市脯 시포

逋 도망갈 포 　辶　11획　동 逃(도망할 도)
逋亡 포망　逋脫 포탈　逋客 포객　逋租 포조

蒲 부들 포 　艹　14획
蒲博 포박　蒲月 포월　蒲節 포절　蒲黃 포황

咆 고함지를 포 　口　8획　동 哮(으르렁거릴 효)
咆哮 포효　咆號 포호

庖 부엌 포 　广　8획　동 廚(부엌 주)
庖人 포인　庖丁 포정　庖宰 포재　庖廚 포주

泡 거품 포 　水　8획　동 沫(거품 말)
泡沫 포말　水泡 수포　氣泡 기포　電泡 전포

疱 물집 포 　疒　10획
疱瘡 포창　水疱 수포　汗疱 한포

袍 도포 포 　衣　10획
道袍 도포　綿袍 면포　同袍 동포　袍帶 포대

褒 기릴 포 　衣　15획　반 貶(낮출 폄)　동 讚(기릴 찬)
褒貶 포폄　褒賞 포상　褒章 포장　褒懲 포징

1급

曝	쪼일 **폭/포** 日 19획
	曝露 폭로　曝陽 폭양　曝書 폭서　曝白 포백

瀑	폭포 **폭**/소나기 **포** 水 18획
	瀑布 폭포　瀑泉 폭천　飛瀑 비폭　懸瀑 현폭

剽	겁박할 **표** 刀 13획
	剽竊 표절　剽奪 표탈　剽掠 표략　剽輕 표경

慓	급할 **표** 心 14획　**동** 疾(빠를 질)
	慓毒 표독　慓悍 표한

飄	나부낄 **표** 風 20획
	飄泊 표박　飄然 표연　飄零 표령　飄散 표산

豹	표범 **표** 豸 10획
	豹皮 표피　豹紋 표문　豹尾 표미　豹變 표변

稟	여쭐 **품:** 禾 13획
	氣稟 기품　稟議 품의　稟處 품처　資稟 자품

諷	풍자할 **풍** 言 16획
	諷諭 풍유　諷刺 풍자　諷諫 풍간　吟諷 음풍

披	헤칠 **피** 手 8획
	披瀝 피력　披見 피견　披露宴 피로연

疋	필 **필** 疋 5획
	疋馬 필마　疋木 필목　疋緞 필단　疋帛 필백

乏 모자랄 핍 　 ノ 5획 　 동 困(곤할 곤)
缺乏 결핍　窮乏 궁핍　耐乏 내핍　疲乏 피핍

逼 핍박할 핍 　 辶 13획 　 동 迫(핍박할 박)
逼迫 핍박　逼塞 핍색　逼眞 핍진　逼奪 핍탈

瑕 허물 하 　 玉 13획 　 동 疵(흠 자)
瑕痕 하흔　瑕跡 하적　微瑕 미하　瑕貶 하폄

蝦 두꺼비/새우 하 　 虫 15획
乾蝦 건하　大蝦 대하　白蝦 백하　米蝦 미하

遐 멀 하 　 辶 13획 　 동 遠(멀 원)
遐域 하역　昇遐 승하　遐年 하년　遐福 하복

霞 노을 하 　 雨 17획
霞彩 하채　紫霞 자하　霞光 하광　晚霞 만하

瘧 학질 학 　 疒 15획
瘧疾 학질　腹瘧 복학　瘧氣 학기

謔 희롱할 학 　 言 17획
謔笑 학소　謔浪 학랑　謔劇 학극　戲謔 희학

壑 구렁 학 　 土 17획 　 동 谷(골 곡)
坑壑 갱학　丘壑 구학　壑谷 학곡　洞壑 동학

澣 빨래할/열흘 한: 　 水 16획 　 동 滌(씻을 척)
澣帛 한백　浩澣 호한　上澣 상한　澣濯 한탁

1급

悍	사나울 한:	心 10획	동 毒(독할 독)

銳悍 예한　豪悍 호한　悍毒 한독　悍婦 한부

罕	드물 한:	网 7획	

罕車 한거　稀罕 희한　罕漫 한만　罕見 한견

轄	다스릴 할	車 17획	

管轄 관할　直轄 직할　分轄 분할　統轄 통할

函	함 함:	凵 8획	

函數 함수　密函 밀함　郵便函 우편함　私物函 사물함

涵	젖을 함	水 11획	

涵養 함양　涵蓄 함축　涵泳 함영　包涵 포함

喊	소리칠 함:	口 12획	

喊聲 함성　高喊 고함　喊默 함묵　鼓喊 고함

緘	봉할 함	糸 15획	동 封(봉할 봉)

緘口 함구　封緘 봉함　緘默 함묵　緘札 함찰

鹹	짤 함	鹵 20획	반 淡(맑을 담)　약 醎

鹹潟 함석　鹹苦 함고　鹹水 함수　鹹度 함도

檻	난간/우리 함:	木 18획	동 欄(난간 란)

檻車 함거　檻穽 함정　檻羊 함양　檻輿 함여

銜	재갈 함	金 14획	동 勒(굴레 륵)

銜勒 함륵　姓銜 성함　銜枚 함매　銜泣 함읍

盒 합 합 皿 11획
香盒 향합　飯盒 반합　饌盒 찬합　粉盒 분합

蛤 조개 합 虫 12획
大蛤 대합　紅蛤 홍합　蛤子 합자　魁蛤 괴합

缸 항아리 항 缶 9획
缸胎 항태　酒缸 주항　玉缸 옥항　花缸 화항

肛 항문 항 肉 7획
肛門 항문　脫肛 탈항

偕 함께 해 人 11획
偕樂 해락　偕老 해로　偕行 해행　偕來 해래

楷 본보기 해 木 13획 (동)模(모범 모)
楷字 해자　楷書 해서　楷篆 해전　楷正 해정

諧 화할 해 言 16획 (동)和(화할 화)
諧謔 해학　諧聲 해성　諧語 해어　和諧 화해

咳 기침 해 口 9획 (동)喘(헐떡일 천)
咳喘 해천　鎭咳 진해　咳痰 해담　咳逆 해역

駭 놀랄 해 馬 16획 (동)愕(놀랄 악)
駭怪 해괴　駭擧 해거　駭悖 해패　駭愕 해악

骸 뼈 해 骨 16획 (동)骨(뼈 골)
骸骨 해골　遺骸 유해　殘骸 잔해　死骸 사해

懈	게으를 해: 心 16획 동 惰(게으를 타)/怠(게으를 태)
	懈怠 해태 懈慢 해만 懈惰 해타 勞懈 노해

邂	우연히 만날 해: 辵 17획 동 逅(만날 후)
	邂逅 해후

劾	꾸짖을 핵 力 8획
	彈劾 탄핵 劾論 핵론 劾狀 핵장 劾情 핵정

嚮	길잡을 향: 口 19획
	嚮導 향도 嚮往 향왕 嚮者 향자 嚮赴 향부

饗	잔치할 향: 食 22획
	饗宴 향연 饗應 향응 饗報 향보 宴饗 연향

噓	불 허 口 14획 반 吸(마실 흡)
	吹噓 취허 噓吸 허흡

墟	터 허 土 15획
	殷墟 은허 廢墟 폐허 墟墓 허묘 丘墟 구허

歇	쉴 헐 欠 13획 동 息(쉴 식)
	歇價 헐가 間歇 간헐 歇看 헐간 歇泊 헐박

眩	어지러울 현: 目 10획
	眩暈 현훈 眩惑 현혹 眩氣 현기 眩耀 현요

衒	자랑할 현(:) 行 11획
	衒氣 현기 衒學 현학 衒耀 현요 衒言 현언

絢 — 무늬 현: 糸 12획
絢爛 현란 絢飾 현식 絢美 현미 絢服 현복

俠 — 의기로울 협 人 9획
俠客 협객 勇俠 용협 義俠 의협 俠士 협사

挾 — 낄 협 手 10획
挾攻 협공 挾詐 협사 挾殺 협살 挾雜 협잡

狹 — 좁을 협 犬 10획 (반) 廣(넓을 광) (동) 窄(좁을 착)
狹小 협소 狹義 협의 偏狹 편협 狹隘 협애

頰 — 뺨 협 頁 16획
頰輔 협보 緩頰 완협 口頰 구협 紅頰 홍협

荊 — 가시 형 艸 10획 (동) 棘(가시 극)
荊棘 형극 荊冠 형관 荊路 형로 荊扉 형비

彗 — 살별/비 혜: 彐 11획
彗星 혜성 彗芒 혜망 彗掃 혜소 妖彗 요혜

醯 — 식혜 혜 酉 19획
食醯 식혜 醯鷄 혜계

弧 — 활 호 弓 8획 (반) 矢(화살 시) (동) 弓(활 궁)
弧矢 호시 括弧 괄호 弧宴 호연 桑弧 상호

狐 — 여우 호 犬 8획
狐狼 호랑 狐鼠 호서 狐狸 호리 狐臭 호취

1급

琥	호박 호: 玉 12획 동 珀(호박 박)	
	琥珀 호박 琥珀屑 호박설	

瑚	산호 호 玉 13획	
	瑚璉 호련	

糊	풀칠할 호 米 15획	
	模糊 모호 捺糊 날호 糊口 호구 含糊 함호	

渾	흐릴 혼: 水 12획 동 沌(엉길 돈)/濁(흐릴 탁)	
	渾身 혼신 渾然 혼연 渾沌 혼돈 渾濁 혼탁	

笏	홀 홀 竹 10획	
	笏記 홀기 紳笏 신홀 投笏 투홀	

惚	황홀할 홀 心 11획 동 恍(황홀할 황)	
	恍惚 황홀	

虹	무지개 홍 虫 9획	
	虹橋 홍교 虹彩 홍채 虹泉 홍천 長虹 장홍	

訌	어지러울 홍 言 10획	
	訌爭 홍쟁 內訌 내홍	

哄	떠들썩할 홍 口 9획	
	哄動 홍동 哄笑 홍소 哄然 홍연 哄唱 홍창	

喚	부를 환 口 12획 동 叫(부르짖을 규)	
	喚起 환기 召喚 소환 喚叫 환규 喚聲 환성	

琥(호) — 惶(황)

宦	벼슬/내시 **환**: ⼧ 9획 宦官 환관　宦途 환도　宦厄 환액　宦侍 환시
鰥	홀아비 **환** 魚 21획 孀鰥 상환　鰥夫 환부　鰥居 환거　鰥民 환민
驩	기뻐할 **환** 馬 28획 (반) 悲(슬플 비) 交驩 교환　悲驩 비환　驩然 환연　驩洽 환흡
猾	교활할 **활** 犬 13획 猾吏 활리　猾賊 활적　猾智 활지　奸猾 간활
闊	넓을 **활** 門 17획 (반) 狹(좁을 협) 闊步 활보　廣闊 광활　闊地 활지　闊落 활락
凰	봉황 **황** 几 11획 鳳凰 봉황
煌	빛날 **황** 火 13획 (동) 輝(빛날 휘) 敦煌 돈황　輝煌 휘황　炫煌 현황　煌星 황성
遑	급할 **황** 辶 13획 (동) 急(급할 급) 遑急 황급　遑遑 황황　棲遑 서황　未遑 미황
徨	헤맬 **황** 彳 12획 徨徨 황황　迷徨 미황
惶	두려울 **황** 心 12획 (동) 恐(두려울 공)/懼(두려워할 구) 惶恐 황공　惶忙 황망　惶悚 황송　惶怯 황겁

1급

恍	황홀할 황　　心 9획　⟨동⟩ 惚(황홀할 홀)
	恍遊 황유　　昏恍 혼황

慌	어리둥절할 황　　心 13획
	唐慌 당황　　慌忙 황망　　慌悴 황췌　　慌罔 황망

恢	넓을 회　　心 9획　⟨동⟩ 廣(넓을 광)
	恢宏 회굉　　恢然 회연　　恢復 회복　　恢弘 회홍

晦	그믐 회　　日 11획　⟨반⟩ 朔(초하루 삭)
	晦冥 회명　　晦朔 회삭　　晦藏 회장　　陰晦 음회

誨	가르칠 회:　　言 14획
	誨言 회언　　誨諭 회유　　教誨 교회　　規誨 규회

繪	그림 회:　　糸 19획　⟨동⟩ 畫(그림 화)　⟨약⟩ 絵
	繪畫 회화　　墨繪 묵회　　繪圖 회도　　繪塑 회소

膾	회 회:　　肉 17획　⟨반⟩ 炙(구울 자)　⟨약⟩ 脍
	肉膾 육회　　魚膾 어회　　生鮮膾 생선회

徊	머뭇거릴 회　　彳 9획
	低徊 저회　　遲徊 지회　　徘徊症 배회증

蛔	회충 회　　虫 12획
	蛔蟲 회충　　蛔疳 회감　　蛔厥 회궐　　蛟蛔 교회

賄	뇌물/재물 회:　　貝 13획　⟨동⟩ 賂(뇌물 뢰)
	賄賂 회뢰　　贈賄 증회　　收賄 수회　　財賄 재회

哮	성낼 **효** 口 10획 (동)咆(고함지를 포)	
	哮吼 효후 哮咆 효포 嘲哮 조효	
酵	삭일 **효**: 酉 14획	
	酵母 효모 酵素 효소	
嚆	울릴 **효** 口 17획	
	嚆矢 효시	
爻	사귈/가로그을 **효** 爻 4획	
	爻辭 효사 卦爻 괘효 六爻 육효 初爻 초효	
吼	울부짖을 **후** 口 7획 (동)號(울 호)	
	鳴吼 명후 叫吼 규후 吼怒 후노 吼號 후호	
嗅	맡을 **후** 口 13획	
	嗅覺 후각 嗅官 후관 嗅神經 후신경	
朽	썩을 **후** 木 6획 (동)腐(썩을 부)	
	不朽 불후 朽骨 후골 朽壞 후괴 朽滅 후멸	
逅	만날 **후** 辶 10획	
	邂逅相遇 해후상우	
暈	무리 **훈** 日 13획	
	暈輪 훈륜 暈色 훈색 眩暈 현훈 醉暈 취훈	
喧	지껄일 **훤** 口 12획	
	喧騷 훤소 喧譁 훤화 浮喧 부훤 紛喧 분훤	

1급

卉	풀 **훼**	十 5획
	芳卉 방훼　花卉 화훼　卉服 훼복　嘉卉 가훼	

喙	부리 **훼**	口 12획
	容喙 용훼　豕喙 시훼　烏喙 오훼　開喙 개훼	

彙	무리 **휘**	彑 13획　동 類(무리 류)
	彙報 휘보　彙纂 휘찬　語彙 어휘　字彙 자휘	

諱	숨길/꺼릴 **휘**	言 16획　동 忌(꺼릴 기)/避(피할 피)
	忌諱 기휘　觸諱 촉휘　諱祕 휘비　御諱 어휘	

麾	기 **휘**	麻 15획
	麾下 휘하　麾旗 휘기　指麾 지휘　節麾 절휘	

恤	불쌍할 **휼**	心 9획
	恤辜 휼고　救恤 구휼　恤民 휼민　矜恤 긍휼	

兇	흉악할 **흉**	儿 6획　동 惡(악할 악)
	兇賊 흉적　兇漢 흉한　兇暴 흉포　元兇 원흉	

洶	용솟음칠 **흉**	水 9획　동 湧(샘솟을 용)
	洶涌 흉용　洶溶 흉용　洶洶 흉흉　洶急 흉급	

欣	기쁠 **흔**	欠 8획　동 悅(기쁠 열)/喜(기쁠 희)
	欣諾 흔낙　欣快 흔쾌　欣躍 흔약　欣賞 흔상	

痕	흔적 **흔**	疒 11획　동 迹(자취 적)/蹟(자취 적)
	痕迹 흔적　血痕 혈흔　傷痕 상흔　殘痕 잔흔	

卉(훼) — 詰(힐)

欠 하품 흠: 欠 4획
欠缺 흠결 欠乏 흠핍 欠身 흠신 欠伸 흠신

歆 흠향할 흠 欠 13획 동 羨(부러워할 선)
歆饗 흠향 歆格 흠격 歆感 흠감 歆羨 흠선

恰 흡사할 흡 心 9획
恰似 흡사 恰恰 흡흡 恰可 흡가 恰好 흡호

洽 흡족할 흡 水 9획
洽足 흡족 未洽 미흡 洽覽 흡람 洽然 흡연

犧 희생 희 牛 20획 동 牲(희생 생)
犧牲 희생 犧樽 희준 犧盛 희성 犧羊 희양

詰 꾸짖을 힐 言 13획 동 責(꾸짖을 책)
詰責 힐책 詰斥 힐척 詰難 힐난 辨詰 변힐

고사유래

前車可鑑
앞**전** | 수레**거** | 가능할**가** | 거울**감**

앞수레는 뒷수레의 거울이 될 수 있다는 뜻으로, 앞사람이 실패하면 뒷사람은 똑같은 실패를 되풀이하지 않게 된다는 말이다.

전한(前漢) 문제(文帝) 때 가의(賈誼)라는 사람이 있었다. 그는 문학적 재능이 뛰어나 스무 살 때 문제의 부름을 받아 박사가 되었다. 그후 그는 문제가 제도를 개혁하고 어진 정치를 하는 데 크게 기여했으나, 아깝게도 서른세 살이란 젊은 나이에 죽고 말았다.

가의가 문제에게 국정에 대해 올린 상소에 다음과 같은 구절이 있다.

"속담에 '앞수레가 엎어진 것은 뒷수레의 경계가 된다(前車覆後車之戒)'는 말이 있습니다. 전대(前代)의 진(秦)나라가 일찍 멸망한 까닭은 잘 알려진 일입니다. 만약 진나라가 범한 잘못을 피하지 않는다면, 그 전철을 밟게 된다는 것은 정한 이치입니다. 국가의 존망, 치란(治亂)의 열쇠가 바로 여기에 있습니다."

문제는 이 말에 따라 국정쇄신(國政刷新)에 힘씀으로써 태평성세를 이루었다.

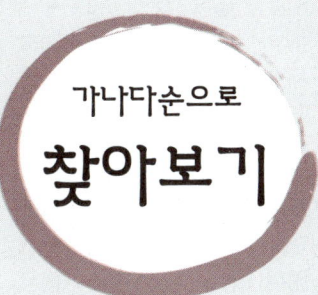

가나다순으로
찾아보기

*이 책에 수록된 3500자를 '가나다순'으로 배열하고, 동음자는 상위 급수순으로 정리하였다.
*한 글자가 여러 개의 음을 가질 때에는 각 음마다 실었다.

가나다순으로 찾아보기

가

呵1급	261	恪1급	261	干4급	95	感6급	31	**개**
哥1급	261	殼1급	262	看4급	95			凱1급 264
嘉1급	261	珏2급	224	簡4급	95	**갑**		愾1급 264
嫁1급	261	却3급	173	間7급	19	匣1급	263	漑1급 264
稼1급	261	脚3급Ⅱ	121			閘1급	263	箇1급 264
苛1급	261	閣3급Ⅱ	121	**갈**		岬2급	225	芥1급 264
袈1급	261	刻4급	95	竭1급	262	鉀2급	225	价2급 225
駕1급	261	覺4급	95	喝1급	263	甲4급	95	塏2급 225
伽2급	224	各6급	31	褐1급	263			慨3급 173
柯2급	224	角6급	31	葛2급	205	**강**		皆3급 173
賈2급	224			鞨2급	224	慷1급	264	介3급Ⅱ 122
軻2급	224	**간**		渴3급	173	糠1급	264	概3급Ⅱ 122
迦2급	224	墾1급	262			腔1급	264	蓋3급Ⅱ 122
佳3급Ⅱ	121	奸1급	262	**감**		薑1급	264	個4급Ⅱ 69
架3급Ⅱ	121	揀1급	262	勘1급	263	姜2급	225	改5급 47
暇4급	95	澗1급	262	堪1급	263	岡2급	225	開6급 31
假4급Ⅱ	69	癎1급	262	柑1급	263	崗2급	225	
街4급Ⅱ	69	竿1급	262	疳1급	263	疆2급	225	**객**
價5급	47	艱1급	262	瞰1급	263	彊2급	225	客5급 47
加5급	47	諫1급	262	紺1급	263	剛3급Ⅱ	122	
可5급	47	杆2급	224	憾2급	205	綱3급Ⅱ	122	**갱**
家7급	19	艮2급	224	邯2급	225	鋼3급Ⅱ	122	羹1급 264
歌7급	19	姦3급	173	鑑3급Ⅱ	121	降4급	96	坑2급 205
		刊3급Ⅱ	121	敢4급	95	康4급Ⅱ	69	更4급 96
각		幹3급Ⅱ	121	甘4급	95	講4급Ⅱ	69	
		懇3급Ⅱ	121	減4급Ⅱ	69	强6급	31	**갹**
		肝3급Ⅱ	121	監4급Ⅱ	69	江7급	19	

— 378 —

醵1급	265	桀2급	226	**견**		梗1급	266	敬5급	48
		乞3급	173			磬1급	266	景5급	48
거		傑4급	96	繭1급	266	莖1급	266	競5급	48
醵 1급	265			譴1급	266	鯨1급	266	輕5급	48
倨1급	265	**검**		鵑1급	266	勁2급	267	京6급	31
渠1급	265			甄2급	226	痙2급	267		
距3급II	122	劍3급II	122	牽3급	173	脛1급	267	**계**	
居4급	96	儉4급	96	肩3급	173	頸1급	267		
巨4급	96	檢4급II	69	遣3급	173	儆2급	226	悸1급	267
拒4급	96			絹3급	174	冏2급	226	癸3급	174
據4급	96	**겁**		堅4급	97	璟2급	226	繫3급	174
去5급	47	劫1급	265	犬4급	97	瓊2급	226	契3급II	123
擧5급	47	怯1급	265	見5급	48	卿3급	174	桂3급II	123
車7급	19					庚3급	174	械3급II	123
		게		**결**		竟3급	174	啓3급II	124
건		偈1급	265	訣3급II	123	徑3급II	123	溪3급II	124
巾1급	265	憩2급	205	缺4급II	69	硬3급II	123	季4급	97
腱1급	265	揭2급	205	潔4급II	70	耕3급II	123	戒4급	97
虔1급	265			決5급	48	頃3급II	123	系4급	97
鍵2급	226	**격**		結5급	48	更4급	96	階4급	97
乾3급II	122	覡1급	265			傾4급	97	鷄4급	97
件5급	47	檄1급	266	**겸**		鏡4급	97	繼4급	98
建5급	47	膈1급	266	兼3급II	123	驚4급	97	係4급II	70
健5급	48	隔3급II	122	謙3급II	123	境4급II	70	界6급	31
		擊4급	96			慶4급II	70	計6급	31
걸		激4급	96	**경**		經4급II	70		
		格5급	48			警4급II	70	**고**	
杰2급	226			憬1급	266			叩1급	267

呱1급	267	**곡**		恭3급Ⅱ	125	藿1급	269	曠1급	270
拷1급	267			孔4급	98	郭3급	174	胱1급	270
敲1급	267	梏1급	268	攻4급	98			狂3급Ⅱ	125
辜1급	267	鵠1급	268	公6급	32	**관**		鑛4급	98
痼1급	268	哭3급Ⅱ	124	共6급	32	棺1급	269	廣5급	49
股1급	268	谷3급Ⅱ	124	功6급	32	灌1급	269	光6급	32
膏1급	268	穀4급	98	工7급	19	顴1급	269		
袴1급	268	曲5급	49	空7급	19	款2급	206	**괘**	
錮1급	268					串2급	226	卦1급	270
雇2급	205	**곤**		**곶**		琯2급	227	罫1급	270
賈2급	224	昆1급	268	串2급	226	冠3급Ⅱ	125	掛3급	175
皐2급	226	棍1급	268			寬3급Ⅱ	125		
枯3급	174	袞1급	268	**과**		慣3급Ⅱ	125	**괴**	
顧3급	174	坤3급	174	顆1급	269	貫3급Ⅱ	125	乖1급	270
姑3급Ⅱ	124	困4급	98	戈2급	205	館3급Ⅱ	125	拐1급	270
稿3급Ⅱ	124			瓜2급	205	管4급	98	魁1급	271
鼓3급Ⅱ	124	**골**		菓2급	205	官4급Ⅱ	70	傀2급	206
孤4급	98	汨1급	269	寡3급Ⅱ	125	觀5급	49	槐2급	227
庫4급	98	滑2급	223	誇3급Ⅱ	125	關5급	49	塊3급	175
故4급Ⅱ	70	骨4급	98	課5급	49			愧3급	175
考5급	48			過5급	49	**괄**		怪3급Ⅱ	125
告5급	49	**공**		果6급	32	刮1급	270	壞3급Ⅱ	126
固5급	49	拱1급	269	科6급	32	括1급	270		
古6급	31	鞏1급	269					**굉**	
苦6급	32	供3급Ⅱ	124	**곽**		**광**		宏1급	271
高6급	32	恐3급Ⅱ	124	廓1급	269	匡1급	270	肱1급	271
		貢3급Ⅱ	124	槨1급	269	壙1급	270	轟1급	271

교

咬1급	271
喬1급	271
嬌1급	271
攪1급	271
轎1급	271
驕1급	271
狡1급	272
皎1급	272
蛟1급	272
僑2급	206
絞2급	206
膠2급	206
矯3급	175
郊3급	175
巧3급II	126
較3급II	126
橋5급	49
交6급	32
敎8급	13
校8급	13

구

仇1급	272
嘔1급	272
嶇1급	272
枸1급	272
鉤1급	272
駒1급	272
鳩1급	272
垢1급	273
寇1급	273
柩1급	273
毆1급	273
溝1급	273
灸1급	273
矩1급	273
謳1급	273
軀1급	273
廐1급	273
臼1급	274
舅1급	274
衢1급	274
歐2급	206
購2급	206
鷗2급	206
玖2급	227
邱2급	227
俱3급	175
懼3급	175
狗3급	175
苟3급	175
驅3급	175

龜3급	176
丘3급II	126
久3급II	126
拘3급II	126
構4급	99
句4급II	70
究4급II	70
求4급II	71
具5급	49
救5급	50
舊5급	50
球6급	32
區6급	33
口7급	19
九8급	13

국

鞠2급	227
菊3급II	126
局5급	50
國8급	13

군

窘1급	274
君4급	99
群4급	99
郡6급	33

軍8급	13

굴

掘2급	206
窟2급	206
屈4급	99

궁

穹1급	274
躬1급	274
弓3급II	126
宮4급II	71
窮4급	99

권

倦1급	274
捲1급	274
眷1급	274
圈2급	207
拳3급II	126
券4급	99
勸4급	99
卷4급	99
權4급II	71

궐

蹶1급	274

闕2급	207
厥3급	176

궤

几1급	275
机1급	275
櫃1급	275
潰1급	275
詭1급	275
軌3급	176

귀

龜3급	176
鬼3급II	126
歸4급	99
貴5급	50

규

硅1급	275
窺1급	275
葵1급	275
逵1급	275
閨2급	207
圭2급	227
奎2급	227
揆2급	227
珪2급	227

— 381 —

가나다순으로 찾아보기

叫3급	176	斤3급	176	級6급	33	璣2급	228	技5급	50
糾3급	176	謹3급	176			箕2급	228	期5급	50
規5급	50	勤4급	100	**긍**		耆2급	228	汽5급	51
		筋4급	100	亘1급	277	沂2급	229	記7급	19
균		根6급	33	矜1급	277	騏2급	229	旗7급	20
龜3급	176	近6급	33	兢2급	228	驥2급	229	氣7급	20
菌3급Ⅱ	127			肯3급	176	麒2급	229		
均4급	99	**글**				豈3급	176	**긴**	
		契3급Ⅱ	123	**기**		幾3급	177	緊3급Ⅱ	128
귤				伎1급	277	忌3급	177		
橘1급	275	**금**		嗜1급	277	旣3급	177	**길**	
		擒1급	276	妓1급	277	棄3급	177	拮1급	278
극		衾1급	276	崎1급	277	欺3급	177	吉5급	51
剋1급	276	襟1급	276	朞1급	277	飢3급	177		
戟1급	276	琴3급Ⅱ	127	杞1급	277	企3급Ⅱ	127	**김**	
棘1급	276	禽3급Ⅱ	127	綺1급	277	其3급Ⅱ	127	金8급	13
隙1급	276	錦3급Ⅱ	127	畸1급	278	畿3급Ⅱ	127		
克3급Ⅱ	127	禁4급	71	羈1급	278	祈3급Ⅱ	127	**끽**	
劇4급	100	今6급	33	肌1급	278	騎3급Ⅱ	128	喫1급	278
極4급Ⅱ	71	金8급	13	譏1급	278	奇4급	100		
				杙1급	346	寄4급	100	**나**	
근		**급**		棋1급	207	機4급	100	儺1급	278
覲1급	276	扱1급	276	冀2급	228	紀4급	100	懦1급	278
饉1급	276	汲1급	277	岐2급	228	器4급Ⅱ	71	拏1급	278
權2급	227	及3급Ⅱ	127	淇2급	228	起4급Ⅱ	71	拿1급	278
瑾2급	228	給5급	50	琦2급	228	基5급	50	奈3급	177
僅3급	176	急6급	33	琪2급	228	己5급	50	那3급	177

낙
諾3급Ⅱ 128

난
煖1급 279
暖4급Ⅱ 71
難4급Ⅱ 71

날
捏1급 279
捺1급 279

남
男7급 20
南8급 13

납
衲1급 279
納4급 100

낭
囊1급 279
娘3급Ⅱ 128

내
乃3급 177
奈3급 177
耐3급Ⅱ 128
內7급 20

녀
女8급 13

년
撚1급 279
年8급 13

녈
涅1급 279

념
念5급 51

녕
寧3급Ⅱ 128

노
弩1급 279
駑1급 279
奴3급Ⅱ 128
努4급Ⅱ 71
怒4급Ⅱ 72

농
膿1급 279
濃2급 207
農7급 20

뇌
惱3급 177
腦3급Ⅱ 128

뇨
撓1급 280
尿2급 207

눌
訥1급 280

뉴
紐1급 280

능
能5급 51

니
尼2급 207
泥3급Ⅱ 128

닉
匿1급 280
溺2급 207

다
茶3급Ⅱ 128
多6급 33

단
簞1급 280
緞1급 280
蛋1급 280
鍛2급 207
湍2급 229
丹3급Ⅱ 129
但3급Ⅱ 129
旦3급Ⅱ 129
段4급 100
單4급Ⅱ 72
斷4급Ⅱ 72
檀4급Ⅱ 72
端4급Ⅱ 72
團5급 51
壇5급 51
短6급 33

달
撻1급 280
疸1급 280
達4급Ⅱ 72

담
痰1급 280
憺1급 281
曇1급 281
澹1급 281
譚1급 281
潭2급 207
膽2급 208
淡3급Ⅱ 129
擔4급Ⅱ 72
談5급 51

답
遝1급 281
畓3급 178
踏3급Ⅱ 129
答7급 20

당
撞1급 281
棠1급 281

螳 1급	281	德 5급	51	途 3급Ⅱ	130	敦 3급	178	杜 2급	230
塘 2급	229			陶 3급Ⅱ	130	豚 3급	178	斗 4급Ⅱ	73
唐 3급Ⅱ	129	**도**		逃 4급	100			豆 4급Ⅱ	73
糖 3급Ⅱ	129	堵 1급	282	徒 4급	101	**돌**		頭 6급	34
黨 4급Ⅱ	72	屠 1급	282	盜 4급	101	乭 2급	230	讀 6급	34
當 5급	51	掉 1급	282	導 4급Ⅱ	73	突 3급Ⅱ	130		
堂 6급	33	搗 1급	282	到 5급	51			**둔**	
		淘 1급	282	島 5급	52	**동**		臀 1급	284
대		滔 1급	282	都 5급	52	憧 1급	283	遁 1급	284
擡 1급	281	睹 1급	282	圖 6급	34	疼 1급	283	屯 3급	178
袋 1급	281	萄 1급	282	度 6급	34	瞳 1급	283	鈍 3급	178
垈 2급	208	賭 1급	282	道 7급	20	胴 1급	283		
戴 2급	208	蹈 1급	282			桐 2급	208	**득**	
臺 3급Ⅱ	129	濤 1급	283	**독**		棟 2급	208	得 4급Ⅱ	73
貸 3급Ⅱ	129	禱 1급	283	瀆 1급	283	董 2급	230		
帶 4급Ⅱ	72	鍍 1급	283	禿 1급	283	凍 3급Ⅱ	130	**등**	
隊 4급Ⅱ	72	兜 1급	284	篤 3급	178	銅 4급Ⅱ	73	橙 1급	284
代 6급	34	悼 2급	208	毒 4급Ⅱ	73	童 6급	34	藤 2급	208
對 6급	34	燾 2급	229	督 4급Ⅱ	73	冬 7급	20	謄 2급	208
待 6급	34	塗 3급	178	獨 5급	52	同 7급	20	鄧 2급	230
大 8급	14	挑 3급	178	讀 6급	34	洞 7급	20	騰 3급	179
		稻 3급	178			動 7급	21	燈 4급Ⅱ	73
댁		跳 3급	178	**돈**		東 8급	14	等 6급	34
宅 5급	65	刀 3급Ⅱ	129	沌 1급	283			登 7급	21
		倒 3급Ⅱ	130	惇 2급	229	**두**			
덕		桃 3급Ⅱ	130	燉 2급	229	兜 1급	284	**라**	
悳 2급	229	渡 3급Ⅱ	130	頓 2급	230	痘 1급	284	懶 1급	284

螺1급	284	辣1급	285	**략**		礪2급	231	劣3급	179
癩1급	284			掠3급	179	礫1급	231	裂3급Ⅱ	132
邏1급	284	**람**		略4급	101	勵3급Ⅱ	131	烈4급	101
剌1급	285	籃1급	285			慮4급	101	列4급Ⅱ	74
裸2급	208	藍2급	209	**량**		麗4급Ⅱ	74		
羅4급Ⅱ	73	濫3급	179	倆1급	286	旅5급	52	**렴**	
		覽4급	101	梁1급	286			斂1급	287
락				輛2급	209	**력**		殮1급	287
烙1급	284	**랍**		亮2급	230	瀝1급	286	簾1급	287
酪1급	285	臘1급	285	樑2급	230	礫1급	286	濂2급	231
駱1급	285	蠟1급	285	諒3급	179	曆3급Ⅱ	131	廉3급	179
洛2급	208	拉2급	209	梁3급Ⅱ	131	歷5급	52		
絡3급Ⅱ	130			涼3급Ⅱ	131	力7급	21	**렵**	
落5급	52	**랑**		糧4급	101			獵3급	179
樂6급	34	狼1급	285	兩4급Ⅱ	73	**련**			
		廊3급Ⅱ	131	良5급	52	輦1급	286	**령**	
란		浪3급Ⅱ	131	量5급	52	煉2급	209	囹1급	287
瀾1급	285	郞3급Ⅱ	131			漣2급	231	逞1급	287
鸞1급	285	朗5급	52	**려**		憐3급	179	鈴1급	287
爛2급	209			侶1급	286	戀3급Ⅱ	131	齡1급	287
欄3급Ⅱ	130	**래**		戾1급	286	聯3급Ⅱ	131	玲2급	231
蘭3급Ⅱ	130	萊2급	230	濾1급	286	鍊3급Ⅱ	131	零3급	179
亂4급	101	來7급	21	閭1급	286	蓮3급Ⅱ	132	嶺3급Ⅱ	132
卵4급	101			黎1급	286	連4급Ⅱ	74	靈3급Ⅱ	132
		랭		呂2급	230	練5급	53	令5급	53
랄		冷5급	52	廬2급	230			領5급	53
剌1급	285					**렬**			

가나다순으로 찾아보기

례
醴 2급 231
隷 3급 179
例 6급 35
禮 6급 35

로
撈 1급 287
擄 1급 287
虜 1급 287
盧 2급 231
蘆 2급 231
魯 2급 231
鷺 2급 231
爐 3급Ⅱ 132
露 3급Ⅱ 132
勞 5급 53
路 6급 35
老 7급 21

록
碌 1급 288
麓 1급 288
鹿 3급 180
祿 3급Ⅱ 132
錄 4급Ⅱ 74

綠 6급 35

론
論 4급Ⅱ 74

롱
聾 1급 288
瓏 1급 288
壟 1급 288
籠 2급 209
弄 3급Ⅱ 132

뢰
磊 1급 288
儡 1급 288
牢 1급 288
賂 1급 288
賴 3급Ⅱ 132
雷 3급Ⅱ 132

료
寮 1급 288
燎 1급 289
瞭 1급 289
聊 1급 289
寥 1급 289
療 2급 209

遼 2급 232
了 3급 180
僚 3급 180
料 5급 53

룡
龍 4급 101

루
壘 1급 289
陋 1급 289
屢 3급 180
淚 3급 180
樓 3급Ⅱ 133
漏 3급Ⅱ 133
累 3급Ⅱ 133

류
溜 1급 289
琉 1급 289
瘤 1급 289
硫 2급 209
謬 2급 209
劉 2급 232
柳 4급 102
留 4급Ⅱ 74
流 5급 53

類 5급 53

륙
戮 1급 289
陸 5급 53
六 8급 14

륜
淪 1급 290
綸 1급 290
崙 2급 232
倫 3급Ⅱ 133
輪 4급 102

률
慄 1급 290
栗 3급Ⅱ 133
率 3급Ⅱ 133
律 4급Ⅱ 74

륭
隆 3급Ⅱ 133

륵
勒 1급 290
肋 1급 290

름
凜 1급 290

릉
凌 1급 290
稜 1급 290
綾 1급 290
菱 1급 290
楞 2급 232
陵 3급Ⅱ 133

리
俚 1급 291
悧 1급 291
痢 1급 291
籬 1급 291
罹 1급 291
裡 1급 291
釐 1급 291
驪 2급 231
梨 3급 180
履 3급Ⅱ 133
裏 3급Ⅱ 133
吏 3급Ⅱ 134
離 4급 102
利 6급 35

李6급	35	麻3급Ⅱ	134	**말**	
理6급	35	馬5급	53		
里7급	21			抹1급	293
		막		沫1급	293
린				襪1급	293
		寞1급	292	靺2급	232
吝1급	291	膜2급	210	末5급	53
燐1급	291	幕3급Ⅱ	134		
鱗1급	291	漠3급Ⅱ	134	**망**	
躪1급	292	莫3급Ⅱ	134		
麟2급	232			芒1급	293
隣3급	180	**만**		惘1급	293
				網2급	210
림		卍1급	292	忙3급	180
		彎1급	292	忘3급	181
淋1급	292	挽1급	292	罔3급	181
臨3급Ⅱ	134	瞞1급	292	茫3급	181
林7급	21	輓1급	292	妄3급Ⅱ	134
		蔓1급	293	亡5급	54
립		饅1급	293	望5급	54
		鰻1급	293		
笠1급	292	娩2급	210	**매**	
粒1급	292	灣2급	210		
立7급	21	蠻2급	210	寐1급	293
		慢3급	180	昧1급	293
마		漫3급	180	煤1급	294
		晩3급Ⅱ	134	罵1급	294
摩2급	209	滿4급Ⅱ	74	邁1급	294
痲2급	210	萬8급	14	呆1급	294
魔2급	210				
磨3급Ⅱ	134				

枚2급	210	棉1급	294
魅2급	210	眄1급	294
埋3급	181	緬1급	294
梅3급Ⅱ	134	麵1급	294
媒3급Ⅱ	135	冕2급	232
妹4급	102	沔2급	232
買5급	54	俛2급	233
賣5급	54	免3급Ⅱ	135
每7급	21	眠3급Ⅱ	135
		綿3급Ⅱ	135
맥		勉4급	102
		面7급	21
貊2급	232		
麥3급Ⅱ	135	**멸**	
脈4급Ⅱ	74		
		蔑2급	210
맹		滅3급Ⅱ	135
萌1급	294	**명**	
孟3급Ⅱ	135		
猛3급Ⅱ	135	酩1급	294
盲3급Ⅱ	135	暝1급	295
盟3급Ⅱ	135	溟1급	295
		皿1급	295
멱		螟1급	295
		冥3급	181
汨1급	269	銘3급Ⅱ	136
覓2급	232	鳴4급	102
		明6급	35
면			

名7급	22	**목**		墓4급	102	糸2급	211	悶1급	297
命7급	22			妙4급	102	汶2급	233	旻2급	233
		沐2급	211			紋2급Ⅱ	137	旼2급	233
메		穆2급	233	**무**		聞6급	35	玟2급	234
袂1급	295	睦3급Ⅱ	136	巫1급	296	問7급	22	珉2급	234
		牧4급Ⅱ	75	憮1급	296	文7급	22	閔2급	234
모		目6급	35	拇1급	296	門8급	14	憫3급	182
摸1급	295	木8급	14	毋1급	296			敏3급	182
牡1급	295			畝1급	296	**물**		民8급	14
耗1급	295	**몰**		誣1급	296	勿3급	137		
糢1급	295	歿1급	295	撫1급	297	物7급	22	**밀**	
帽2급	211	沒3급Ⅱ	136	蕪1급	297			謐1급	297
矛2급	211			戊3급	182	**미**		蜜3급	182
牟2급	233	**몽**		霧3급	182	媚1급	297	密4급Ⅱ	75
茅2급	233	夢3급Ⅱ	136	茂3급Ⅱ	136	薇1급	297		
謨2급	233	蒙3급Ⅱ	136	貿3급Ⅱ	136	靡1급	297	**바**	
侮3급	181			舞4급	102	彌2급	233	婆1급	360
冒3급	181	**묘**		務4급Ⅱ	75	眉3급	182		
募3급	181	描1급	296	武4급Ⅱ	75	迷3급	182	**박**	
暮3급	181	杳1급	296	無5급	54	尾3급Ⅱ	137	剝1급	297
某3급	181	渺1급	296			微3급Ⅱ	137	撲1급	297
慕3급Ⅱ	136	猫1급	296	**묵**		味4급Ⅱ	75	搏1급	298
謀3급Ⅱ	136	畝1급	296	墨3급Ⅱ	137	未4급Ⅱ	75	樸1급	298
貌3급Ⅱ	136	昴2급	233	默3급Ⅱ	137	米6급	36	珀1급	298
模4급	102	卯3급	182			美6급	36	箔1급	298
毛4급Ⅱ	74	廟3급	182	**문**				粕1급	298
母8급	14	苗3급	182	蚊1급	297	**민**		縛1급	298

膊1급	298	盤3급Ⅱ	137	榜1급	301	排3급Ⅱ	138	筏2급	235
駁1급	298	飯3급Ⅱ	137	牓1급	301	輩3급Ⅱ	138	伐4급Ⅱ	76
舶2급	211	半6급	36	謗1급	301	拜4급Ⅱ	76	罰4급Ⅱ	76
泊3급	183	反6급	36	紡2급	211	背4급Ⅱ	76	**범**	
薄3급Ⅱ	137	班6급	36	旁2급	234	配4급Ⅱ	76		
迫3급Ⅱ	137			龐2급	234	倍5급	54	帆1급	302
拍4급	103	**발**		倣3급	183	北8급	15	梵1급	302
博4급Ⅱ	75			傍3급	183			氾1급	302
朴6급	36	勃1급	299	邦3급	183	**백**		泛1급	302
		撥1급	299	芳3급Ⅱ	138			汎2급	212
반		潑1급	299	妨4급	103	帛1급	301	范2급	235
		跋1급	300	房4급Ⅱ	75	魄1급	301	凡3급Ⅱ	138
攀1급	298	醱1급	300	訪4급Ⅱ	75	柏2급	211	犯4급	103
槃1급	298	魃1급	300	防4급Ⅱ	75	伯3급Ⅱ	138	範4급	103
拌1급	299	渤2급	234	放6급	36	百7급	22		
斑1급	299	鉢2급	234	方7급	22	白8급	14	**법**	
槃1급	299	拔3급Ⅱ	138						
畔1급	299	髮4급	103	**배**		**번**		法5급	54
絆1급	299	發6급	36						
蟠1급	299			徘1급	301	蕃1급	301	**벽**	
頒1급	299	**방**		湃1급	301	藩1급	302		
搬2급	211			胚1급	301	磻2급	234	劈1급	302
潘2급	234	坊1급	300	陪1급	301	翻3급	183	擘1급	302
磻2급	234	尨1급	300	俳2급	211	煩3급	184	璧1급	302
伴3급	183	幇1급	300	賠2급	211	繁3급Ⅱ	138	癖1급	302
叛3급	183	彷1급	300	裵2급	234	番6급	36	闢1급	302
般3급	183	昉1급	300	杯3급	183			僻2급	212
返3급	183	枋1급	300	培3급Ⅱ	138	**벌**		碧3급Ⅱ	138
		肪1급	300			閥2급	212	壁4급Ⅱ	76

변

卞 2급 235
弁 2급 235
辨 3급 184
辯 4급 103
邊 4급Ⅱ 76
變 5급 54
便 7급 27

별

瞥 1급 303
鼈 1급 303
別 6급 36

병

甁 1급 303
餠 1급 303
倂 2급 212
昞 2급 235
昺 2급 235
柄 2급 235
炳 2급 235
秉 2급 235
屛 3급 184
竝 3급 184
丙 3급Ⅱ 138

兵 5급 54
病 6급 37

보

堡 1급 303
洑 1급 303
菩 1급 303
甫 2급 235
潽 2급 236
輔 2급 236
補 3급Ⅱ 139
譜 3급Ⅱ 139
普 4급 103
保 4급Ⅱ 76
報 4급Ⅱ 76
步 4급Ⅱ 76
寶 4급Ⅱ 77
布 4급Ⅱ 91

복

洑 1급 303
僕 1급 303
匐 1급 303
輻 1급 303
鰒 1급 304
馥 2급 236
卜 3급 184

腹 3급Ⅱ 139
覆 3급Ⅱ 139
伏 4급 103
複 4급 103
復 4급Ⅱ 77
福 5급 54
服 6급 37

본

本 6급 37

봉

捧 1급 304
棒 1급 304
烽 1급 304
鋒 1급 304
俸 2급 212
縫 2급 212
蓬 2급 236
蜂 3급 184
封 3급Ⅱ 139
峯 3급Ⅱ 139
逢 3급Ⅱ 139
鳳 3급Ⅱ 139
奉 5급 55

부

俯 1급 304
剖 1급 304
咐 1급 304
腑 1급 304
駙 1급 304
埠 1급 305
孵 1급 305
斧 1급 305
芙 1급 305
訃 1급 305
賻 1급 305
敷 2급 212
膚 2급 212
傅 2급 236
釜 2급 236
阜 2급 236
赴 3급 184
付 3급Ⅱ 139
扶 3급Ⅱ 139
覆 3급Ⅱ 139
浮 3급Ⅱ 140
符 3급Ⅱ 140
簿 3급Ⅱ 140
腐 3급Ⅱ 140
賦 3급Ⅱ 140
附 3급Ⅱ 140
否 4급 103

負 4급 104
副 4급Ⅱ 77
婦 4급Ⅱ 77
富 4급Ⅱ 77
府 4급Ⅱ 77
復 4급Ⅱ 77
部 6급 37
夫 7급 22
不 7급 22
父 8급 14

북

北 8급 15

분

吩 1급 305
噴 1급 305
忿 1급 305
扮 1급 305
焚 1급 306
盆 1급 306
糞 1급 306
雰 1급 306
芬 2급 236
墳 3급 184
奔 3급Ⅱ 140
奮 3급Ⅱ 140

紛3급Ⅱ	140	沸1급	307	非4급Ⅱ	77	奢1급	309	私4급	104
憤4급	104	琵1급	307	飛4급Ⅱ	77	娑1급	309	絲4급	104
粉4급	104	砒1급	307	備4급Ⅱ	78	祠1급	309	辭4급	104
分6급	37	秕1급	307	比5급	55	紗1급	309	寺4급Ⅱ	78
		緋1급	307	費5급	55	蓑1급	309	師4급Ⅱ	78
불		蜚1급	307	鼻5급	55	徙1급	310	舍4급Ⅱ	78
		誹1급	307			瀉1급	310	謝4급Ⅱ	78
彿1급	306	痺1급	308	**빈**		獅1급	310	仕5급	55
沸1급	307	翡1급	308			麝1급	310	史5급	55
弗2급	212	脾1급	308	嚬1급	308	唆2급	213	士5급	55
拂3급Ⅱ	140	臂1급	308	嬪1급	308	赦2급	213	思5급	55
佛4급Ⅱ	77	裨1급	308	瀕1급	308	飼2급	213	査5급	55
不7급	22	譬1급	308	殯1급	309	泗2급	237	寫5급	56
		鄙1급	308	濱1급	309	似3급	185	使6급	37
붕		匪2급	212	彬2급	237	巳3급	185	死6급	37
		조2급	236	賓3급	185	捨3급	185	社6급	37
棚1급	306	毖2급	237	頻3급	185	斯3급	185	事7급	22
硼1급	306	毘2급	237	貧4급Ⅱ	78	詐3급	185	四8급	15
繃1급	306	泌2급	254			賜3급	185		
鵬2급	236	卑3급Ⅱ	141	**빙**		司3급Ⅱ	141	**삭**	
崩3급	184	妃3급Ⅱ	141	憑1급	309	沙3급Ⅱ	141	朔3급	185
朋3급	184	婢3급Ⅱ	141	馮2급	254	祀3급Ⅱ	141	削3급Ⅱ	142
		肥3급Ⅱ	141	聘3급	185	蛇3급Ⅱ	141	索3급Ⅱ	143
비		批4급	104	氷5급	55	詞3급Ⅱ	141	數7급	23
		碑4급	104			邪3급Ⅱ	141		
憊1급	306	祕4급	104	**사**		斜3급Ⅱ	142	**산**	
妣1급	306	悲4급Ⅱ	77	些1급	309	射4급	104	刪1급	310
匕1급	307			嗣1급	309				
庇1급	307								
扉1급	307								

가나다순으로 찾아보기

冊1급	310	**상**		上7급	23	黍1급	312	石6급	37

册1급 310
疝1급 310
傘2급 213
酸2급 213
散4급 105
産5급 56
算7급 23
山8급 15

살

撒1급 310
煞1급 310
薩1급 310
殺4급Ⅱ 78

삼

滲1급 311
蔘2급 213
森3급 142
參5급 64
三8급 15

삽

扱1급 276
澁1급 311
揷2급 213

상

孀1급 311
爽1급 311
翔1급 311
觴1급 311
箱2급 213
庠2급 237
嘗3급 186
祥3급 186
像3급Ⅱ 142
喪3급Ⅱ 142
尙3급Ⅱ 142
桑3급Ⅱ 142
裳3급Ⅱ 142
詳3급Ⅱ 142
霜3급Ⅱ 142
償3급Ⅱ 143
傷4급 105
象4급 105
床4급Ⅱ 78
想4급Ⅱ 78
狀4급Ⅱ 78
常4급Ⅱ 79
商5급 56
相5급 56
賞5급 56

上7급 23

새

璽1급 311
塞3급Ⅱ 143

색

嗇1급 311
塞3급Ⅱ 143
索3급Ⅱ 143
色7급 23

생

牲1급 311
甥1급 311
省6급 38
生8급 15

서

堵1급 312
嶼1급 312
抒1급 312
曙1급 312
棲1급 312
犀1급 312
胥1급 312
薯1급 312

黍1급 312
鼠1급 312
瑞2급 213
舒2급 237
庶3급 186
敍3급 186
暑3급 186
誓3급 186
逝3급 186
徐3급Ⅱ 143
恕3급Ⅱ 143
緖3급Ⅱ 143
署3급Ⅱ 143
序5급 56
書6급 37
西8급 15

석

潟1급 313
碩2급 213
奭2급 237
晳2급 237
錫2급 237
昔3급 186
析3급 186
惜3급Ⅱ 143
釋3급Ⅱ 143

石6급 37
席6급 38
夕7급 23

선

亘1급 277
扇1급 313
煽1급 313
羨1급 313
腺1급 313
膳1급 313
銑1급 313
繕2급 214
瑄2급 237
璇2급 238
璿2급 238
旋3급Ⅱ 143
禪3급Ⅱ 144
宣4급 105
仙5급 56
善5급 56
船5급 56
選5급 56
鮮5급 57
線6급 38
先8급 15

설

屑1급	313
泄1급	313
洩1급	313
渫1급	314
卨2급	238
薛2급	238
舌4급	105
設4급Ⅱ	79
說5급	57
雪6급	38

섬

殲1급	314
閃1급	314
纖2급	214
暹2급	238
蟾2급	238
陝2급	238

섭

燮2급	238
涉3급	186
攝3급	187

성

醒1급	314
晟2급	238
城4급Ⅱ	79
星4급Ⅱ	79
盛4급Ⅱ	79
聖4급Ⅱ	79
聲4급Ⅱ	79
誠4급Ⅱ	79
性5급Ⅱ	57
成6급Ⅱ	38
省6급Ⅱ	38
姓7급Ⅱ	23

세

貰2급	214
稅4급Ⅱ	79
細4급Ⅱ	79
勢4급Ⅱ	80
歲5급Ⅱ	57
洗5급Ⅱ	57
說5급Ⅱ	57
世7급Ⅱ	23

소

塑1급	314
宵1급	314
搔1급	314

疎1급	314
逍1급	314
遡1급	314
梳1급	315
甦1급	315
瘙1급	315
簫1급	315
蕭1급	315
繰1급	342
紹2급	214
巢2급	238
沼2급	239
邵2급	239
召3급	187
昭3급	187
蔬3급	187
騷3급	187
燒3급Ⅱ	144
疏3급Ⅱ	144
蘇3급Ⅱ	144
訴3급Ⅱ	144
掃4급Ⅱ	80
笑4급Ⅱ	80
素4급Ⅱ	80
消6급Ⅱ	38
少7급	23
所7급	23

小8급	15

속

贖1급	315
粟3급	187
屬4급	105
俗4급Ⅱ	80
續4급Ⅱ	80
束5급Ⅱ	57
速6급	38

손

遜1급	315
損4급	105
孫6급	38

솔

率3급Ⅱ	133

송

悚1급	315
宋2급	239
誦3급	187
訟3급Ⅱ	144
松4급	105
頌4급	105
送4급Ⅱ	803

쇄

灑1급	315
碎1급	315
刷3급Ⅱ	144
鎖3급Ⅱ	144
殺4급Ⅱ	78

쇠

衰3급Ⅱ	144

수

雔1급	317
嫂1급	316
戍1급	316
狩1급	316
瘦1급	316
穗1급	316
竪1급	316
粹1급	316
繡1급	316
羞1급	316
蒐1급	316
袖1급	317
酬1급	317
髓1급	317
洙2급	239

— 393 —

銖2급	239	手7급	23	脣3급	188	升2급	214	市7급	24
隋2급	239	數7급	23	巡3급Ⅱ	146	繩2급	240	時7급	24
囚3급	187	水8급	15	旬3급Ⅱ	146	乘3급Ⅱ	146		
睡3급	187			瞬3급Ⅱ	146	僧3급Ⅱ	146	**식**	
須3급	187	**수**		純4급Ⅱ	81	昇3급Ⅱ	146	拭1급	318
搜3급	188	塾1급	317	順5급	57	承4급Ⅱ	81	熄1급	319
誰3급	188	夙1급	317			勝6급	39	蝕1급	319
遂3급	188	蒐1급	317	**술**				殖2급	214
雖3급	188	孰3급	188	戌3급	188	**시**		湜2급	240
帥3급Ⅱ	144	淑3급Ⅱ	145	述3급Ⅱ	146	匙1급	318	軾2급	240
垂3급Ⅱ	145	熟3급Ⅱ	145	術6급	38	媤1급	318	飾3급Ⅱ	147
壽3급Ⅱ	145	叔4급	106			弑1급	318	息4급Ⅱ	81
愁3급Ⅱ	145	肅4급	106	**숭**		柿1급	318	識5급	58
殊3급Ⅱ	145	宿5급	57	崇4급	106	猜1급	318	式6급	39
獸3급Ⅱ	145					諡1급	318	植7급	24
輸3급Ⅱ	145	**순**		**슬**		豺1급	318	食7급	24
隨3급Ⅱ	145	筍1급	317	膝1급	318	屍2급	214		
需3급Ⅱ	145	醇1급	317	瑟2급	240	柴2급	240	**신**	
秀4급	105	馴1급	317			矢3급	188	呻1급	319
受4급Ⅱ	80	盾2급	214	**습**		侍3급Ⅱ	147	娠1급	319
守4급Ⅱ	80	洵2급	239	濕3급Ⅱ	146	施4급Ⅱ	81	宸1급	319
收4급Ⅱ	80	淳2급	239	拾3급Ⅱ	146	是4급Ⅱ	81	燼1급	319
修4급Ⅱ	81	珣2급	239	襲3급Ⅱ	146	視4급Ⅱ	81	薪1급	319
授4급Ⅱ	81	舜2급	239	習6급	39	試4급Ⅱ	81	蜃1급	319
首5급	57	荀2급	240			詩4급Ⅱ	81	訊1급	319
宿5급	57	循3급	188	**승**		示5급	57	迅1급	319
樹6급	38	殉3급	188	丞1급	318	始6급	39	紳2급	214

— 394 —

腎2급	214	**십**		堊1급	320	闇1급	321	涯3급	190
伸3급	189			愕1급	320	癌2급	215	哀3급Ⅱ	148
晨3급	189	什1급	347	顎1급	320	巖3급Ⅱ	148	愛6급	39
辛3급	189	拾3급Ⅱ	146	握2급	215	暗4급Ⅱ	82		
愼3급Ⅱ	147	十8급	16	岳3급	189			**액**	
辰3급Ⅱ	160			惡5급	58	**압**		扼1급	322
申4급Ⅱ	82	**쌍**		樂6급	34	鴨2급	240	縊1급	322
臣5급	58	雙3급Ⅱ	147			押3급	189	腋1급	322
信6급	39			**안**		壓4급Ⅱ	82	厄3급	190
新6급	39	**씨**		按1급	320			額4급	106
神6급	39	氏4급	106	晏1급	320	**앙**		液4급Ⅱ	82
身6급	39			鞍1급	321	昻1급	321		
		아		雁3급	189	怏1급	321	**앵**	
실		俄1급	320	岸3급Ⅱ	148	秧1급	321	櫻1급	322
悉1급	320	啞1급	320	顔3급Ⅱ	148	鴦1급	321	鶯1급	322
實5급	58	衙1급	320	眼4급Ⅱ	82	殃3급	189		
失6급	39	訝1급	320	案5급	58	仰3급Ⅱ	148	**야**	
室8급	15	餓3급	189	安7급	24	央3급Ⅱ	148	冶1급	322
		我3급Ⅱ	147					揶1급	322
심		牙3급Ⅱ	147	**알**		**애**		爺1급	323
瀋2급	240	芽3급Ⅱ	147	斡1급	321	曖1급	321	惹2급	215
尋3급	189	雅3급Ⅱ	147	軋1급	321	崖1급	322	倻2급	241
審3급Ⅱ	147	亞3급Ⅱ	148	閼2급	240	隘1급	322	也3급	190
甚3급Ⅱ	147	阿3급Ⅱ	148	謁3급	189	靄1급	322	耶3급	190
沈3급Ⅱ	164	兒5급	58			礙2급	215	若3급Ⅱ	148
深4급Ⅱ	82			**암**		埃2급	240	夜6급	40
心7급	24	**악**		庵1급	321	艾2급	241	野6급	40

— 395 —

찾아보기(가나다순)

약
藥1급	323
躍3급	190
若3급Ⅱ	148
約5급	58
弱6급Ⅱ	40
藥6급Ⅱ	40

양
癢1급	323
恙1급	323
攘1급	323
瘍1급	323
釀1급	323
孃2급	215
襄2급	241
楊3급	190
揚3급Ⅱ	148
壤3급Ⅱ	149
讓3급Ⅱ	149
樣4급	106
羊4급Ⅱ	82
養5급	58
洋6급	40
陽6급	40

어
圄1급	323
瘀1급	323
禦1급	323
於3급	190
御3급Ⅱ	149
漁5급	58
魚5급	58
語7급	24

억
臆1급	324
憶3급Ⅱ	149
抑3급Ⅱ	149
億5급	59

언
堰1급	324
諺1급	324
彦2급	241
焉3급	190
言6급	40

엄
儼1급	324
奄1급	324
掩1급	324
嚴4급	106

업
業6급	40

여
子3급	190
汝3급	190
余3급	191
輿3급	191
與4급	106
如4급Ⅱ	82
餘4급Ⅱ	82

역
繹1급	324
亦3급Ⅱ	149
役3급Ⅱ	149
疫3급Ⅱ	149
譯3급Ⅱ	149
驛3급Ⅱ	149
域4급	106
易4급	106
逆4급Ⅱ	82

연
羨1급	313
捐1급	324
椽1급	324
鳶1급	324
筵1급	325
咽1급	332
硯2급	215
妍2급	241
淵2급	241
衍2급	241
宴3급Ⅱ	150
沿3급Ⅱ	150
燕3급Ⅱ	150
軟3급Ⅱ	150
延4급	107
燃4급	107
緣4급	107
鉛4급	107
演4급Ⅱ	83
煙4급Ⅱ	83
硏4급Ⅱ	83
然7급	24

열
咽1급	332
閱3급	191
悅3급Ⅱ	150

열
熱5급	59

염
焰1급	325
艶1급	325
厭2급	215
閻2급	241
染3급Ⅱ	150
炎3급Ⅱ	150
鹽3급Ⅱ	150

엽
燁2급	241
葉5급	59

영
嬰1급	325
暎2급	241
瑛2급	242
瑩2급	242
盈2급	242
泳3급	191
詠3급	191
影3급Ⅱ	150
映4급	107
營4급	107
迎4급	107

榮4급Ⅱ	83	吾3급	191	邑2급	243	枉1급	327	邀1급	328
永6급	40	嗚3급	191	雍2급	243	旺2급	243	妖2급	216
英6급	40	娛3급	191	擁3급	192	汪2급	243	堯2급	243
		污3급	191	翁3급	192	往4급Ⅱ	83	姚2급	243
예		傲3급	192			王8급	16	耀2급	243
洩1급	313	悟3급Ⅱ	151	**와**				搖3급	192
曳1급	325	烏3급Ⅱ	151	渦1급	326	**왜**		腰3급	192
穢1급	325	誤4급Ⅱ	83	蝸1급	326	矮1급	327	遙3급	192
裔1급	325	惡5급	58	訛1급	326	歪2급	216	謠4급Ⅱ	83
詣1급	325	午7급	24	臥3급	192	倭2급	243	曜5급	59
預2급	215	五8급	16	瓦3급Ⅱ	151			要5급	59
濊2급	242					**외**		樂6급	34
睿2급	242	**옥**		**완**		巍1급	327		
芮2급	242	沃2급	242	婉1급	326	猥1급	327	**욕**	
銳3급	191	鈺2급	242	宛1급	326	歪2급	216	慾3급Ⅱ	151
譽3급Ⅱ	150	獄3급Ⅱ	151	腕1급	326	畏3급	192	欲3급Ⅱ	151
豫4급	107	玉4급Ⅱ	83	玩1급	327	外8급	16	辱3급Ⅱ	151
藝4급Ⅱ	83	屋5급	59	阮1급	327			浴5급	59
				頑1급	327	**요**			
오		**온**		莞2급	243	僥1급	327	**용**	
伍1급	325	蘊1급	326	緩3급Ⅱ	151	凹1급	327	涌1급	328
寤1급	325	穩2급	215	完5급	59	饒1급	327	聳1급	328
奧1급	326	溫6급	41			夭1급	328	茸1급	328
懊1급	326			**왈**		拗1급	328	蓉1급	328
梧2급	215	**옹**		曰3급	192	擾1급	328	踊1급	329
吳2급	242	甕1급	326			窈1급	328	傭2급	216
墺2급	242	甕2급	243	**왕**		窯1급	328	熔2급	216

— 397 —

가나다순으로 찾아보기

溶2급	244	郵4급	107	**웅**		月8급	16	揄1급	330
瑢2급	244	優4급	108	熊2급	245			癒1급	330
鎔2급	244	友5급	59	雄5급	60	**위**		諭1급	330
鏞2급	244	牛5급	59			萎1급	330	鍮1급	330
庸3급	192	雨5급	60	**원**		尉2급	216	柚1급	331
容4급Ⅱ	83	右7급	24	冤1급	329	渭2급	245	游1급	331
勇6급	41			猿1급	330	韋2급	245	諛1급	331
用6급	41	**욱**		鴛1급	330	魏2급	246	蹂1급	331
		旭2급	244	苑2급	216	緯3급	193	兪2급	246
우		昱2급	244	媛2급	245	違3급	193	庾2급	246
堣1급	329	項2급	244	瑗2급	245	僞3급Ⅱ	152	楡2급	246
寓1급	329	煜2급	245	袁2급	245	胃3급Ⅱ	152	踰2급	246
虞1급	329	郁2급	245	怨4급	108	謂3급Ⅱ	152	唯3급	193
迂1급	329			援4급	108	危4급	108	惟3급	193
隅1급	329	**운**		源4급	108	圍4급	108	愈3급	193
佑2급	244	殞1급	329	員4급Ⅱ	84	委4급	108	酉3급	193
祐2급	244	耘1급	329	圓4급Ⅱ	84	威4급	108	幼3급Ⅱ	152
禹2급	244	隕1급	329	元5급	60	慰4급	108	猶3급Ⅱ	152
于3급	193	芸2급	245	原5급	60	爲4급Ⅱ	84	幽3급Ⅱ	153
又3급	193	云3급	193	院5급	60	衛4급Ⅱ	84	悠3급Ⅱ	153
尤3급	193	韻3급Ⅱ	152	願5급	60	位5급	60	柔3급Ⅱ	153
偶3급Ⅱ	151	雲5급	60	園6급	41	偉5급	60	維3급Ⅱ	153
宇3급Ⅱ	151	運6급	41	遠6급	41			裕3급Ⅱ	153
愚3급Ⅱ	152					**유**		誘3급Ⅱ	153
憂3급Ⅱ	152	**울**		**월**		喩1급	330	乳4급	108
羽3급Ⅱ	152	鬱2급	216	越3급Ⅱ	152	宥1급	330	儒4급	109
遇4급	107	蔚2급	245			愉1급	330	遊4급	109

— 398 —

遺4급	109	恩4급Ⅱ	84	椅1급	332	易4급	106	人8급	16
油6급	41	銀6급	41	毅1급	332	異4급	109		
由6급	41			誼1급	332	移4급Ⅱ	85	**일**	
有7급	25	**을**		宜3급	194	以5급	60	佚1급	333
		乙3급Ⅱ	153	矣3급	194	耳5급	61	溢1급	333
육				依4급	109	二8급	16	壹2급	217
肉4급Ⅱ	84	**음**		儀4급	109			佾2급	247
育7급	25	蔭1급	331	疑4급	109	**익**		鎰2급	247
		吟3급	194	義4급Ⅱ	84	翌1급	332	逸3급Ⅱ	154
윤		淫3급Ⅱ	153	議4급Ⅱ	84	翊2급	247	一8급	16
允2급	246	陰4급Ⅱ	84	意6급	42	翼3급Ⅱ	154	日8급	16
尹2급	246	音6급	41	衣6급	42	益4급Ⅱ	85		
胤2급	246	飮6급	42	醫6급	42			**임**	
鈗2급	246					**인**		妊2급	217
閏3급	194	**읍**		**이**		咽1급	332	壬3급Ⅱ	154
潤3급Ⅱ	153	揖1급	331	姨1급	332	湮1급	333	賃3급Ⅱ	154
		泣3급	194	弛1급	332	蚓1급	333	任5급	61
융		邑7급	25	爾1급	332	靭1급	333		
戎1급	331			痍1급	332	刃2급	216	**입**	
絨1급	331	**응**		餌1급	332	姻3급	194	入7급	25
融2급	216	膺1급	331	貳2급	216	寅3급	194		
		鷹2급	247	伊2급	247	忍3급Ⅱ	154	**잉**	
은		凝3급	194	怡2급	247	仁4급	109	剩1급	333
殷2급	246	應4급Ⅱ	84	珥2급	247	印4급Ⅱ	85	孕1급	333
垠2급	247			夷3급	194	引4급Ⅱ	85		
誾2급	247	**의**		而3급	194	認4급Ⅱ	85	**자**	
隱4급	109	擬1급	331	已3급Ⅱ	153	因5급	61	仔1급	333

가나다순으로 찾아보기

炙1급	333	炸1급	334	仗1급	335	狀4급Ⅱ	78	咀1급	336
煮1급	333	綽1급	334	匠1급	335	章6급	42	狙1급	336
瓷1급	334	芍1급	334	杖1급	335	場7급	25	箸1급	336
疵1급	334	雀1급	335	漿1급	335	長8급	16	詛1급	336
蔗1급	334	鵲1급	335	檣1급	336			躇1급	337
藉1급	334	醋1급	353	薔1급	336	**재**		邸1급	337
磁2급	217	爵3급	195	醬1급	336	滓1급	336	沮2급	217
諮2급	217	酌3급	195	庄2급	248	齋1급	336	抵3급Ⅱ	156
雌2급	217	作6급	42	獐2급	248	哉3급	195	著3급Ⅱ	156
滋2급	247	昨6급	42	璋2급	248	宰3급	195	底4급	111
恣3급	195			蔣2급	248	栽3급Ⅱ	155	低4급Ⅱ	85
玆3급	195	**잔**		墻3급	195	裁3급Ⅱ	155	貯5급	61
刺3급Ⅱ	154	棧1급	335	丈3급Ⅱ	155	載3급Ⅱ	155		
慈3급Ⅱ	154	盞1급	335	掌3급Ⅱ	155	再5급	61	**적**	
紫3급Ⅱ	154	殘4급	110	粧3급Ⅱ	155	材5급	61	炙1급	333
姉4급	109			臟3급Ⅱ	155	災5급	61	嫡1급	337
姿4급	110	**잠**		莊3급Ⅱ	155	財5급	61	狄1급	337
資4급	110	箴1급	335	葬3급Ⅱ	155	在6급	42	謫1급	337
者6급	42	簪1급	335	藏3급Ⅱ	155	才6급	42	迹1급	337
子7급	25	蠶2급	217	壯4급	110			滴3급	195
字7급	25	暫3급Ⅱ	154	奬4급	110	**쟁**		寂3급Ⅱ	156
自7급	25	潛3급Ⅱ	154	帳4급	110	錚1급	336	摘3급Ⅱ	156
				張4급	110	爭5급	61	笛3급Ⅱ	156
작		**잡**		腸4급	110			跡3급Ⅱ	156
勺1급	334	雜4급	110	裝4급	110	**저**		蹟3급Ⅱ	156
嚼1급	334			將4급Ⅱ	85	抵1급	337	積4급	111
灼1급	334	**장**		障4급Ⅱ	85	豬1급	337	籍4급	111

— 400 —

績4급	111	旬2급	248	點4급	112	禎2급	249	劑2급	218
賊4급	111	殿3급Ⅱ	156	店5급	62	鼎2급	249	堤3급	196
適4급	111	專4급	111			訂3급	196	諸3급Ⅱ	157
敵4급Ⅱ	85	轉4급	111	**접**		亭3급Ⅱ	156	齊3급Ⅱ	157
赤5급	61	錢4급	111	蝶3급	195	井3급Ⅱ	157	帝2급	112
的5급	62	田4급Ⅱ	85	接4급Ⅱ	86	廷3급Ⅱ	157	制4급Ⅱ	86
		傳5급	62			征3급Ⅱ	157	祭4급Ⅱ	86
전		典5급	62	**정**		淨3급Ⅱ	157	製4급Ⅱ	86
剪1급	337	展5급	62	幀1급	340	貞3급Ⅱ	157	除4급Ⅱ	86
煎1급	337	戰6급	43	挺1급	340	頂3급Ⅱ	157	際4급Ⅱ	86
塡1급	338	全7급	25	町1급	340	丁4급	112	提4급Ⅱ	87
奠1급	338	前7급	25	睛1급	340	整4급	112	濟4급Ⅱ	87
廛1급	338	電7급	26	碇1급	340	靜4급	112	第6급	43
悛1급	338			穽1급	340	政4급Ⅱ	86	題6급	43
栓1급	338	**절**		酊1급	340	程4급Ⅱ	86	弟8급	17
氈1급	338	截1급	339	釘1급	340	精4급Ⅱ	86		
箋1급	338	竊3급	195	錠1급	340	停5급	62	**조**	
纏1급	338	折4급	111	靖1급	340	情5급	62	凋1급	341
銓1급	338	絶4급Ⅱ	86	偵2급	217	定6급	43	嘲1급	341
顫1급	338	切5급	62	呈2급	217	庭6급	43	曹1급	341
澱1급	339	節5급	62	艇2급	217	正7급	26	槽1급	341
癲1급	339			旌2급	248			漕1급	341
箋1급	339	**점**		晶2급	248	**제**		稠1급	341
篆1급	339	粘1급	339	楨2급	248	啼1급	341	棗1급	342
輾1급	339	霑1급	339	珽2급	248	悌1급	341	爪1급	342
顚1급	339	漸3급Ⅱ	156	鄭2급	248	梯1급	341	眺1급	342
餞1급	339	占4급	112	汀2급	249	蹄1급	341	粗1급	342

— 401 —

糟1급	342	操5급	63	鍾4급	113	駐2급	218	蠢1급	345
繰1급	342	朝6급	43	宗4급Ⅱ	87	疇2급	249	准2급	218
詔1급	342	祖7급	26	種5급	63	舟3급	196	埈2급	249
躁1급	342			終5급	63	奏3급Ⅱ	158	峻2급	249
遭1급	342	**족**				宙3급Ⅱ	158	晙2급	250
阻1급	342	簇1급	343	**좌**		柱3급Ⅱ	158	浚2급	250
肇1급	343	族6급	43	挫1급	343	株3급Ⅱ	158	濬2급	250
藻1급	343	足7급	26	佐3급	196	洲3급Ⅱ	158	駿2급	250
彫2급	218			坐3급Ⅱ	158	珠3급Ⅱ	158	俊3급	196
措2급	218	**존**		座4급	113	鑄3급Ⅱ	159	遵3급	196
釣2급	218	存4급	112	左7급	26	周4급	113	準4급Ⅱ	88
曺2급	249	尊4급Ⅱ	87			朱4급	113		
祚2급	249			**죄**		酒4급	113	**중**	
趙2급	249	**졸**		罪5급	63	走4급Ⅱ	87	仲3급Ⅱ	159
弔3급	196	猝1급	343			州5급	63	衆4급Ⅱ	88
兆3급Ⅱ	157	拙3급	196	**주**		週5급	63	重7급	26
照3급Ⅱ	157	卒5급	63	做1급	343	晝6급	43	中8급	17
燥3급Ⅱ	158			冑1급	344	注6급Ⅱ	43		
租3급Ⅱ	158	**종**		呪1급	344	主7급	26	**즉**	
條4급	112	慫1급	343	喉1급	344	住7급	26	卽3급Ⅱ	159
潮4급	112	腫1급	343	廚1급	344			則5급	65
組4급	112	踪1급	343	紂1급	344	**죽**			
助4급Ⅱ	87	踵1급	343	紬1급	344	竹4급Ⅱ	87	**즐**	
早4급Ⅱ	87	綜2급	218	註1급	344			櫛1급	345
造4급Ⅱ	87	琮2급	249	誅1급	344	**준**			
鳥4급Ⅱ	87	縱3급Ⅱ	158	疇1급	344	樽1급	345	**즙**	
調5급	62	從4급	113	輳1급	344	竣1급	345	汁1급	345

葺1급	345	智4급	113	振3급Ⅱ	160	斟1급	347	**착**
증		誌4급	113	辰3급Ⅱ	160	朕1급	347	
		志4급Ⅱ	88	鎭3급Ⅱ	160	**집**		搾1급 347
贈3급	196	指4급Ⅱ	88	陳3급Ⅱ	160			窄1급 347
憎3급Ⅱ	159	支4급Ⅱ	88	震3급Ⅱ	160	什1급	347	鑿1급 347
曾3급Ⅱ	159	至4급Ⅱ	88	珍4급	114	輯2급	219	捉3급 197
症3급Ⅱ	159	止5급	63	盡4급	114	執3급Ⅱ	160	錯3급Ⅱ 161
蒸3급Ⅱ	159	知5급	63	陣4급	114	集6급	43	着5급 64
證4급	113	識5급	58	眞4급Ⅱ	88	**징**		**찬**
增4급Ⅱ	88	地7급	26	進4급Ⅱ	88			
		紙7급	26	**질**		澄1급	347	撰1급 348
지						懲3급	197	篡1급 348
		직		佚1급	333	徵3급Ⅱ	160	纂1급 348
咫1급	345			叱1급	346	**차**		饌1급 348
摯1급	345	稙2급	250	嫉1급	346			餐2급 219
祉1급	345	稷2급	250	帙1급	346	叉1급	347	燦2급 251
肢1급	345	織4급	114	桎1급	346	嗟1급	347	璨2급 251
枳1급	346	職4급Ⅱ	88	膣1급	346	蹉1급	347	瓚2급 251
旨2급	218	直7급	27	跌1급	346	遮2급	219	鑽2급 251
脂2급	218			迭1급	346	且3급	197	贊3급Ⅱ 161
址2급	250	**진**		窒2급	219	茶3급Ⅱ	128	讚4급 114
芝2급	250			姪3급	197	此3급Ⅱ	160	**찰**
只3급	196	嗔1급	346	疾3급Ⅱ	160	借3급Ⅱ	161	
遲3급	197	疹1급	346	秩3급Ⅱ	160	差4급	114	擦1급 348
之3급Ⅱ	159	津2급	218	質5급	63	次4급	89	刹2급 219
枝3급Ⅱ	159	塵2급	219			車7급	19	札2급 219
池3급Ⅱ	159	診2급	219	**짐**				察4급Ⅱ 89
持4급	113	晋2급	250					
		秦2급	250					

— 403 —

참

僭1급	348
塹1급	348
懺1급	348
站1급	348
讖1급	348
讒1급	349
斬2급	219
慘3급	197
慙3급	197
參5급	64

창

倡1급	349
娼1급	349
廠1급	349
愴1급	349
槍1급	349
猖1급	349
瘡1급	349
艙1급	349
菖1급	349
漲1급	350
脹1급	350
滄2급	219
彰2급	220

敞2급	251
昶2급	251
暢3급	197
倉3급Ⅱ	161
昌3급Ⅱ	161
蒼3급Ⅱ	161
創4급Ⅱ	89
唱5급	64
窓6급	44

채

寨1급	350
埰2급	251
蔡2급	251
采2급	251
債3급Ⅱ	161
彩3급Ⅱ	161
菜3급Ⅱ	161
採4급	114

책

柵1급	350
策3급Ⅱ	161
册4급	114
責5급	64

처

凄1급	350
悽1급	220
妻3급Ⅱ	162
處4급Ⅱ	89

척

擲1급	350
滌1급	350
瘠1급	350
脊1급	350
隻2급	220
陟2급	251
斥3급	197
刺3급Ⅱ	154
尺3급Ⅱ	162
戚3급Ⅱ	162
拓3급Ⅱ	162

천

喘1급	350
擅1급	351
穿1급	351
闡1급	351
釧2급	252
薦3급	197
淺3급Ⅱ	162
賤3급Ⅱ	162

踐3급Ⅱ	162
遷3급Ⅱ	162
泉4급	114
千7급	27
天7급	27
川7급	27

철

凸1급	351
綴1급	351
轍1급	351
撤2급	220
喆2급	252
澈2급	252
哲3급Ⅱ	162
徹3급Ⅱ	162
鐵5급	64

첨

僉1급	351
籤1급	351
諂1급	351
瞻2급	252
尖3급	198
添3급	198

첩

帖1급	351
捷1급	352
牒1급	352
疊1급	352
貼1급	352
諜2급	220
妾3급	198

청

晴3급	198
聽4급	114
廳4급	115
請4급Ⅱ	89
淸6급	44
靑8급	17

체

涕1급	352
諦1급	352
締2급	220
替3급	198
逮3급	198
遞3급	198
滯3급Ⅱ	163
切5급	62
體6급	44

초

憔1급		352
樵1급		352
礁1급		352
蕉1급		352
梢1급		353
炒1급		353
硝1급		353
稍1급		353
貂1급		353
醋1급		353
哨2급		220
焦2급		220
楚2급		252
抄3급		198
秒3급		198
礎3급Ⅱ		163
肖3급Ⅱ		163
超3급Ⅱ		163
招4급		115
初5급		64
草7급		27

촉

囑1급		353
蜀2급		252
燭3급		198
促3급Ⅱ		163
觸3급Ⅱ		163

촌

忖1급		353
村7급		27
寸8급		17

총

叢1급		353
塚1급		353
寵1급		354
聰3급		199
總4급Ⅱ		89
銃4급Ⅱ		89

촬

撮1급		354

최

崔2급		252
催3급Ⅱ		163
最5급		64

추

墜1급		354
椎1급		354
樞1급		354
芻1급		354
酋1급		354
錐1급		354
錘1급		354
鰍1급		354
鎚1급		355
槌1급		359
趨2급		220
楸2급		252
鄒2급		252
抽3급		199
醜3급		199
追3급Ⅱ		163
推4급		115
秋7급		27

축

軸2급		220
蹴2급		221
丑3급		199
逐3급		199
畜3급Ⅱ		163
縮4급		115
築4급Ⅱ		89
蓄4급Ⅱ		89

춘

椿2급		252
春7급		27

출

黜1급		355
出7급		27

충

衷2급		221
沖2급		253
衝3급Ⅱ		163
忠4급Ⅱ		89
蟲4급Ⅱ		90
充5급		64

췌

悴1급		355
膵1급		355
萃1급		355
贅1급		355

취

娶1급		355
翠1급		355
脆1급		355
炊2급		221
聚2급		253
臭3급		199
吹3급Ⅱ		164
醉3급Ⅱ		164
就4급		115
趣4급		115
取4급Ⅱ		90

측

惻1급		355
側3급Ⅱ		164
測4급Ⅱ		90

층

層4급		115

치

侈1급		356
嗤1급		356
幟1급		356
熾1급		356
痔1급		356
癡1급		356
緻1급		356
馳1급		356

— 405 —

峙2급	253	寢4급	115	擢1급	357	眈1급	358	態4급Ⅱ	90
雉2급	253	針4급	115	鐸1급	358	耽2급	253	太6급	44
値3급Ⅱ	164	侵4급Ⅱ	90	琢2급	221	貪3급	200		
恥3급Ⅱ	164			託2급	221	探4급	116	**택**	
稚3급Ⅱ	164	**칩**		托3급	199			澤3급Ⅱ	165
治4급Ⅱ	90	蟄1급	357	濁3급	200	**탑**		擇4급	116
置4급Ⅱ	90			濯3급	200	搭1급	358	宅5급	65
齒4급Ⅱ	90	**칭**		拓3급Ⅱ	162	塔3급Ⅱ	165		
致5급	64	秤1급	357	卓5급	65			**탱**	
		稱4급	115	度6급	34	**탕**		撑1급	359
칙						宕1급	358		
勅1급	356	**쾌**		**탄**		蕩1급	358	**터**	
則5급	65	快4급Ⅱ	90	呑1급	358	糖3급Ⅱ	129	攄1급	359
				坦1급	358	湯3급Ⅱ	165		
친		**타**		憚1급	358			**토**	
親6급	44	唾1급	357	綻1급	358	**태**		吐3급Ⅱ	165
		惰1급	357	灘2급	253	汰1급	358	兎3급Ⅱ	165
칠		楕1급	357	誕3급	200	笞1급	359	討4급	116
漆3급Ⅱ	164	舵1급	357	彈4급	116	苔1급	359	土8급	17
七8급	17	陀1급	357	歎4급	116	跆1급	359		
		駝1급	357	炭5급	65	胎2급	221	**통**	
침		墮3급	199			颱2급	221	慟1급	359
砧1급	356	妥3급	199	**탈**		兌2급	253	桶1급	359
鍼1급	357	他5급	65	奪3급Ⅱ	164	台2급	253	筒1급	359
枕3급	199	打5급	65	脫4급	116	怠3급	200	痛4급	116
沈3급Ⅱ	164					殆3급Ⅱ	165	統4급Ⅱ	90
浸3급Ⅱ	164	**탁**		**탐**		泰3급Ⅱ	165	通6급	44

— 406 —

洞7급	20	芭1급	361	牌1급	361	**평**		褒1급	363
퇴		跛1급	361	稗1급	361	萍1급	362	逋1급	363
堆1급	359	坡2급	253	霸2급	221	坪2급	221	庖1급	363
槌1급	359	把3급	200	貝3급	201	評4급	117	曝1급	364
腿1급	360	播3급	200	敗5급	65	平7급	28	瀑1급	364
褪1급	360	罷3급	200					怖2급	221
頹1급	360	頗3급	200	**팽**		**폐**		抛2급	222
推4급	115	派4급	116	澎1급	361			鋪2급	222
退4급Ⅱ	91	波4급Ⅱ	91	膨1급	362	斃1급	362	葡2급	254
		破4급Ⅱ	91	彭2급	254	陛1급	362	鮑2급	254
투						幣3급	201	抱3급	201
		판		**퍅**		蔽3급	201	飽3급	201
套1급	360	辦1급	361	愎1급	362	廢3급Ⅱ	166	捕3급Ⅱ	166
妬1급	360	阪2급	253			弊3급Ⅱ	166	浦3급Ⅱ	166
透3급	165	販3급	200	**편**		肺3급Ⅱ	166	胞4급	117
投4급	116	版3급Ⅱ	165	鞭1급	362	閉4급	117	包4급Ⅱ	91
鬪4급	116	判4급	117	騙1급	362			布4급Ⅱ	91
		板5급	65	扁2급	254	**포**		暴4급Ⅱ	91
특				遍3급	201	匍1급	362	砲4급Ⅱ	91
慝1급	360	**팔**		片3급Ⅱ	165	哺1급	362		
特6급	44	八8급	17	偏3급Ⅱ	166	咆1급	363	**폭**	
				編3급Ⅱ	166	圃1급	363	輻1급	303
파		**패**		篇4급	117	泡1급	363	曝1급	364
婆1급	360	佩1급	361	便7급	27	疱1급	363	瀑1급	364
巴1급	360	唄1급	361			脯1급	363	幅3급	201
爬1급	360	悖1급	361	**폄**		蒲1급	363	爆4급	117
琶1급	360	沛1급	361	貶1급	362	袍1급	363	暴4급Ⅱ	91

가나다순으로 찾아보기

표

剽1급	364
慓1급	364
豹1급	364
飄1급	364
杓2급	254
漂3급	201
標4급	117
票4급Ⅱ	91
表6급	44

품

| 稟1급 | 364 |
| 品5급 | 65 |

풍

諷1급	364
馮2급	254
楓3급Ⅱ	166
豊4급Ⅱ	91
風6급	44

피

跛1급	361
披1급	364
彼3급Ⅱ	166
皮3급Ⅱ	166
被3급Ⅱ	167
疲4급	117
避4급	117

필

疋1급	364
弼2급	254
泌2급	254
匹3급	201
畢3급Ⅱ	167
必5급	65
筆5급	66

핍

| 乏1급 | 365 |
| 逼1급 | 365 |

하

瑕1급	365
蝦1급	365
遐1급	365
霞1급	365
何3급Ⅱ	167
荷3급Ⅱ	167
賀3급Ⅱ	167
河5급	66
下7급	28
夏7급	28

학

瘧1급	365
壑1급	365
謔1급	365
虐2급	222
鶴3급Ⅱ	167
學8급	17

한

澣1급	365
悍1급	366
罕1급	366
翰2급	222
邯2급	225
旱3급	201
汗3급Ⅱ	167
恨4급	117
閑4급	118
限4급Ⅱ	91
寒5급	66
漢7급	28
韓8급	17

할

| 轄1급 | 366 |
| 割3급Ⅱ | 167 |

함

函1급	366
喊1급	366
檻1급	366
涵1급	366
緘1급	366
銜1급	366
鹹1급	366
艦2급	222
咸3급	202
含3급Ⅱ	167
陷3급Ⅱ	167

합

盒1급	367
蛤1급	367
陜2급	254
合6급	44

항

缸1급	367
肛1급	367
亢2급	254
沆2급	255

巷3급	202
恒3급Ⅱ	168
項3급Ⅱ	168
降4급	96
抗4급	118
港4급Ⅱ	92
航4급Ⅱ	92
行6급	45

해

偕1급	367
咳1급	367
楷1급	367
諧1급	367
駭1급	367
骸1급	367
懈1급	368
邂1급	368
亥3급	202
奚3급	202
該3급	202
解4급Ⅱ	92
害5급	66
海7급	28

핵

| 劾1급 | 368 |

— 408 —

核4급	118	**혈**		見5급	48	馨2급	256	皓2급	256
		歇1급	368	現6급	45	亨3급	203	祜2급	256
행						螢3급	203	鎬2급	256
杏2급	255	**험**		**혈**		衡3급Ⅱ	168	乎3급	203
幸6급	45	險4급	118	穴3급Ⅱ	168	刑4급	118	互3급	203
行6급	45	驗4급Ⅱ	92	血4급Ⅱ	92	形6급	45	毫3급	203
						兄8급	17	浩3급Ⅱ	169
향		**혁**		**혐**				胡3급Ⅱ	169
嚮1급	368			嫌3급	202	**혜**		虎3급Ⅱ	169
饗1급	368	爀2급	255			彗1급	369	豪3급Ⅱ	169
享3급	202	赫2급	255	**협**		醯1급	369	呼4급Ⅱ	93
響3급Ⅱ	168	革4급	118	俠1급	369	兮3급	203	好4급Ⅱ	93
鄕4급Ⅱ	92			挾1급	369	慧3급Ⅱ	168	戶4급Ⅱ	93
香4급Ⅱ	92	**현**		狹1급	369	惠4급Ⅱ	93	護4급Ⅱ	93
向6급	45	眩1급	368	頰1급	369			湖5급	66
		衒1급	368	峽2급	222	**호**		號6급	45
허		絢1급	369	陜2급	254	弧1급	369		
噓1급	368	弦2급	222	脅3급Ⅱ	168	狐1급	369	**혹**	
墟1급	368	峴2급	255	協4급Ⅱ	92	琥2급	370	酷2급	222
虛4급Ⅱ	92	炫2급	255			瑚2급	370	惑3급Ⅱ	169
許5급	66	鉉2급	255	**형**		糊2급	370	或4급	118
		絃3급	202	荊1급	369	濠2급	222		
헌		縣3급	202	型2급	222	壕2급	256	**혼**	
軒3급	202	懸3급Ⅱ	168	瑩2급	242	扈2급	256	渾1급	370
獻3급Ⅱ	168	玄3급Ⅱ	168	瀅2급	255	昊2급	256	昏3급	203
憲4급	118	顯4급	118	炯2급	255	皓2급	256	魂3급Ⅱ	169
		賢4급Ⅱ	92	邢2급	255	澔2급	256	婚4급	118

홀

惚1급	370
笏1급	370
忽3급Ⅱ	169

홍

哄1급	370
虹1급	370
訌1급	370
泓2급	256
弘3급	203
鴻3급	203
洪3급Ⅱ	169
紅4급	119

화

靴2급	223
嬅2급	257
樺2급	257
禾3급	203
禍3급Ⅱ	169
華4급	119
貨4급Ⅱ	93
化5급	66
和6급	45

畫6급	45
花7급	28
話7급	28
火8급	18

확

廓1급	269
擴3급	204
穫3급	204
確4급Ⅱ	93

환

喚1급	370
宦1급	371
驩1급	371
鰥1급	371
幻2급	223
桓2급	257
煥2급	257
丸3급	204
換3급Ⅱ	169
還3급Ⅱ	170
歡4급	119
環4급	119
患5급	66

활

猾1급	371
闊1급	371
滑2급	223
活7급	28

황

凰1급	371
徨1급	371
惶1급	371
煌1급	371
遑1급	371
恍1급	372
慌1급	372
晃2급	257
滉2급	257
皇3급Ⅱ	170
荒3급Ⅱ	170
況4급	119
黃6급	45

회

徊1급	372
恢1급	372
晦1급	372
繪1급	372
膾1급	372
蛔1급	372

誨1급	372
賄1급	372
廻2급	223
檜2급	257
淮2급	257
悔3급Ⅱ	170
懷3급Ⅱ	170
灰4급	119
回4급Ⅱ	93
會6급	45

획

劃3급Ⅱ	170
獲3급Ⅱ	170
畫6급	45

횡

橫3급Ⅱ	170

효

哮1급	373
嚆1급	373
爻1급	373
酵1급	373
曉3급	204
效5급	66
孝7급	28

후

吼1급	373
嗅1급	373
朽1급	373
逅1급	373
喉2급	223
后2급	257
侯3급	204
候4급	119
厚4급	119
後7급	28

훈

暈1급	373
勳2급	223
熏2급	257
壎2급	258
薰2급	258
訓6급	46

훤

喧1급	373

훼

卉1급	374
喙1급	374

毀3급 204

휘

彙1급 374
諱1급 374
麾1급 374
徽2급 258
輝3급 204
揮4급 119

휴

休2급 258
携3급 204
休7급 29

휼

恤1급 374

흉

兇1급 374
洶1급 374
匈2급 258
胸3급Ⅱ 170
凶5급 66

흑

黑5급 67

흔

欣1급 374
痕1급 374

흠

欠1급 375
欽1급 375
欽2급 258

흡

恰1급 375
洽1급 375
吸4급Ⅱ 93

흥

興4급Ⅱ 93

희

犧1급 375
噫2급 223
姬2급 223
熙2급 223
嬉2급 258
憙2급 258
熹2급 258
禧2급 258
羲2급 259
稀3급Ⅱ 170
戱3급Ⅱ 171
喜4급 120
希4급Ⅱ 94

힐

詰1급 375

한자능력 검정용 3500자

엮은이 정한연
발행인 박해성
발행처 정진출판사

초판 1쇄 발행 2009년 10월 10일
7쇄 발행 2025년 9월 10일

주소 서울특별시 성북구 하월곡동 10-6호
대표전화 (02) 917-9900
Fax (02) 917-9907
Homepage www.jeongjinpub.co.kr
등록일 1989.12.20
등록번호 제6-95호
ISBN 978-89-5700-095-3 *10710

정가 7,000원

재미있는 원리로 배우는
한자능력검정시험 시리즈(전 5권)

쏙쏙 머리에 들어오는 한자, **척척** 붙는 한자능력검정시험!

컴퓨터로 분석한 출제빈도 높은 활용어 정리

한눈에 들어오는 짜임새 있는 편집 체재

재미있는 한자의 구성 원리를 그림과 함께 해설

한자를 쓰면서 익힐 수 있도록 연습란 구성

기출 및 예상문제 5회분 수록

재미있는 원리로 배우는 한자능력검정시험 8.7급 | 국배판 104면 / 정가 7,000원

재미있는 원리로 배우는 한자능력검정시험 6급 | 국배판 112면(6급Ⅱ 포함) / 정가 7,000원

재미있는 원리로 배우는 한자능력검정시험 5급 | 국배판 120면 / 정가 8,000원

재미있는 원리로 배우는 한자능력검정시험 4급 | 국배판 184면(4급Ⅱ 포함) / 정가 9,000원

재미있는 원리로 배우는 한자능력검정시험 3급 | 국배판 256면(3급Ⅱ 포함) / 정가 9,500원

정진출판사 한자학습서 안내

쓰면서 익히는 **한자능력검정시험 8급~2급**(전 8권)

| 편집부 편저/신국판 각권 136~280면
| 각권 정가 4,000~7,000원

급수별 완전정복 **한자능력검정시험 3500자**

| 편집부 편저/신국판 384면
| 정가 9,500원

컴퓨터 분석 **한자능력검정시험 3500자**

| 편집부 편저/4×6판 304면
| 정가 7,500원

적중 **한자능력검정시험 5급~3급**(전 3권)

| 이상진·최상근 공저/국배판 각권 104~152면
| 각권 정가 7,000~8,000원

한눈에! 한권에! 한손에! **한자능력시험 끝내기**

| 김양섭 편저/국반판 640면
| 정가 8,000원

한눈에! 한권에! 한손에! **상공회의소 한자시험 끝내기**

| 이수철 편저/4×6판 576면
| 정가 10,000원

한눈에! 한권에! 한손에! **고사성어 끝내기**

| 정한연 편저/4×6판 560면
| 정가 9,000원

正進出版社 www.jeongjinpub.co.kr

완풀(완전풀이) **千字文**

진동일 글 · 그림/4×6배판 256면/쓰기부록 96면
정가 13,000원

이야기 **漢文 공부 Ⅰ~Ⅲ권**(전 3권)

송영일 저/4×6배판 각권 180면
각권 정가 7,000원

풀어서 배우는 **한자성어 Ⅰ~Ⅱ권**(전 2권)

마종필 편저/4×6배판 Ⅰ권 208, Ⅱ권 216면
각권 정가 8,000원

이솝이야기로 풀어본 **이야기 술술! 한자 쑥쑥! ❶~❷**

진동삼 저/4×6배판 ❶권 146면, ❷권 200면
각권 정가 8,000원

漢字로 풀어본 **수학 · 과학 학습용어사전**

박희 편저/신국판 472면
정가 12,500원

中國史로 풀어본 **故事成語**

이수철 편저/4×6배판 184면
정가 5,500원

21세기 **펜글씨 敎本**(전 4권)

이상남 편저/4×6배판 각권 96~176면
정가 1800漢字 5,500원/千字文 4,500원
故事成語 4,500원/한글 4,000원